JN115353

現代 国際ビジネス法

第2版

弁護士・青山学院大学教授

浜辺 陽一郎 著

日本加除出版株式会社

は じ め に

　ヒト、モノ、カネの膨大な行き来が可能となって世界市場の一体化が
進んで久しい。IT革命と通信・物流技術の発展に伴って、海外の垣根
は一層低くなった。国際ビジネスは極めて身近なものになっており、そ
の重要性は極めて高い。しかし、グローバル経済の進展は様々な問題を
惹起している。国際的なビジネスには様々な法的リスクがある。むやみ
に海外に進出しても、そこで痛い目に遭って高い授業料を払わされるの
では、せっかくのビジネスも台無しである。

　積極的かつ前向きにビジネスを展開していくためには、国際ビジネス
法の知識を欠かすことはできない。日本企業が売上を伸ばすために確固
とした海外戦略を展開するには、法的な分析力も必要だ。日常的にも、
法的・契約的視点をもってビジネスに取り組むことがますます重要に
なっている。例えば、日本の企業が海外の事業を買収していくといった
局面でも、あるいは、それとは逆に外資を相手として日本国内で事業が
行われる局面でも、それぞれ十分な法的チェックなくしてビジネスの成
功はおぼつかない。

　本書は、グローバルに展開されているビジネスにおける法の基本的な
しくみを踏まえ、私たちに求められるリーガル・マインドと基本的な知
識を整理して理解することができるように、図解等も利用しながら幅広
く解説しようとするものである。国際取引法ではなく、「国際ビジネス
法」としたのは、国際的な取引に関する法だけではなく、M&A等の組
織再編や多国籍企業の内部統制やコンプライアンス等の組織法の諸課題
も含んでいるからである。

　国際ビジネス法の分野では、新たなルール形成の動きも活発である。
日本でも国際ビジネスに影響を及ぼす重要な法改正等が目白押しである。
これらの動向に加えて、ソフトローや新しい議論の展開をも踏まえてい

く必要がある。そこで、本書では、国際ビジネスの法的リスクを重点的に取り上げ、実務的な視点も交えて基本的かつ体系的な理解ができるように整理を試みた。今回の改訂では、インコタームズ2020や近時の経済外交の進展など、新たな動向を反映させる等のアップデートを図るとともに、全体的に見直して加筆修正を加えた。

　既に国際ビジネスの実務に携わっている方々にとっても、法律面のチェックやアップデートのために参考になるように工夫した。新たに法務部門に配属されて国際ビジネス法に関する概括的な理解、基本的な理論と知識を得たい人々のためのビジネス書としても活用できよう。国際私法判例百選〔第2版〕の関連判例を適宜引用したので、大学法学部や法科大学院等でのテキストや法学演習、ゼミ等における参考図書としてもご利用いただければ幸いである。

　2021年1月

著　者

凡　例

文中に掲げる法令・裁判例・文献等については次の略記とする。

【法令等】

民事訴訟法〔平成 8 年法律第109号〕　→　**民訴法**

法の適用に関する通則法〔平成18年法律第78号〕　→　**通則法**

資金決済に関する法律〔平成21年法律第59号〕　→　**資金決済法**

国際物品売買契約に関する国際連合条約、ウィーン統一売買条約（ウィーン、1980年）〔平成20年 7 月 7 日号外条約第 8 号〕　→　**CISG**

米国統一商事法典（Uniform Commercial Code）　→　**UCC**

外国仲裁判断の承認及び執行に関する条約〔昭和36年 7 月14日条約第10号〕
　→　**ニューヨーク条約**

ユニドロワ国際商事契約原則（UNIDROIT Principles of International Commercial Contracts）〔2016年版〕　→　**ユニドロワ2016**

IBA Guidelines for Drafting International Arbitration Clauses（国際仲裁条項を起草するためのIBAのガイドライン）　→　**IBAガイドライン**

国家と国民との間の投資紛争の解決に関する条約（ICSID, 2016）
　→　**ICSID条約**

General Agreement on Tariffs and Trade（関税及び貿易に関する一般協定）
　→　**GATT**

サービスの貿易に関する一般協定　→　**GATS**

1994年の関税及び貿易に関する一般協定第 6 条の実施に関する協定
　→　**アンチダンピング協定**

外国為替及び外国貿易法　→　**外為法**

私的独占の禁止及び公正取引の確保に関する法律〔昭和22年法律第54号〕
　→　**独禁法**

【裁判例】

［裁判例略語］		［裁判例集，雑誌の略称］		
最高裁判所判決	→最判	最高裁判所民事判例集	→	民集
最高裁判所決定	→最決	下級裁判所民事裁判例集	→	下民
高等裁判所判決〔確定〕	→高判〔確定〕	高等裁判所民事判例集	→	高民
高等裁判所決定〔確定〕	→高決〔確定〕	判例時報	→	判時
地方裁判所判決〔確定〕	→地判〔確定〕	判例タイムズ	→	判タ
地方裁判所決定〔確定〕	→地決〔確定〕	金融・商事判例	→	金商
		金融法務事情	→	金法

例：最高裁判所平成18年 7 月21日判決最高裁判所民事判例集60巻 6 号2542頁、
　　判例時報1954号27頁
　　　→　最判平成18・ 7 ・21民集60巻 6 号2542頁、判時1954号27頁
　　札幌地方裁判所昭和59年 6 月26日判決〔確定〕判例時報1140号123頁
　　　→　札幌地判昭和59・ 6 ・26〔確定〕判時1140号123頁

【主要文献、資料】

櫻田嘉章＝道垣内正人編『国際私法判例百選〔第 2 版〕』〔別冊ジュリスト
　210〕（有斐閣、2012年）　→　国際私法百選Ⅱ

【その他】

　本書で引用されている裁判例につき、登場する人名等を便宜アルファベット
等で振り直す等の取扱いをしている。
　本文中に記載した参加国等のデータは参考情報であり、関連ホームページの
status等で条約等の最新の加盟国数をチェックすることができるので、適宜参
照されたい。

目　次

第 2 部　各 論 編

第3部　実　務　編

第 1 部

総 論 編

第1章
国際ビジネス法とは、どういうものか

1 国際ビジネスを規律する法
── 国内法と国際法

❖国内法と国際法❖　通常、人々は国家の法を通して規律されている。自然人や企業・団体等の当事者による法的な紛争は、いずれかの国の裁判所を通して解決され、それぞれの国家における強制執行システムによって実効性が確保される。つまり、それぞれの国内的な秩序においては、国家主権の領域内において、主として国内法（国家法）が規律している。

　それに対して、国際的な社会では、国際的な法規範が必要とされ、国際社会の法が「国際法」と呼ばれる。国際法は主権国家を基本単位とし、主権国家間の関係を規律する。このため、その規範の名宛人は国家を中心とする。しかし、国家は対等であり、相互の合意もなく、実力で屈服させることができなければ、国際法の実効性を担保することは難しい。

　かつては、紛争が起きると、実力によって相手を屈服させ、弱肉強食的な秩序が、地域の人々や国際社会をも支配していた時代があった。それが移り変わり、近代以降、徐々に人や実力による支配から、「法の支配」による社会の構築に向けて、人類は努力をしてきた。1648年のウェストファリア講和条約によってヨーロッパで主権国家が成立し、今日につながる国際社会が形成されるようになったと考えられる。

❖外国法も準拠法❖　国際ビジネス法では、国内法としての国家法のみならず、外国法を含むあらゆる種類の法が関係してくる。紛争解決の場面では、外国法を準拠法として権利・義務が争われることもある。諸外国の法制比較に、紛争解決のヒントが隠されていることもある。これに加えてソフトローや国際的な取引慣行も重要である。

　とはいえ、国際ビジネス法を理解するために、世界中の際限のない法知識を

すべて暗記する必要はない。各国の法令は変化していくものであり、それぞれの歴史や文化を背景に、様々な様相を示す。それらの実像は、必ずしも容易に把握することができない。

　しかし、国際ビジネスの分野において、どのような局面で、どのようなリスクがあり、どのような種類の法令があるかについて基本的な視点と知識を持っていることは重要だ。ヒト、モノ、カネ等が国境を越える場合に、国内法や外国法がいかに適用されるのかを理解する頭を持つことが必要となる。過去の経験から学べることも多い。

　個別の法令の内容や具体的な結論がどうなるかについては、適宜必要に応じて調査をすることで対応できる。しかし、その前提として、どこで何を調査するかを察知する必要があり、その基本的な概念や典型的な論点を体系的に学習しておくことは有意義だ。ビジネス上の判断においても、公的な規律と私法関係を区別し、その法的な意味を理解して判断することが重要である。

2 　国際ビジネスの意義
—— 豊かな社会の構築に向けて

❖グローバル経済のニーズ❖　企業が国際的な取引に乗り出していくのは、国内市場だけでは事業を拡張するにも限界があるからだ。世界の広い市場に活動領域を広げることによって、販売量を増やし、国内では入手できない物品・サービスを入手し、経済的にメリットのある取引ができる。また、海外の新しい考え方・文化や生活スタイル等を好みに応じて取り入れられることも大きな魅力だ。少子高齢化で低成長時代を迎えた日本の企業が成長できるかどうかは、海外での活躍いかんにかかっている。日本の輸出入が増えれば、日本経済も好調となって好循環がもたらされるので、既に多くの企業がグローバルなビジネス展開をしている。

　海外からの投資や商品等の受入れは、経済を活性化し、私たちの生活の質を高めるために不可欠だが、海外の人々にとっても、日本の技術やノウハウによってイノベーションを起こし、雇用が増える等の効果によって経済の活性化に役立つ。究極的には、国際ビジネスの安定的な秩序形成が、経済の持続的発展と世界平和にも大いに貢献することになろう。

❖**あらゆる取引が国際ビジネスに登場**❖　国際取引には、あらゆるジャンルのものがある。モノの国際間の取引が貿易であり、伝統的な国際商取引だが、これに伴って、ヒトが提供するサービスや金融関係の国際的な取引が必要となる。国際的な技術の移転・導入は、各種の情報や知的財産権等の取引として把握される。モノやサービスの貿易だけでなく、海外投資や国境を越えた知的財産権やITの活用が重要性を増している。

　こうした状況で、国内に存在する多くの法律問題は、国際ビジネスの局面でも類似のものがある。国内ビジネスが経済のグローバリゼーションによって洗練されるに伴って、国内ビジネスを展開する上でも、国際ビジネス法の知識・経験は大きな意味を持つ。その意味で、国際ビジネスに対する理解を深めることは、国内ビジネスに携わる人たちにとっても極めて有益だ。今後、国内・国際を問わず、グローバルな視点からビジネス・ローにアプローチする姿勢は、これからの企業法務において不可欠だ。

❖**双方向の対称性**❖　日本から見た場合、国際ビジネスを大きく分類すると、日本国内から外国に出て行くもの（アウトバウンド＝outbound）と、外国から日本に入ってくるもの（インバウンド＝inbound）があり、更に多国籍企業のガバナンスの問題のように相互の関係が問題となる局面もある。

　本書は、これらを広く取り上げるが、日本から外国に出て行く局面と、外国から日本に入ってくる局面とをいちいち区別していない。あくまでも1つの例示として一定の局面における解説をしている場合、そこで取り扱ったのと同様又は類似の問題が逆の局面でもありうる。その意味で、双方向から対称的に問題点を検討することもできよう。

　もっとも、国際的なルールは統一されておらず、最終的には国家が別々の法秩序を有しているため、しばしば異なった結論となったり、矛盾した状況が生じたりすることがある。また、強制のメカニズムの差異による不均等が生じたりもする。

　一般的には、外国から日本に入ってくるビジネスは、日本法でどうなるかが中心的な課題となり、日本から外国に出て行くビジネスでは日本法のみならず目的地となる外国法が重要な鍵となる。そして、ビジネスが国際性を帯びているという理由で、時として日本法や外国法に加えて、条約その他の国際的なルールが関係することもある。ここに国際ビジネス法の重層性と複雑性がある。

【図表1】　日本企業から見た様々な国際ビジネス

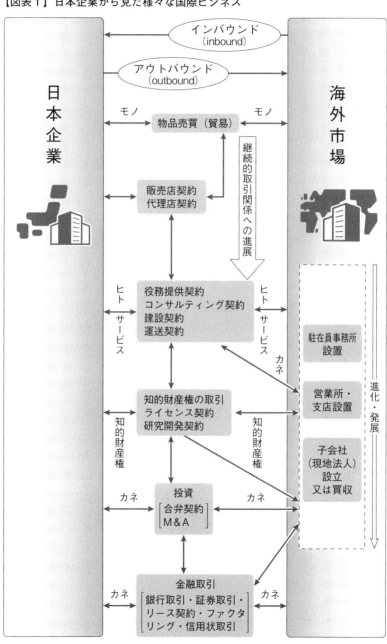

3 グローバリゼーションに伴うビジネスの変化
── ビジネスの複雑化・高度化に伴う洗練された
法的リスク・マネジメント

❖**競争激化とイノベーション**❖　21世紀のグローバリゼーションとIT革命は、経済環境を大きく変化させ、各種の規制緩和を促進した。これに伴う競争の激化は、一面で企業活動を厳しいものとしているが、経済活動に大きな刺激を与え、その内実を豊かなものにした。かつては存在していなかった新しいビジネスが登場し、企業のM&Aも日常茶飯事のものとなっている。こうした経済のグローバル化に伴って、旧来型のビジネス手法から脱皮し、欧米企業が世界的に展開する合理的で洗練された手法を学ぶ必要がある。

　競争激化は、ビジネスのイノベーションも促す。より効果的・効率的な手法が追求され、これに伴って法制度も改革されていく。日本は1990年代以降、「第三の大立法時代」と呼ばれる改革の季節を迎え、諸外国でもグローバリゼーションと規制緩和の流れが加速し、その状況に応じた法制度改革が進展している。中国をはじめとするアジア諸国等も多くの新たな法制度を整備し、国際ビジネスに対応できる体制を整えつつある。そうした各国の法制度改革の動きも国際ビジネスに無関係ではありえない。

　国際商取引の分野では、その手法から表現方法に至るまで、日本の企業は欧米企業のやり方を模倣しながら取り入れてきた。そして現在、取引法の実務から会社法務に至るまで、企業社会も欧米の影響を強く受けたことに伴って、日本特有の古いやり方が通用しなくなっている。例えば、国内ビジネスでも、契約書の重要性が高まり、その内容も欧米のビジネス手法を取り入れて、洗練され、合理的なものに変容してきた。契約交渉で最初に秘密保持契約を締結することから始まること（251頁参照）が多くなったのも、その1つの現れだ。

❖**国際ビジネスの基本**❖　国際ビジネスでは、契約書の書き方を含めて、英米法の影響が圧倒的に大きい。英米の法律家は数も多く、世界的に活躍し、一部の法分野では英米法が準拠法となってグローバルスタンダード化したこと等から、企業法務を取り扱う法律専門家には英米法についての一般的な素養が期待される。また、国際法務の基本的知識は、一般のビジネスマンにとっても、

極めて重要な素養となるだろう。その内容はどんどん変化していくので、常にアップデートしていくことも必要だ。

　国際取引をも取り扱う企業法務では、国際ビジネスに特有の法律問題を含む複雑で錯綜した利害対立を調整し、解決していく能力が不可欠だ。我が国の企業活動が今後も持続的に発展していくためにも、国際ビジネス法の知見と技能を備えた人材が大いに期待される。

【図表2】グローバリゼーションとIT革命による変化

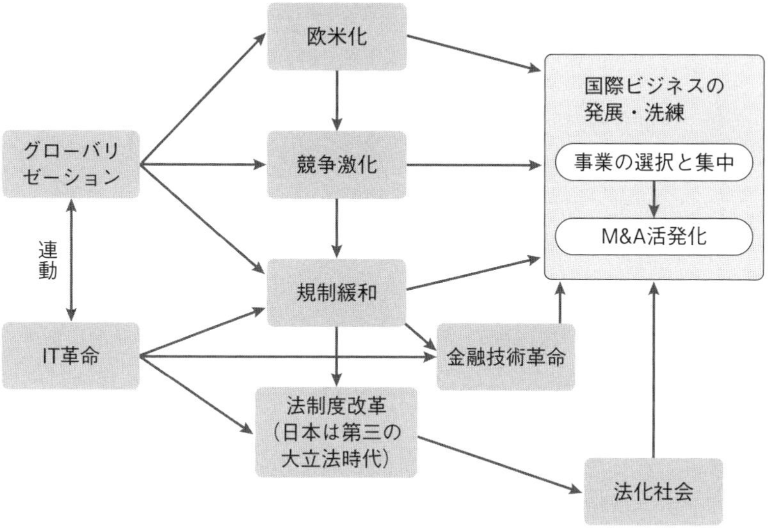

4　国際ビジネス・リスクの高まり
—— 戦略なき事業展開の危険性

❖トラブルが複雑化しやすい構造❖　ビジネスにはリスクが伴い、国内取引でも様々なリスクがある。ただ、そのビジネスが国境を越えると、更に取引としての難しさが強まる。国際ビジネスは、異文化交流にほかならず、異文化摩擦が生じることもある。言語の障壁に加えて、異国の企業経営者とは経営理念やビジネスの手法が異なることも少なくない。それゆえ離齬が生じてトラブルに発展する危険性も高い。

　ビジネスが順調に進んでいるうちはいいが、一度トラブルになると国内紛争に比べて、コストが高くなり、解決が難しくなりがちだ。国内紛争であれば国内の裁判所に訴えればいいが、海外の取引先が相手方になると、まずどこの裁判所で訴えるのかという点から利害が鋭く対立する。外国での手続が必要となれば、その負担は計り知れない。

　また、国際ビジネスに関する法律問題は、複雑だ。例えば、A国の会社とB国の会社の取引ではA国法とB国法の両方が何らかの形で関係する。この場合、民間企業同士の取引でも、私法上の問題のみならず公法的な規制が関係することも少なくない。ここにA国法とB国法のいずれが適用されるのか等の抵触法ないし国際私法の問題を解決する必要がある。

　加えて、当事者の言語、文化、歴史、コミュニケーション手法、取引のセンス、法的素養等が異なり、時として国益等が関係してくる。日本人の発想では考えられない奇想天外な主張が繰り出されることもあり、自国の常識は通用しない。国際ビジネス特有の国内為替変動リスクや長距離運送に伴うリスクもあり、特に発展途上国等の外国企業との取引では、戦争、内乱、政治体制の変更等により、輸出入や為替送金の停止等の事態に陥るリスク（カントリーリスク）がある。

【図表３】国際ビジネスのリスク

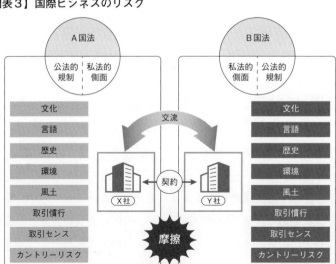

❖予防法務の重要性❖　国際ビジネスの基本は、いかに紛争を予防・回避するかが重要だ。その重要性は国内取引に比べて格段に大きい。その基本的な作法として、リスク・マネジメントの観点から契約をレビューし、不利な契約を回避するとともに、万一紛争が起きた場合に備えて、その損失を最小限にするための努力が必要となる。特に多国籍企業では、各国の法制度を踏まえつつ、グローバルなビジネス戦略を展開することが求められる。過去の経験を踏まえ、可能な限り将来を見通して、何が現実的な選択肢として考えられ、どう絞り込んでいくかを、それぞれの問題ごとに考察していく能力と技能が期待される。

5 国際取引を促進する国際的枠組み
—— WTO、国際連合、複数国家間、民間団体等による多元的な取り組み

❖GATTからWTOへ❖　国際ビジネスを円滑に行えるためには、国際的な合意に基づいて統一的なルールを構築し、適用される法が統一・調和されることが望ましい。その理想に向け、世界的な貿易の枠組みとして1947年の「**関税及び貿易に関する一般協定**」（GATT）がほぼ半世紀にわたって機能していた。GATTの下ではラウンドという多国間交渉が行われ、関税障壁の除去等によって貿易の自由化が大きく進展した。その後、1986年からの**ウルグアイ・ラウンド交渉**において、GATTを発展的に解消させる形で、合意された諸協定を実施、管理する枠組みとして、「**世界貿易機関を設立するマラケシュ協定**」が発効し、1995年に**世界貿易機関**（World Trade Organization＝WTO）が成立した。

　WTOは、多国間の包括的なルールを定めるため、貿易交渉のためのフォーラムを提供するほか、各国の国内貿易政策を監視し、貿易をめぐる紛争処理や貿易に関する途上国への技術支援等にも取り組む。また、WTOは、円滑なサービス貿易の実現を目指して、「**サービスの貿易に関する一般協定**」（General Agreement on Trade in Services＝GATS）を設けた。さらに、WTOは、アンチ・ダンピングや知的所有権等、幅広いルールを規律しようとしており、2016年7月以降164カ国・地域が加盟している。上記マラケシュ協定には、これを改正する議定書の締結により修正が加えられている。ただ、一部の国で保護主義を主張する政治家が支持されるようになった結果、WTOの求心力が弱まり、

【図表4】世界貿易機関（WTO）を設立するマラケシュ協定の附属書一覧表

附属書一
附属書一A　物品の貿易に関する多角的協定
・1994年の関税及び貿易に関する一般協定〈GATT1994〉
・農業に関する協定〈農業協定〉
・衛生植物検疫措置の適用に関する協定〈SPS協定〉
・繊維及び繊維製品（衣類を含む。）に関する協定〈繊維協定。ただ
　し、2005年に失効〉
・貿易の技術的障害に関する協定〈TBT協定〉
・貿易に関連する投資措置に関する協定〈TRIMs協定〉
・1994年の関税及び貿易に関する一般協定第6条の実施に関する協定
　〈反ダンピング協定〉
・1994年の関税及び貿易に関する一般協定第7条の実施に関する協定
　〈関税評価協定〉
・船積み前検査に関する協定
・原産地規則に関する協定
・輸入許可手続に関する協定
・補助金及び相殺措置に関する協定〈補助金協定〉
・セーフガードに関する協定
附属書一B　サービスの貿易に関する一般協定〈GATS〉
附属書一C　知的所有権の貿易関連の側面に関する協定〈TRIPS協定〉

附属書二　紛争解決に係る規則及び手続に関する了解〈DSU〉

附属書三　貿易政策検討制度〈TPRM〉

附属書四　複数国間貿易協定
・民間航空機貿易に関する協定
・政府調達に関する協定〈政府調達協定〉
・国際酪農品協定 ｝〈ただし、1997年に終了〉
・国際牛肉協定

全員一致で決めることが困難な状況が問題となっている。

❖**国際連合の取り組み**❖　国際連合（国連）は、様々な専門機関や補助機関等を設けて、経済、科学、社会のあらゆる分野で様々な活動に取り組んでいる。WTOや世界銀行（World Bank）等も国連システムの関連機関に位置づけられる。1966年に国際商取引法の段階的な調和と統一の促進を主たる目的として、国連総会の補助機関として**国連国際商取引法委員会**（United Nations Commission on International Trade Law＝UNCITRAL）が設けられた。同委員会

は、国際的な物品売買契約に適用される現代的かつ統一的な契約のルールを定める条約として、「**国際物品売買契約に関する国際連合条約**」（United Nations Convention on Contracts for the International Sale of Goods＝CISG）を策定した。これは1980年にウィーンで採択されたので、ウィーン統一売買条約等とも呼ばれ、1988年に発効した（138頁参照）。

　UNCITRALは、**国際商事仲裁に関するUNCITRALモデル法**（UNCITRAL Model Law on International Commercial Arbitration, 1985年採択、2006年改正）、**電子商取引に関するモデル法**（Model Law on Electronic Commerce, 1996年）、**公共調達に関するUNCITRALモデル法**（UNCITRAL Model Law on Public Procurement, 2011年）等を策定し、加えて、国際海運立法、工業化のための契約に関する標準条項・標準契約等を作る活動にも取り組んでいる。

　一方、**国連貿易開発会議**（United Nations Conference on Trade and Development＝UNCTAD）は、発展途上国の貿易、投資、開発の機会を最大化し、国際ビジネス上の難問に直面する発展途上国を支援して、世界経済への統合を目指している。

❖**ハーグ国際私法会議**❖　1893年にヨーロッパ諸国が集まって始まったハーグ国際私法会議も、国際私法の統一を目指す母体として重要である。この会議で採択された条約は、ハーグ国際条約と呼ばれる。日本も1904年の会議から参加しており、準拠法や国際民事手続法に関する国際私法条約等、重要な条約をいくつも成立させている。

❖**民間団体の取り組み**❖　**国際商業会議所**（International Chamber of Commerce＝ICC）は、民間企業の世界ビジネス機構で、国際貿易や投資等を促進するために積極的な意見具申・政策提言を行っている。ICCは、130カ国以上の国内委員会等及びその直接会員たる企業・団体で構成され、2016年末に国連総会でのオブザーバーの地位（投票権はないが意見表明の機会がある）が認められた。ICCは、インコタームズ（140頁参照）のほか、「信用状統一規則」（152頁参照）、「取立統一規則」、「銀行間補償統一規則」、「仲裁規則」、「友誼的紛争解決規則」、「契約保証証券統一規則」、「請求払保証に関する統一規則」、「UNCTAD/ICC複合運送書類に関する規則」等の国際取引慣習に関する共通のルール作りや国際商事取引紛争に関する情報提供活動等を行っている。この点からも明らかな

ように、インコタームズや信用状統一規則は、非国家法的な規範である。

　一方、標準契約約款のように、個別の契約の内容として当事者の合意によって採用されるものもある。これらによって強行法規を排除することはできず、契約の準拠法の許容する範囲で実質的な法規範として機能するものだ。

　これらの民間団体や企業によって形成されるソフトローは、国際ビジネスをスムーズに展開するためのルールの一翼を担っているものとして重要である。

❖**国際的取り組みの限界と課題**❖　これまでの国家間あるいは民間の外交会議では、欧米先進国の前提とする法体系の影響が強く、イスラム諸国や発展途上国からの積極的な参加が弱いという指摘もある。このため、多くの加盟国を得ていない条約も多い。また、これまでに存在している条約等の国際的規範の多くは、極めて限定された分野を規律するにとどまり、広範な分野を規律対象とはしていない。さらに、多国間条約がまとめられても、署名国数が発効要件に満たないとか、主要な国々が条約を批准しないと、事実上、空文化してしまう。いくらニーズがあっても統一的な国際的ルールの構築は難しい状況にある。

❖**二国間や複数国間の条約・協定**❖　こうした状況で、一部の国だけで条約や協定等を目指す動きが活発化している。投資については世界的な包括的ルールが十分に整備されていないが、二国間や複数国間の投資協定が数多く締結されている。**二国間投資協定**（Bilateral Investment Treaty＝BIT）等があると、海外への進出・投資が進めやすくなる。BITは1990年代から急増し、投資協定を積極的に活用して海外投資を考えていく必要性が高まっている（120頁参照）。

　自由貿易協定（Free Trade Agreement＝FTA）や**経済連携協定**（Economic Partnership Agreement＝EPA）も実質的にはBITと同じ内容を含むことが多い。例えば、米国、カナダ、メキシコが締結している**北米自由貿易協定**（North American Free Trade Agreement＝NAFTA）は、部品や原材料を三国の原産とすることを促す原産地規則を設け、製品の部品中、所定の割合以上を３カ国内から調達すると関税がゼロになる等の仕組みを設けて地域統合を図った。ただ、NAFTAを改編した**米国・メキシコ・カナダ協定**（USMCA）が2020年７月１日に発効し、特に自動車分野で域内無関税輸入の条件である原産地規則が大幅に改定され、高い域内付加価値割合や特定部材の域内産品使用義務等が求められる等、米国の保護主義的な動きが垣間見え、今後の動向は要注意である。

　近時、**環太平洋パートナーシップ協定**（Trans-Pacific Partnership＝TPP）は、米国が離脱して11カ国がTPP 11協定として成立し、2018年末に発効するに至った。また、**東アジア地域包括的経済連携**（Regional Comprehensive Economic Partnership＝RCEP）も、日本が中韓両国と初めて結ぶ自由貿易協定を含む複数国間協定（インドが抜けて15カ国で合意）として2020年に成立し、関税の引き下げのほか、データの流通や知的財産等の分野で共通のルールが設けられた。これとは別に、日本初のマルチEPAとして**日・ASEAN包括的経済連携協定**（**AJCEP協定**）が2008年から物品貿易等の規律から発効しており、物品貿易の自由化・円滑化に加えて知財・農林水産分野での協力やサービス貿易及び投資の自由化・保護について交渉が進んでいる。他方、日米貿易協定と日米デジタル貿易協定が2020年1月1日に発効し、一部品目における関税を撤廃又は削減する等の措置がとられている。さらに広範囲の自由貿易圏として、**アジア太平洋自由貿易圏**（Free Trade Area of the Asia-Pacific＝FTAAP）も提唱されており、今後の通商の枠組みの動向が注目される。

　かかる条約や協定の締結をした国家間ではビジネスチャンスが増える。しかし、これが行過ぎるとブロック経済に陥り、他国を排除するような動きになりかねない。原産地規則のために人為的なネットワークが作られて貿易や投資の流れを歪める**スパゲティボール現象**にどう対応するかは、今後の課題でもある。

6 国際ビジネスの言語
── ビジネスの共通言語としての英語

❖**影響力と使用頻度**❖　国際ビジネスでは、その言語が理解できなければ話にならない。現代の国際ビジネスでは、英語のネットワーク外部性により、英語が圧倒的に重要である。国際取引実務では、英文契約書のシェアはかなり高い。例えば、日本の企業と東南アジア諸国の企業の間で締結される契約でも、日本語又は彼らの言語ではなく、英文契約書による場合が圧倒的に多い。それが契約当事者双方にとって公平であり、実務的にも便利であるからだ。

　もっとも、中国ビジネスの進展とともに、中国語による契約書の重要性も高まっているほか、他の言語による国際取引契約もあり、英文契約がすべてではない。他の言語を母国語とする人口の規模も大きくなれば、それなりに影響力

を及ぼすだろう。また、人工知能（AI）の発達、インターネットの普及や衛星放送等により、他の言語によるコミュニケーションも容易になるから、英語の重要性は低くなるのではないかとの指摘もある。しかし、これまでの英文契約による取引実務の慣行は根強く定着しており、国際ビジネス法における英米法の影響も極めて大きいので、当分は英語の重要性が続くものと考えられる。

❖和訳を作成する意義と効能❖　日本の組織においては、英語だけでは十分に正しく理解できないという人たちも少なくない。また、日本の裁判所等、公的な機関において証拠として契約書を提出する場合には、和訳を添付しなければならない。こうした事情から、英文契約書の和訳が作成される。

　日本語版と英語版との間に全く齟齬がなければ、何も問題はない。しかし、完全に英語を日本語に移し変えることは、厳密にはできない。あまり細かく考えると、うまく日本語に転換できないこともある。ある程度の意訳をしながら、目的に応じた翻訳が行われる。この作成プロセスを通して、日本人は海外のビジネスマンとの思考の違いを認識できるし、英文契約書を細かく分析する機会にもなる。漠然と英文契約書を読んでいるようでは、どんな見落としがあるか

【図表5】世界の言語人口（上位14言語）（推計）

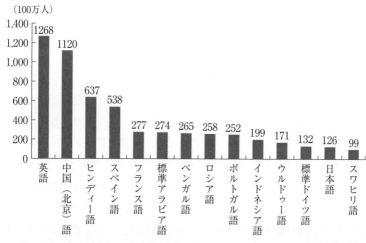

（出典）少数言語の研究団体国際SILが公表する2020年版Top 10 most spoken languagesによる。ただし、言語の話者数の把握方法には議論がある。https://www.ethnologue.com/guides/ethnologue200

わからない。和訳を作成する作業をすることにより、より深く、正確に英文契約書の構造や表現の違いを把握することができるだろう。

　ただし、契約書の訳文を作成した場合に、原則的には、２つの異なった言語の契約書の両方に署名すべきではない。言語の異なる契約書が別々の国で独自に効力を持つのは好ましくないからである。異なった言語で契約書が作成される場合には、どちらの言語によるものが正本であるかを明確に定めておくべきであろう。各国で、異なる言語による契約書を正本とする合意も有効となる可能性はあるが、両者の同一性には十分なチェックが求められる。

　もっとも、UNIDROIT国際商事契約原則2016（本書では、「ユニドロワ2016」という。）の第4.7条は、「契約が２つ以上の言語で作成され、それらが等しい権威をもつにもかかわらず、それらの間に相違がある場合には、最初に作成された方の版に従って解釈されることが望ましい」と定めており、裁判所がこうした考え方を採用する可能性もある。言語をめぐる紛争も面倒であるから、言語の選択も安易に考えない方が良い。

📖 column　国際的ローファームのビジネス展開

　国際ビジネスにおいては、１つの案件で日本法と外国法の専門的知識が同時に必要とされることが多い。法的ニーズが多岐にわたり、その内容も複雑化・高度化している。各国の弁護士同士は、非弁護士との提携とは異なり、世界的に共通した法的サービスを提供できるという考え方から、国際ビジネスの実情や政治情勢等に基づいた高度なリーガル・サービスへの需要の高まりを受け、国際的なローファームが成長してきた。

　日本でも、日本の弁護士と外国弁護士が国際的に豊富な経験と世界的なネットワークを構築し、大規模なビジネス展開が図られている。外資系ローファームの東京事務所は、アジア地域の出先事務所との密接な協力関係を強調し、世界各国の主要都市で多数の法域にまたがる法的サービスを提供することを売りとしている。多様な言語、文化、法律の知識と経験を持ち寄って複数の国の弁護士が一体となってチームを編成し、数千人規模の弁護士を擁する法律事務所も少なくない。依頼者に最良の成果をもたら

せるように、各人の専門性を伸ばしながら、互いに補完し協力し合える態勢で効率的に依頼者に提供しようという戦略だ。

　既に多くの外資系事務所が東京に事務所を開設し、日本国内外の多くの依頼者に法的サービスを提供している。金融分野や最先端の技術、生命科学に至るまで、先進的な業務における幅広い法律分野を取り扱い、企業間の紛争解決でも業務を行っている。特に各国の市場をまたぐ高度に多様化した複雑なクロスボーダー取引では、広範囲の依頼者を代理している。国際的ローファームの市場では、各種のランキングが公表されており、比較的大きなローファームがその主要取扱分野においてランキングの上位を占めていることが多く、日本市場でも非常に高い評価を得ている。

　多くの依頼者は、国内取引と国際取引の性質に応じて全ての法律をカバーする総合的な法的サービスを求めている。各依頼者の事業の内容や案件の目的、法的問題点とビジネス上の重要な点を的確に捉え、依頼者の目的を達成するために真に役に立つ実務的、実践的、創造的なアドバイスを提供することが期待されている。

　米国の有名ロースクールを招いてLLM（法学修士号）留学希望者対象のセミナーを弁護士向けに開催する事務所もあり、国際的なネットワークを活かした留学サポート活動等を通じて、他の法律事務所や企業との交流を図っている。

第2章
国際ビジネスを規律する法的枠組み

1 国際ビジネス法に関するルール適用の構造
──あらゆる法令が関係してくる重層性が特徴

❖私法的側面と公法的側面❖　国際ビジネスは、それぞれの国内法一般の規律を受けることに加え、国内の法令が国際取引に特別の規律を加えていることがある。様々な法令には、国際ビジネスに影響を与えるルールが散在しており、その適用関係も複雑である。

　民間企業同士の取引でも、国境をまたぐと、私法上の問題だけではなく、公法的規制が関係してくる。当事者間の契約関係は、私法上の問題が基本だが、貿易規制、為替管理、投資規制等の公法的な規制にも服している。このため、いずれかの国の公法的な規律に違反すると、取引の目的を達成できないリスクがある。公法的規制が私法上の法律関係にどのような影響を与えるかも問題となることがある。

　国際取引では、適用される規律が一国の法令だけによるものとは限らず、関係する複数国の規律をクリアしなければならないこともある。公法的規制の内容は、その国の政策によって大きく異なりうるが、その国の領域内において適用されるのが原則である（**公法の属地的適用の原則**）。領域外には国家主権が及ばないのが原則だが、公法が域外適用される場合もあり、近時これを積極的に活用する傾向も現れている（42頁以下参照）。

❖手続地から出発する❖　A国の会社とB国の会社の取引における私法上の法律関係について、A国法とB国法のいずれが適用されるのかを決めるルールは、「国際私法」（Private International Law）、「抵触法」（Conflict of Laws）等と呼ばれる。各国は、国際私法のルールをそれぞれ有しており、国際私法又は抵触法と呼ばれる領域を統一するルールは必ずしも十分に成立していない。

　そこで、当事者間で紛争が発生した場合、まずどの国で紛争解決手続が図ら

れるのかによって、適用される抵触法又は国際私法も異なってくる。すなわち、A国で紛争解決手続が進められるのであれば、A国法の国際私法が適用され、B国で紛争解決手続をするのであればB国法の国際私法が適用される。

　ただ、国際私法や抵触法そのものが当事者の権利や義務を決めるわけではなく、当事者を規律するルール（準拠法）を決めるためのルールにすぎない。そこで、例えば、A国での国際私法でA国法が準拠法と決まり、次にA国法によって当事者の権利・義務が導かれる。もっとも、例外的には、CISG等のように国際私法のルールを介さないで、直接に適用されるルールもあり、その法域（jurisdiction）の法整備の状況によって説明が異なることもある。

　国際私法があることに伴い、自国の法が準拠法となるとは限らず、外国法が準拠法となることもある。当事者間で適用される法令をA国法と合意しても、B国法が無関係だとは限らない。準拠法が決まったら、その準拠法に照らして当事者の権利・義務を検討する。その場合、国際取引であるという理由で特別の扱いを受けることもあるかもしれない。

　なお、ここでいう国際私法とは、**狭義の国際私法（準拠法選択規則）**で、国際民事手続法等も含めて「広義の国際私法」という整理の仕方もある。

2 国際私法（抵触法）
——法性決定から導かれる連結点によって準拠法を特定し、適用する法が定まる

❖**基本的には国内法**❖　準拠法（governing law = applicable law）とは、国際的な法律関係に適用すべき**実質的な法**（＝実質法）の全体であって、制定法、判例法、特別法、経過規定等の一切を含む。いくつかの国の法令が関係する場合に適用すべき準拠法を決めるルールを、「（狭義の）国際私法」、「抵触法」等と呼ぶ。「**抵触法**」（「法の抵触」＝Conflict of Lawsという表現もある。）は、各国の法の抵触を解決するためのルールとして理解できる。これは基本的に国内法であって、紛争解決の場面では手続地における国際私法が適用される。このため、手続地の国際私法で当該紛争に関する準拠法が決められる。国際私法の統一化の試みは**ハーグ国際私法会議**等、いろいろな場で行われているが、各国の見解の溝を埋めることは容易ではなく、合意に至っていない論点も多い。ただ、準

拠法を決めるための一般的な考え方は、次のように 4 つの段階に分析できる。

第 1 に、問題となる法律関係について、国際私法上どのような単位法律関係に分類されるかを決める必要があり、これを「法律関係の性質決定」（＝法性決定）という。この決定の方法・基準は、手続地法なのか、国際私法独自の立場によるのかの問題がある。判例・通説は手続地の国際私法独自の立場で自主的に定めるべきものとしているが、手続地の実質法によるバイアスがかかりやすいとも指摘される。

第 2 に、法性決定された法律関係に対して準拠法を定めるに当たって、その媒介要素を特定する必要がある。この要素を連結点又は連結素という。

第 3 に、連結点をもとに準拠法を特定する。ただ、通常は、連結点の確定の時点で準拠法が特定される。こうして、適用すべき準拠法が決められる。これによって、自国の法令が準拠法となることもあれば、外国法が準拠法とされる場合もある。ここで準拠法を決定することができれば、国際私法によって、その実質法が決められることになる。

第 4 に、決定された準拠法に基づいて、当事者間の権利・義務の内容が導かれる。外国法が準拠法である場合には、その外国の裁判所が採用する解釈方法によるべきものとされる。ただ、その内容を確定させる場合に国内法の公序良俗との関係や結果として生じた矛盾・不調和等が問題となることがある。

【図表 6】準拠法決定のルールから導かれる権利と義務

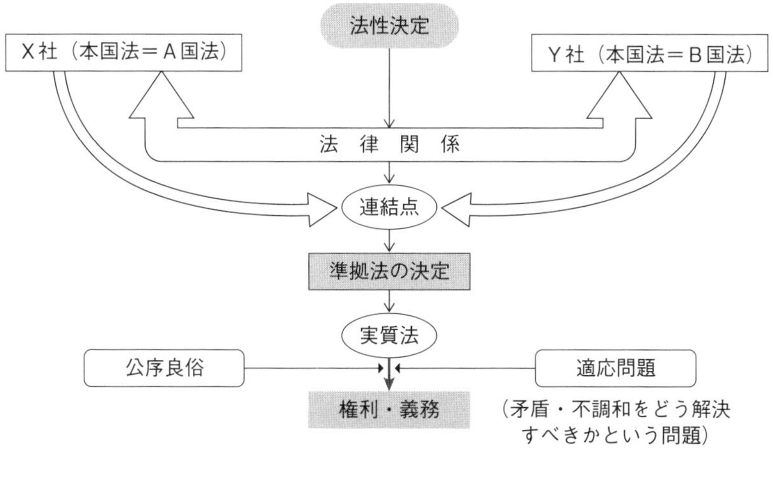

19

❖**準国際私法**❖　国際私法には、国際民事訴訟法を含むこともあり、それとは別に準国際私法をも含むものとして広く把握されることもある。準国際私法とは、１つの国家内に複数の法域（jurisdiction）がある場合（「**不統一法国**」とも呼ばれる。）に、いずれの法を適用すべきかを定めるルールのことである。例えば、米国では各州が独自に立法権、司法権、行政権を有しているため、各州によって法が異なる。英国でも地域によって法の内容が異なるので、準国際私法という概念が必要である。準国際私法は、国際私法とは一応区別される概念だが、元来は国際私法も準国際私法から発展してきたので、その解決方法は類似している。そのため、米国の抵触法では国際私法と準国際私法をほとんど区別しておらず、国際私法に関する考え方を準国際私法に準用することが多い。

3　法の適用に関する通則法
——国際ビジネスにおける日本での法の適用に関する基本的ルール

❖**最密接関係地法の原則**❖　日本では、国際私法の基本的な法典として、かつて「法例」という名前の法律があったが、これが全面的に改正され、「法の適用に関する通則法」（平成18年法律第78号。「法適用通則法」とも略称される。本書では以下、単に「通則法」という。）が、2007年から施行されている。したがって、日本では通則法が準拠法を決定する基本的な法律になる。国際ビジネスに関する通則法の主なポイントは、次の通りである。

　第１に、法律行為の成立及び効力は、当事者がその法律行為の当時に選択した地の法によるものとされる（通則法７条）。準拠法の選択がない場合、法律行為の成立及び効力は、その行為の当時において、その法律行為に最も密接な関係がある地の法（＝**最密接関係地法**）による（同法８条１項）。旧法例では行為地法が準拠法とされていたが、インターネットを介した取引等、契約を締結した場所が不明確であり、偶然的な契約締結地で左右されるのは妥当ではない。通則法では最密接関係地とするルールが採用されたので、無理をして黙示の意思を認定する必要性は一般的には低くなったと考えられよう。

　この場合、どこが最密接関係地かが問題となるが、特徴的な給付を行う当事者の常居所地法が最密接関係地法と推定され、その当事者が当該法律行為に関

係する事業所を有する場合は当該事業所の所在地の法、その当事者が当該法律行為に関係する２以上の事業所で法を異にする地に所在するものを有する場合は、その主たる事業所の所在地の法が常居所地法となる（同法８条２項）（**特徴的給付の理論**）。また、不動産を目的物とする法律行為については、その不動産の所在地法がその法律行為の最密接関係地法と推定される（同条３項）。

❖消費者契約や労働契約等の特則❖　第２に、消費者契約や労働契約について新たな定めを設け、消費者契約は成立、効力及び方式について、また労働契約は成立及び効力について、それぞれ消費者の常居所地法又は労働契約の最密接関係地法中の特定の強行規定を適用する旨の主張をすることができるものとされる。もっとも、消費者契約や労働契約に限らず、日本国内での**絶対的な強行法規**の適用を免れることはできない。なお、ここで「消費者」とは、個人であって、事業として又は事業のために契約の当事者となる場合は除かれる。他方「事業者」とは、「法人その他の社団又は財団」及び「事業として又は事業のために契約の当事者となる場合における個人」をいう。

　第３に、不法行為によって生ずる債権の成立及び効力に関する準拠法について、旧法例は「原因発生地の法律」としていたが、通則法は、原則として「結果発生地法」と定め、結果発生地が通常予見不能の場合には「加害行為地法」によるものとするが、生産物責任や名誉・信用の毀損等に関しては特則を設けている（111頁以下参照）。

【図表７】法の適用に関する通則法

法性決定	連 結 点
法律行為の成立と効力 ↑ 契約の成立と効力	主観主義→当事者の意思（７条） 客観主義→最密接関係地（８条１項） 　　　　　強行法規の特別連結理論
不動産を目的物とする契約 物権及びその他の登記をすべき権利	不動産の所在地（８条３項） 目的物の物理的所在地（13条）
不当利得 事務管理	原因となる事実の発生地（14条） 　例外：より密接な関係地（15条）等
不法行為	加害行為の結果の発生地（17条） 　例外：加害行為地（17条但書）等

　第4に、債権譲渡に関して、旧法例は、債権譲渡の第三者に対する効力を債務者の住所地法によることとしていたが、通則法は、債権譲渡の第三者に対する効力について、譲渡に係る債権の準拠法によるものとする規定に改め、債務者の住所にかかわらず、譲渡の対象となる債権の準拠法に従って対抗要件を備えることができるように定めている（209頁参照）。これによって、多数の債権を一括して譲渡することが容易になることが期待できる。

　第5に、動産又は不動産に関する物権及びその他の登記をすべき権利は、その目的物の所在地法による。ただし、その権利の得喪は、その原因となる事実が完成した当時におけるその目的物の所在地法による。ここでいう「その他の登記をすべき権利」とは、不動産賃借権等を意味する。通則法は、**動産・不動産同則主義**を採用し、取引の安全を図りながら、権利の実効性を確保しやすくしている。

国際ビジネス・ケーススタディ〜自動車の即時取得

　ドイツ連邦共和国で登録・使用されていた自動車が、イタリア共和国で盗難の被害に遭い、日本に輸入された後、道路運送車両法に基づく登録を経て、最終的にYが販売業者から買い受けた自動車の所有権に基づき、Xが本件自動車を占有するYに対して、その引渡しを求めた。この自動車につき保険契約に従って所有権を代位取得したと主張するドイツの保険会社が、当該自動車が日本に輸入され転々譲渡された後に、占有使用している者に対して、引渡請求を行った。原審は、中間取得者の即時取得を認めて請求を棄却した。

【裁判所の判断】　自動車の所有権取得についての「所在地法」とは、その原因事実が完成した当時、当該自動車が運行の用に供し得る状態にある場合はその利用の本拠地法、運行の用に供し得る状態にない場合は、原則として物理的な所在地法をいう。即時取得の原因事実の完成時は、買主が自動車の占有を取得した時点で、本件自動車の所有権の準拠法は、占有取得時の利用本拠地である日本法になる。民法192条の善意無過失とは、動産の占有を始めた者で、取引の相手方がその動産につき無権利者でないと誤信し、かつそう信ずるについて過失のないことを意味し、その動産が盗品である場合でも、それ以上の要件を必要としない。未登録の輸入外国車の取引につき、車両証書等外国の製造者又は真正な前所有者による権利確認書の提示又は写しの交付を伴う譲渡証明書等やそれを確認した旨の国内業者の信用しうる証明書等の書面を譲受人が取引時に確認しなくても過失が

あるとはいえず、即時取得による自動車の所有権取得が認められる（最判平成14・10・29民集56巻 8 号1964頁、判時1806号41頁）。

(参考)　神前禎「自動車の所有権」国際私法百選Ⅱ【26】54頁

❖契約の方式❖　一般に、契約に書面を要するか、口頭の意思表示で足りるかは国際契約における方式の問題だ。法律行為の方式（形式的成立要件）も成立要件の一部であり、同一の準拠法によることが合理的なので、通則法は、法律行為の方式も実質的な成立要件の準拠法によることを認めている（同法10条 1 項）。一方、当事者の便宜を図るため、行為地法に適合する方式も有効とされる（同条 2 項）。これは、できるだけ契約を有効にしようとするため、選択的連結を認めたものだ。ただし、例外的に、物権契約の方式については取引安全のため、契約の方式は目的物所在地法によるものとされ（同法10条 5 項、13条）、消費者契約の方式についても消費者保護の見地から同法11条 3 項から 5 項に特則がある。

❖日本の公序良俗との関係❖　国際ビジネスに関して国際的な慣習がある場合には、それが適用される可能性がある。通則法は、公の秩序又は善良の風俗に反しない慣習は、法令の規定により認められたもの又は法令に規定されていない事項に関するものに限り、法律と同一の効力を有すると定める（同法 3 条）。

　もっとも、通則法はいくつかの国際私法上の問題解決を見送り、今後の解釈に委ねている。例えば、準拠法の分割指定や黙示の意思による選択に関する定めはなく、代理等の準拠法に関する規定の新設も見送られた。

　なお、未承認国家（例えば台湾）等の法律を準拠法として指定できるかという問題もあり、欧米の学説は見解が分かれているようだが、日本の判例・学説では国際私法上の準拠法の適格はあると解されている。

4 国際取引契約における準拠法の選択
—— 合意がなければ法廷地の国際私法で導かれる準拠法を適用

❖**契約の準拠法**❖　国際取引契約の解釈及び適用は、その準拠法に基づいてなされる。しかし、どこの国の法律が準拠法となるのかが必ずしも明らかではない。そこで、当事者選択によって合意がなされ、契約によって、どの法律を準拠法とするかを定めることが多い。

　もっとも、準拠法に関する合意がなくとも、何らかの準拠法に従って契約は解釈され、その契約に関して紛争が生じた場合には裁判所が法廷地の国際私法によって導かれる準拠法を適用して紛争を解決する。したがって、国際取引契約で準拠法を定めていなくとも、準拠法がないわけではない。単に準拠法の予測が難しくなるだけである。そこで、この予測可能性を高めるには、できるだけ明確な準拠法の合意をすることが望ましい。

　その準拠法いかんによって、その取引における法律関係に決定的な影響を与えることもある。勝手に推定した準拠法に従って対応するだけでは、全く誤った対応ともなりうる。そうした不手際を避けるためにも、あらかじめ準拠法を明確にしておくべきだろう。

　ただ、現実には、準拠法で結論が大きく変わることは、それほど多くはないかもしれない。むしろ先進国ならば、どの国の法律でも概ね似たような帰結となることも少なくない。また、契約当事者が常に自由に準拠法を選択できるわけではないし、準拠法を当事者が定めてもその通りになるとは限らない部分もある。どこかの法律が適用されることが強制され、当事者に選択の余地がなければ、準拠法の合意は効を奏しない。このため、準拠法の選択には限界がある。とはいえ、準拠法を定めておけば、それが契約書を検討するルールとなる。準拠法は、どの弁護士に依頼すべきかを判断する基準ともなる。依頼する弁護士がカバーする準拠法でなければ、対応する能力には限界がある。

❖**選択的な準拠法**❖　準拠法のために契約交渉の決裂を避けるため、あえて選択的な準拠法条項（「クロス条項」と呼ばれることもある。）を採用するケースもある。しかし、準拠法は裁判規範であるだけではなく、行為規範でもある。

契約の準拠法が行為規範としても機能しなければならないのに、後日の紛争手続地によって、どちらの規範に従って行動したら良いのかが一義的に定まらないのでは、行為規範としては機能しない。

これに対して、①交渉決裂を避けて契約を成立させることが肝要である、②紛争手続地の裁判官や仲裁人も外国法の適用は困難である、③被告地主義であれば先に紛争の円満解決のために注力するように仕向けることができる等を理由に、準拠法についても被告地主義は正当化できると論じるものがある。しかし、このうち②と③は紛争手続地の被告地主義を正当化できても、準拠法についてまで選択的となることの説明にはならない。特に②については、裁判所でも外国法を適用することを前提とした国際私法の秩序があり、仲裁でも仲裁人を当該準拠法の解釈適用に相応しい人選とする対応が望まれる。

【図表8】準拠法の選択の考え方

当事者の選択 → 原則優先・可能な限り尊重	
当事者の選択できないもの	
公法的規制（強行法規）	関係国法
動産・不動産等の物権や知的財産権に関するもの（登記・登録の対象となるもの）	所在地法 登録国法
債権譲渡に関する準拠法	通則法23条による
手続に関する準拠法	手続地法
法人・組織の内部関係	設立準拠法
❓ 全く無関係の第三国法、国家法でないもの、化石化条項等	

5 国際ビジネスに対する公法的規制
——属地的適用の原則と各種の規制

❖**バラエティに富む規律**❖　国際ビジネスにおいては、私法上の問題だけではなく、各種の公法的規制に留意する必要がある。いずれの公法的規制にしても、違反・抵触があると、取引の目的を達成できないリスクがある。

公法的規制の種類はバラエティに富み、国際ビジネス法は、先端的な総合法学としての性格を有する。為替管理、通関手続、関税の賦課等は、国際取引に特有の公法的規制だ。例えば、日本から物品を輸出する場合には、日本の輸出

規制と相手国の輸入及びその他の取引規制に服する。また、日本で輸入する場合には、相手国の輸出規制と日本の輸入規制に服する。さらに、輸入後の国内での販売にかかっている規制もありうる。国や対象品によっては、特別の許可を必要とし、所定の規格に適合しない等の理由で通関できないこともある。

❖政策的な保護目的❖　国によっては自国民保護のための警察、公安、保健衛生、環境等に関する規制や文化財保護・産業保護の規制が整備されており、企業間の競争に関する法令もある。消費者保護や労働者保護、個人情報保護等の規制も公法的な位置づけがされる。公法的規制に関しては、二国間条約や複数国間条約があっても、それが国内法化されて実施されることが多い。したがって、ほとんどの国際公法条約は、直接的に適用されることはなく、あくまでも条約に基づいて制定された国内法の適用という形を取る。

　なお、外国人との不動産取引には公的規制のある国も多いが、日本では外国人土地法の規制が長らく機能していない。人口減少社会において土地を管理することが難しいこと等も踏まえて、経済的な発展のためには積極的な外国人の受け入れのあり方等を検討する必要がある。

　公法的規制は、基本的にそれぞれの国の主権の及ぶ領域内において強制力を有するだけで、その領域外にまで及ぶのは例外的だ（**公法の属地的適用の原則**）。すなわち、自国において外国の公法的規制が直接に適用されることはない。しかし、例外的に自国に影響を及ぼす場合には、公法の「**域外適用**」が問題となる。例えば、EUの競争法は日本における活動には適用されないのが原則だが、日本国内での談合行為がEU市場の競争を制限する場合は、EU市場に影響を及ぼすので、域外適用が主張されることがある（42頁参照）。

　グローバルに展開する事業では、国内外双方の法制度を視野に入れて対応する必要がある。例えば、個人情報の保護においても、海外の個人情報保護法制の規律に留意する必要がある（201頁参照）。

❖強行法規としての公法的規制❖　公法的規制は、しばしば私法上の「強行法規」として作用する。その場合、「**相対的強行法規**」と「**絶対的強行法規**」とに区別し、後者は適用を免れないのに対して、前者はその国の法律が準拠法となった場合にのみ適用が強制される性質の法令があると主張する学説がある。絶対的強行法規は、どこに着目するかにより、国際的強行法規、強行的適用法規、介

【図表９】国際ビジネスに対する公法的規制

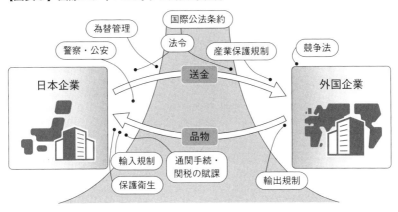

入規範、直接適用法等とも呼ばれる。かかる強行法規が契約の準拠法とは別枠で適用されることを「**強行法規の特別連結**」といい、特別連結を主張する見解と、それを否定して契約準拠法の解釈でその事実的な影響を考慮する見解とに分かれている。この両者の考え方を踏まえて、例えば、EUの契約債務の準拠法条約（ローマ条約）３条３項は、当事者がある外国法を選択しており、かつ契約締結時の周辺状況に関する他のあらゆる要素が一国のみに関連する場合、外国裁判所の補充的な選択の有無にかかわらず、当該国の法規範（強行法規）の適用は契約によって妨げられない旨を定めており、国内強行法規の適用は排除されない。

　もっとも、強行法規違反の行為の効力については、それぞれの国の裁判所によって判断が異なる可能性がある。日本では、独占禁止法（以下、「独禁法」という。）19条に違反する契約が直ちに私法上無効となるものではない（最判昭和52・6・20民集31巻4号449頁、判時856号3頁。ただし、実質金利が利息制限法所定の制限利率を超過する限度で貸付契約中の利息、損害金の約定が同法1条、4条により無効になるものとされた。）等とされる。ユニドロワ2016第3.3.1条も強行法規違反の契約を直ちに無効とはしない。しかし、独禁法3条が強行法規であるために直ちに契約が無効となるものではないという立場を維持しながらも、談合の結果に基づきこれを実現するために締結された契約は公序に反するので民法90条により無効である（東京地判平成22・6・23判タ1392号129頁）等といった方法で解決されることもある。

　ただ、これらの議論に関して、相対的強行法規は準拠法の合意によって排除できるという意味で「強行法規」ではなくなる効果をもたらす点に疑問がある。また、具体的にどの法規が絶対的強行法規で、どの法規が相対的強行法規であるかは、必ずしも明確ではなく、争いの対象となる。近時、取締法規や公法的規制に違反した民事上の効力を相対的に評価する考え方が改められ、状況に応じて効力を否定する法理が模索される傾向も現れつつある。コンプライアンスだけでなく、取引の円滑・安全な実現の観点からしても、強行法規違反が好ましくないことは確かであろう。

❖IMFと為替管理❖　隔地者間で直接現金を輸送せずに資金を移動する仕組みを為替といい、それを複数の国又は通貨を異にする領域の間で行うものを**外国為替**という。外国為替の管理に関する国際的な枠組みは、1945年に発効した**国際通貨基金協定（IMF協定）**等によっている。**国際通貨基金**（International Monetary Fund＝IMF）は、①国際貿易の促進、②加盟国の高水準の雇用と国民所得の増大、③為替の安定を目的として加盟国の為替政策の監視や国際収支が著しく悪化した加盟国に対する融資等を行う国際機関である。

　為替管理について、日本には「**外国為替及び外国貿易法**」（以下「外為法」）があり、「外国為替、外国貿易その他の対外取引が自由に行われることを基本とし、対外取引に対し必要最小限の管理又は調整を行うことにより、対外取引の正常な発展並びに我が国又は国際社会の平和及び安全の維持を期し、もって国際収支の均衡及び通貨の安定を図るとともに我が国経済の健全な発展に寄与することを目的」としている。

　1973年以来、日本も他の主要国と足並みを揃えて変動相場制度へ移行し、しばしば大きな為替相場の変動に見舞われてきた。為替相場の変動がもたらす実体経済への悪影響を緩和するためには、為替介入が必要となる。為替介入とは、中央銀行や財務省等の通貨当局が外国為替相場に影響を与えることを目的として、外国為替市場で通貨間の売買を行うことである。財務大臣は、対外支払手段の売買等所要の措置を講ずることにより、本邦通貨の外国為替相場の安定に努めるものとされ（外為法7条3項）、財務大臣は外国為替資金の運営に関する事務を日本銀行に取り扱わせることができ（特別会計法77条）、日本銀行が「本邦通貨の外国為替相場の安定を目的とするものについては、（中略）国の事務

の取扱いをする者として行うものとする」（日本銀行法40条2項）とされている。

　IMF協定は、変動相場制の採用に伴って、その加盟国に対して、秩序ある為替取極を確保し、IMFや他の加盟国と協力する一般的義務を負わせ、為替相場又は国際通貨制度の操作を回避することを求めている。しかし、為替操作を認定する具体的要件が明らかではなく、政治的な問題となっている。

国際ビジネス・ケーススタディ〜イラン製絨毯紛失事件

　東京から米国カリフォルニア州への転居のため、Xは、運送業者Y1との間で家財道具一式について運送契約を、損害保険会社Y2との間でXを被保険者とする貨物海上保険契約を締結した。運送中、その一部であるイラン製絨毯が紛失した。ところが、この絨毯の米国内への輸入が米国法により原則的に禁止されていたことから、保険契約に基づく保険金の支払が認められるかが問題となった。

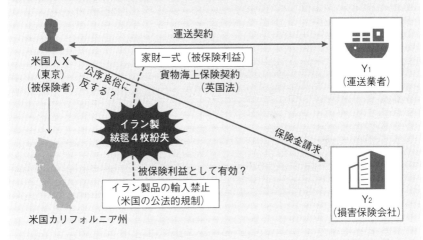

【裁判所の判断】　Y2が日本国内でXに対し保険金の支払を命じる判決に基づいて強制執行を受けたとしても、それにより米国でどんな刑事制裁を受けるかは必ずしも明らかではない。少なくとも、日本国では、個人が趣味で蒐集して所有又は保管するイラン製絨毯を住居の移転に伴って引越荷物として日本から米国に運送することは何の法律にも違反しない。それが米国のイラン取引規則違反で、米国内への持込みについて特別許可を取得することがおよそ不可能でも、これは米国の行政上の一時的規制にすぎず、絨毯は麻薬や武器等の物品それ自体に問題がある通常の禁制品とは異なり、契約を無効としてまで取締りを徹底する必要はな

い。したがって、本運送契約は公序良俗に反して無効ではなく、本保険契約の被保険利益が公序良俗に反するものともいえない。イラン取引規則の制定趣旨がテロリズムに対抗するもので、恒久平和を希求する日本国憲法の趣旨に合致するものでも同様で、本事案でその貨物につき締結された貨物保険を有効と判断したからといって、それが一般的に密輸を容易にし、かつ、助長することにつながるとも考えられず、それを無効にしなければ国際間の協調と平和を求める日本の公序が保たれないとまではいえない。したがって、保険契約は有効であり、保険者は運送中に発生した損害につき損害填補義務を負う。

　保険契約に基づく填補請求については、英国の法律及び慣習による旨の約定がある保険契約でも、航海事業の適法性についてまで英国法によることを約定したものではない。以上より、XからY₁に対する債務不履行等に基づく損害賠償請求を日本法により認め、XからY₂に対する保険金支払を命じた（東京高判平成12・2・9判時1749号157頁）。

(参考)　横溝大「第三国の輸入管理法の考慮」国際私法百選Ⅱ【16】34頁

6　国際ビジネスの統一法
──経済合理性を基礎とした市場関係者に共通のルール明確化を目指す

❖**統一法の試み**❖　各国の国際ビジネスに関するルールや規律が多様であっては何かと不便だ。法のハーモナイゼーションが進んでいれば、相手国の商取引法を準拠法にしても、自国のルールと比べて違和感の少ないルールとなるから、双方にとって受け入れやすい。そこで、多くの国が同一のルールに統一するための条約を締結することが考えられる。条約による国際的な統一法は、公法、私法いずれの領域においても見られる。

　条約による統一法は、各国の国内法の統一を目指すもの（**世界法型**）と、各国の国内法はそのままで、市民法とは区別して国際ビジネスに関係する部分だけを統一しようとするもの（**万民法型**）に分類できる。前者の例として統一手形法・小切手法条約等があり、後者にCISGや国際航空運送についてのある規則の統一に関する条約（モントリオール条約）等による規律がある。これらの条約等による統一法は、実体法のみならず、抵触法や手続法のレベルにも及ぶ。

【図表10】　国際ビジネスの統一法

		例	日本での取扱い (国内法化した場合の法律)
世界法型の統一私法（世界統一私法）＝各国の国内法の内容統一を目指す	1930年	為替手形及び約束手形に関し統一法を制定する条約	手形法
	1931年	小切手に関し統一法を制定する条約	小切手法
	1980年	契約債務の準拠法に関する条約	なし
万民法型の統一私法＝渉外的法律関係に関するルールの統一だけを目指す	1910年	船舶衝突に付ての規定の統一に関する条約	
	1910年	海難に於ける救援救助に付ての規定の統一に関する条約	
	1924年	船荷證券に関するある規則の統一のための国際条約	国際海上物品運送法
	1929年	国際航空運送についてのある規則の統一に関する条約（ワルソー条約）	直接適用
	1964年	有体動産の国際的売買についての統一法に関する条約	──
	1980年	国際物品売買契約に関する国際連合条約（CISG）	直接適用
	1999年	国際航空運送についてのある規則の統一に関する条約（モントリオール条約）（161頁参照）	直接適用

　政治的な理由等から条約が成立しないことも多い。そこで、条約とは別の方策として、各国の私法の内容をできるだけ統一するため、「統一法」や「モデル法」を作る試みもある。すなわち、国際取引に携わる人々の団体や業界等によって統一規則が作られていることもある。例えば、ICCのインコタームズや信用状統一規則は条約ではなく、必ずしも当然に法的拘束力を有するわけではないが、国際的な統一法規範として機能している。モデル法は、実定法ではなく、国家法を準拠法とした取引に取り込まれることで機能することもあるし、ソフトローとして機能することもある。

　近時、ソフトローによる規律が事実上の強制力を持つようなケースも増え、それらが国際ビジネスの規範を統一化する方向で機能する現象もある。企業が各種の自主規制や国際的な規範に積極的に取り組むことは、グローバル経済の持続的発展にも有用だろう。

❖**統一法の可能性と限界**❖　国際ビジネスは、経済合理性を基礎とし、市場関係者にも大きなメリットがあるから、各国の歴史・宗教・文化等と深く結びついた家族法等と比べて、法の統一には馴染みやすいはずだ。それでも国際ビジネスの分野で統一法やモデル法が作られた事項は、決して多くはない。まだまだ多くの課題が残っている。

　国際的に統一的なルールができても、それが各国で採用されるときには同一の内容になるとは限らない。国際ビジネス法の分野では、世界的に統一的な裁判機構が個別の問題を処理する仕組みがない。個別の問題は、各国の司法権によって解決が図られ、その強制執行システムも国ごとに独立しているので、外国での責任追及には多くのハードルがある。

　国によって言語も異なり、同じ国際的なルールを適用していても解釈の不統一が生じたり、それぞれの事情による修正が加えられたりする。国際私法により準拠法が何かを押さえた上で、個別に対応すべきケースは多い。その意味で、国際私法も国際民事手続に関するルールも、それぞれの国で異なる可能性等の不安定性から完全に逃れることはできない。

　たとえルールを統一したように見えても、前とは違った新しいものが現れる。世界は大きく変化しており、国際ビジネスの分野では、次々に新しいものが登場する。国際取引においては、常に将来的な課題に取り組みながら、新しい解決方法を考えていく必要がある。

7 ｜ レクス・メルカトリア
——国際取引に直接に適用される非国家法規範

❖**特定の国家法規範に拘束されない**❖　元来、レクス・メルカトリア(lex mercatoria)とは、中世ヨーロッパの商人間において存在していた商慣習ないし自治的法規範である。現代でも、これが国家法とは別の次元において存在し、国際商取引に関する当事者間の法律関係は、非国家法規範によって規律されるべきだという学説がある。

　確かに、国際ビジネスでは、特定の国家の法的伝統や政治経済の状況に拘束されず、世界的に見て均衡の取れた準則を確立することが求められる。国際ビジネスは、個別の国家権力によって規律されるものではなく、国家法とは別の

特別ルールによって規律されるべきだとの主張にはそれなりの理由がある。各国の国際私法から導かれる準拠法で国際ビジネスを規律するのは迂遠であるだけでなく、法廷地によって適用されるルールが異なるのは適切でない。しかも、その適用されるルールが、いずれかの国の法令（国内法）であると、国際取引に適合しないこともある。国家法のみを準拠法とする考え方には異論もある。必ずしもそうした前提に立つ必要はなく、非国家法規範も選択できるというのだ。そこで、国際取引に直接に適用される法規範とし

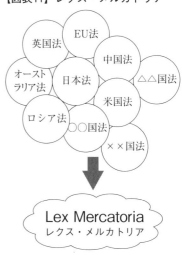

【図表11】レクス・メルカトリア

てレクス・メルカトリアを認める見解が提唱された。そうした学説に依拠して、ヨーロッパでの国際取引契約にはレクス・メルカトリアを準拠法として定める例があるという。

❖内容の不確定性❖　しかし、レクス・メルカトリアの内容が問題である。その肯定説によれば、公私の団体が作成した統一法、モデル法、各種の約款、標準契約条件、法の一般原則等が含まれるというが、その内容は必ずしも明らかではない。しかも、それらの商人法がすべての国際ビジネスに必要とされるルールを提供してくれるわけでもない。国際ビジネスに関与する各国の弁護士も、多くは各国の国家法によって資格を付与されており、国際商取引をめぐる紛争は、国際的な機関ではなく、どこかの国内法のシステムによって強制されることになるため、いずれかの国家法を選択しておかなければ、結局は法廷地において何らかの準拠法が適用されるだけである。

　国際ビジネスの法統一にはまだまだ時間を要し、その紛争解決も国家権力による裁判制度や仲裁制度を通して実現するほかなく、国家権力から超越したレクス・メルカトリアによって規律するには限界がある。実務的にはレクス・メルカトリアを準拠法とすることには問題が多い。IBAガイドラインもレクス・メルカトリアを準拠法とすることは、予測可能性の観点から回避すべきである

と指摘する。少なくとも日本の裁判所では、レクス・メルカトリアを準拠法と定めた契約について解釈する場合は、通則法 7 条の「地の法」に該当しないので、当事者が準拠法を選択していないことを前提として準拠法を判断して、紛争を解決するものと予測される。ただ、日本の仲裁法36条によれば、国際商事仲裁では、非国家法規範たるレクス・メルカトリアによる解決を許容していると解する余地がありそうだ。

8 ユニドロワ
── 世界一流の学者が法体系間の調和を図る 一般的準則を考案

❖国際商取引契約の一般的準則❖　ユニドロワとは、**私法統一国際協会**(International Institute for the Unification of Private Law＝UNIDROIT) のことである。同協会は、1940年に多国間協定たるユニドロワ法（the UNIDROIT Statute）によって独立国家間組織となり、商取引法の現代化と調和を目的として、日本を含む63カ国（2020年11月現在）が参加している。

【図表12】ユニドロワの歩み

1926年	国際連盟の下部機関として設置
1940年	多国間協定たるユニドロワ法によって、独立した国家間組織に
1964年	有体動産の国際的売買に関する統一法に関する条約（Convention relating to a Uniform Law on the International Sale of Goods＝ULIS）作成
1964年	有体動産の国際的売買契約の成立に関する統一法に関する条約（Convention relating to a Uniform Law on the Formation of Contracts for the International Sale of Goods＝ULF）作成
1983年	国際物品売買における代理に関する条約（Convention on Agency in the International Sale of Goods）作成〈未発効〉
1988年	国際的ファクタリングに関する条約（UNIDROIT Convention on International Factoring）作成〈1995年に発効→209頁〉
1988年	国際的ファイナンス・リースに関する条約（UNIDROIT Convention on International Financial Leasing）作成〈1995年に発効→208頁〉
2001年	可動物件の国際的権益に関する条約（Convention on International Interests in Mobile Equipment、ケープタウン条約）作成〈2006年に発効〉
2016年	ユニドロワ2016の公表

（出典）https://www.unidroit.org/about-unidroit/overview

ユニドロワは、日本を含む主要30カ国以上の国際取引法の専門家による作業部会で、国際商取引契約の一般的準則として国際私法における**ユニドロワ国際商事契約原則**（UNIDROIT Principles of International Commercial Contracts＝UPICC）をまとめるに至った。この作業部会のメンバーは、多様な国家・職域からなるが、その多くはウィーン売買条約の起草にも携わっていたという。これは何度かの改正を経て、**UNIDROIT国際商事契約原則 2016**（ユニドロワ2016）が公表され（http://www.unidroit.org/）、ウェブ上でも各国語版と解説等が公開されている。

❖**法体系間の調和を図る**❖　既にUPICCを適用した裁判例や仲裁判断例が既に多くの国々で出ており、一部ではUPICCに対し、国際私法によって指定された準拠国家法と同等の位置づけを与えたケースもあると報告されている。その適用態様は一様ではないが、契約当事者間の公平の原理を具体化したものなので、広く用いられることが期待される。

UPICCは、国際商事契約のための一般的準則を定めるものだが、契約が同原則によって規律される旨を当事者が合意した場合のほか、当事者が法の一般原則やレクス・メルカトリア等によって規律される旨を合意した場合や、いかなる契約準拠法も選択していない場合に適用できる。また、UPICCは、国際的な法統一の文書を解釈・補充し、あるいは国内法を解釈・補充するために用いることができ、国内及び国際的分野における立法者のためのモデルともなり得よう。さらに、債務の履行方法から、解除、損害賠償や時効に関する問題に至るまで、紛争解決のあり方を定めているので、国際商事紛争において見解が対立した場合に、援用を試みる価値があるケースもあるだろう。

9 外国法が準拠法となるとき
——国内法を適用する場合と異なる問題が生じる

❖**外国法適用の可能性**❖　常に手続地の法を準拠法として適用すると、どこで手続を取るかによってルールが左右される。国際私法では、内国法を優先的に準拠法とするようなルールを作らないとする内外法平等の考え方が一般的である。また、当事者が外国法を準拠法として定めていることもある。このため、国際ビジネスにおける紛争事件では、外国法を適用して解決すべき場合があり、

日本の裁判所も外国法を適用して判断をすることがある。

　しかし、外国法が準拠法となる場合には、国内法を適用する場合と異なった問題が生じる。まず、外国法によるべき場合、その規定の適用が公の秩序又は善良の風俗に反するときは、その外国法が適用されない（通則法42条）。例えば、外国であるA国法で麻薬やギャンブルが適法であっても、日本では公序良俗に反するものとして、それらを許容する外国法が直接的に適用されて判断が下されることはない。ただ、外国法の適用が排除された後に、単純に内国法が適用されることになる（内国法適用説）のか、あらためて何らかの規範を補充する問題はない（欠けつ否認説）のか等の点をめぐって争いがある。

❖**外国法の内容が争われた場合**❖　裁判や仲裁では、外国法の内容が自明であるわけではない。自国の法令であれば、裁判所が法律判断をするのは当然であるが、外国の法令は裁判所がどこまで解釈できるか問題である。この問題は、裁判所にとって「外国法は法律と扱うのか、事実であるのか」といった形で提示されることもある。法律ならば、裁判所の専権で判断すべきであり、事実ならば、当事者がその内容を主張・立証すべきことになる。

　実務的には、訴訟当事者が外国法を主張し、立証することが求められ、裁判所が外国法のリサーチをするのは限界もある。当事者としても、それを裁判所に任せて誤った判断で不意打ちを食らうよりは、積極的に主張・立証するのが

【図表13】外国法が準拠法となると……

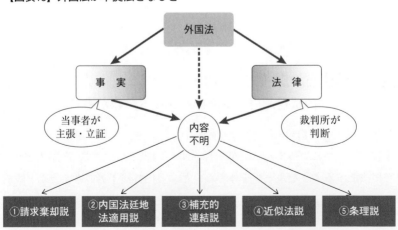

得策である。実際には、文献や専門家の鑑定人等によって外国法を主張・立証して裁判所の説得を試みる。

　日本では、外国法は一応、法律と取り扱われ、外国法の誤りが上告理由となるかという問題についても、法令に当たるとする立場である（最判平成20・3・18判時2006号77頁、西谷祐子「外国法の適用違背と上告」国際私法百選Ⅱ【118】238頁）。しかし、外国法を日本法の基準で解釈適用しているとの批判があり、裁量上告制度では外国法の誤りに関する上告可能性が制限されるのはやむをえない面もある。

　最終的に外国法が不明な場合の対応としては、①請求棄却説、②法廷地法適用説、③補充的な準拠法を探して適用する補充的連結説（又は補助連結説）、④近似している法令から推認する近似法説、⑤条理によって判断する条理説等の見解があるが、日本の裁判例には条理説によるものが多いようだ（札幌地判昭和59・6・26〔確定〕判時1140号123頁、森下哲朗「外国法不明の場合の処理」国際私法百選Ⅱ【117】236頁）。

10 英米法
——国際ビジネスに圧倒的影響力を有する

❖**英米法が国際ビジネスをリード**❖　アングロサクソンが中心となって展開してきた国際ビジネスの手法は、善悪は別として世界を席巻しているので、英米法については基本的な理解が求められる。その基本的な内容を一通り理解しておけば、どのような法律問題があるかを知ることにより、個別のビジネスにおける法的リスクに対応することが期待できる。

　英米法（Anglo-American law）は、**コモンロー（common law、〈普通法〉）**と**エクイティ（equity、〈衡平法〉）**からなる法体系である。英米法では19世紀半ば以降にコモンローとエクイティの融合がなされたとはいえ、伝統的な区別が残っている。例えば、エクイティ上の救済を認めるかどうかは裁判官が広範な裁量を有し、Injunction（差止命令）は元来エクイティ上の救済手段なのでコモンロー上の救済が不十分な場合に限るといった「**補充性の原則**」等がある。

　大陸法がローマ法と大陸の部族法の流れを汲む制定法を中心とするのに対して、英米法は、英国を起源として発達した判例法を中心とする。もとより英米

法は、英国の植民地支配を通じて世界中に広がり、その後、第二次世界大戦後には、米国の経済的発展によって国際ビジネス法における指導的な地位を確立した。国際ビジネスでは英語が共通語として用いられ、英文契約書が占める比重が圧倒的に大きい。その契約書の法律用語にはコモンローが大きな影響を与えている。代表的な英米法の概念としては、契約締結前の合意の証拠（口頭・書面・メール等を問わない）を認めない**「口頭証拠排除原則」**（Parol Evidence Rule）が重要である。また、英米法系を準拠法とする契約書では、現在でも捺

【図表14】英米法発展の流れ

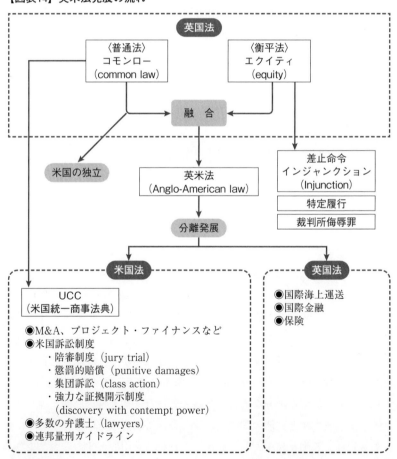

印証書（deed）によらなければ約因（consideration）がなければ契約としての強制力を持たないという約因理論に由来する表現も見られる。

　国際ビジネスをサポートするコモンロー諸国の弁護士が多数輩出されたことに伴って、英米法を専門とするビジネスローヤーが活躍し、数多くの国際ビジネスを取り仕切ってきた。例えば、伝統的な商品取引においては、ロンドンの仲裁において多くの紛争が解決され、英国の裁判例も豊富に蓄積されてきたことも影響して、国際海上運送、保険、国際金融等の分野では、準拠法として英国法が選択されることが多い。英国の旧植民地から独立したイギリス連邦の諸国においては英国法が今でも大きな影響を及ぼしている。

　一方、米国では反トラスト法やインサイダー取引規制等の証券詐欺、プロ・パテント政策による知的財産権の保護等、国際ビジネスにも大きな影響を与えるような訴訟が活発に提起され、米国の訴訟社会が世界のビジネス法の発展に大きく貢献した。特に、M&A、プロジェクト・ファイナンス等の現代的な金融取引は、米国で開発され、世界中に広がった点でも、米国法の影響が強い。

　日本では、英米法がビジネスを規律する法解釈の面でも、制度改革のための立法面でも大きな影響を与えている。こうした事情から、国際ビジネス法を理解するためには、英米流のビジネス手法、コモンローの基本的法律用語、コモンロー諸国の弁護士の使い方等をできる限り理解しておくことが重要だろう。このほか、米国の民事訴訟手続も日本とは大きく異なる（101頁以下参照）。

11 外国法令違反のリスク
── 海外における厳しい法規制を遵守するための内部統制の重要性

❖**大和銀行事件**❖　外国法違反が企業に対して大きなダメージを与えることがある。特に法的リスクの高い米国では、日本とは比べものにならない重い罰金等のペナルティを課されるおそれがある。

　例えば、大和銀行のニューヨーク支店で起きた無断取引及び無断売却により約11億ドルもの多額の損失が発生した事件で、そのリスク管理体制（＝内部統制）が著しく不適切であったことが問題とされた。同行の取締役らが日本の法律事務所を通じて、米国の法律事務所に照会して調査を行ったのは、その通報

を受けてから1カ月以上経過した後であり、大阪地方裁判所は、その調査は正に遅きに失していたとして厳しく非難した。この調査の遅れから、同行はニューヨーク支店の帳簿と記録に繰り返し虚偽の記載を行い、内容虚偽のバンカーズ・トラストの保管残高明細書を作成する等、米国連邦法典に違反する行為を重ね、米国当局に対する報告が約2カ月遅れた。これにより、米国当局の厳しい処分を受け、司法取引で罰金3億4000万ドルを支払い、この件について、1000万ドルもの弁護士報酬を支払う結果となった。その役員らは、これらの損害について株主代表訴訟で巨額の賠償を命じられた（大阪地判平成12・9・20判時1721号3頁。ただし、控訴審で和解が成立した。）。

【図表15】　大和銀行事件

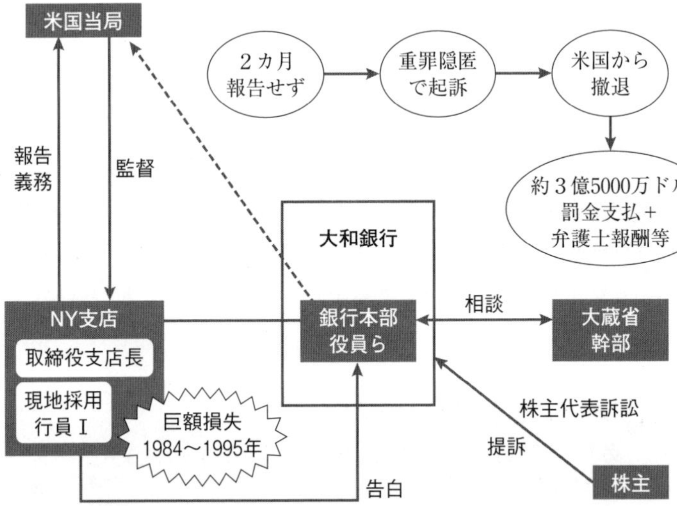

国際ビジネス・ケーススタディ〜日本航空電子工業事件

　日本航空電子工業（N社）が米国国務省の許可を受けずに1984年から1986年頃にかけてイランにF14ジェット戦闘機に用いられる加速度計・ジャイロスコープ及び同戦闘機搭載用ミサイルの部分品であるローレロンを譲渡し又は譲渡させた事件で、N社のほかN社の元従業員らが米国コロンビア特別区連邦地方裁判所に、武器輸出管理法・国際武器取引規則違反の罪で刑事訴追を受けた。この事件で、

　同国務省は、Ｎ社について防衛物品及び防衛サービスに関する輸出ライセンス及び技術供与等の許認可を一時停止する旨の行政措置をとった。Ｎ社と米国司法省・国務省・商務省との間で司法取引が成立し、Ｎ社は結局、罰金1000万ドル及び特別課徴金2000ドル（司法省）、制裁金500万ドル（国務省）、和解金420万ドル（邦貨換算額合計約24億8030万円）を支払った。この司法取引に基づいて、米国国務省は、先の行政措置を解除した上、改めて３年間の新規輸出許可申請の禁止措置を行い、同国商務省も３年間輸出取引を禁止した。その後、東京地検もＮ社と一部従業員らを関税法・外為法違反の罪で起訴し、刑事犯罪としても裁かれ、更に取締役らは株主代表訴訟でも責任を負わされ、国外のみならず、日本でも重い制裁を受ける結果となった（東京地判平成８・６・20判時1572号27頁）。

❖**マネー・ローンダリング対策**❖　1989年のアルシュ・サミット経済宣言を受けて設立された資金洗浄（マネー・ローンダリング）対策の国際協調を推進する多国間の枠組みとして、**金融活動作業部会**（Financial Action Task Force＝FATF）の動きも重要だ。

　日本も資金洗浄やテロ資金供与の防止を目的とする犯罪による収益の移転防止に関する法律（犯収法）を改正する等して、疑わしい取引の判断を明確化する法整備等を進めているが、米国等、海外の規制はより厳しいものがある。特に、米ドル取引や米国企業との取引等に米国法が広く適用される結果、厳しい制裁金が課される事例もあることに注意する必要がある。

❖**コンプライアンスの取り組み**❖　いずれの海外の法規制に対しても、その法的リスクの大きさに鑑みて、日本国内以上に十分な体制を構築して対応することが必要だろう。特に米国では、連邦量刑ガイドラインによって効果的なコンプライアンス倫理プログラム（COMPLIANCE AND ETHICS PROGRAM）が奨励されるようになっている。

　アメリカ型の捜査協力型の司法取引が、英仏等のほか日本でも導入されたことに伴い、法令違反に対する摘発リスクはさらに高まりつつある。日本の司法取引制度は、捜査・公判協力型の協議・合意制度で、国際的な企業犯罪等にも活用されていくことも考えられることから、国際的なコンプライアンスの重要性が一層高まっている。

12 外国法令の域外適用
―― 海外での行為も規制する必要があれば
制裁金も課される

❖域外適用の積極的活用❖　国際法では立法管轄権、司法管轄権、執行管轄権に分けて検討され、公法の域外適用を基礎づける立法管轄権の考え方は、【図表16】のように整理できる。かつては競争法の域外適用に対しては批判も多かったが、近時は日本も含めて各国とも自国の競争法の域外適用を積極的に活用する動きとなっている（日本国外でテレビ用ブラウン管の販売価格カルテルを行った事業者に対して日本の独占禁止法の課徴金納付命令に関する規定の域外適用を認めた日本の最高裁判決も出ている。最判平成29・12・12（平成28年（行ヒ）第233号））。すなわち、自国の市場における競争秩序を守るための競争法は、たとえ海外でなされた行為であっても、それを規制する必要があれば、立法や法適用が認められる。ただ、その強制をどうするかは問題であり、例えば外国領土内で権力を行使することは主権の侵害として許されないが、法令の適用は別途考えられる。こうしたことから、EU競争法も、EU域内市場に影響を与えた事案については、管轄権があるという立場を取っている。

　EUは競争法の規制を強化し、EUでのカルテル摘発件数は2000年代以降、

【図表16】公法の域外適用を根拠づける理論

	内　容	例
属人主義	領域を問わず、自国の国民に適用（国民の国外犯）	刑法3条
受動的・消極的属人主義	自国民が被害者である場合に、領域を問わず、自国民保護のため、他国民にも適用	刑法3条の2
保護主義	国籍も領域を問わず、重要な法益保護のために適用	刑法2条、刑法4条
効果主義	自国に実質的効果を及ぼす場合に国籍も領域も問わずに適用	欧米の競争法等
普遍主義世界主義	世界共通の重要な法益のために、国籍も領域も問わずに世界共通に適用	FCPA、刑法4条の2

1990年代に比べて 3 倍以上に急増した。この背景には、違反行為を違反企業が自ら競争当局に申告し、制裁金や刑事訴追の免除・軽減等を受ける**リニエンシー制度**が活発に利用されるようになったことがある。リニエンシー制度の内容は法域によって異なるが、1978年に米国で、1996年に欧州委員会で、2006年に日本でも導入され、日本企業が複数国の競争法に抵触する事案も増え、海外で多額の制裁金を課される事例も増加している。日本企業側からは、EU域内で販売活動を行っていない企業に対するカルテルの認定が安易になされているとか、リニエンシー制度による口頭証言で競争当局の心証が形成されてしまい、その後の反論は採り上げられにくい傾向があるとか、利用のインセンティブが低下している等の批判もある。しかし、企業活動の国際化及び競争当局間の協力・連携の強化が図られており、日本の公正取引委員会も独占禁止協力協定等に基づいて外国の競争当局との間で緊密な協力を行い、競争当局間の執行活動に係る通報・協力等は強化の方向である。

❖**日本企業に求められる対策**❖　「競争法の国際的な執行に関する研究会　中間報告」（平成20年 6 月25日、経済産業省）は、日本企業の対応策としては 4 つのポイントを提唱した。第 1 に、従来の日本国内における「相場観」では特段法令違反にならないと考えていた行為でも、カルテルを疑われる可能性があることを認識すること、第 2 に、経営トップのリーダーシップで遵法意識を全社的に浸透させること、第 3 に、M&Aの際には相手企業の競争法違反の有無を徹底的に調査すること、第 4 に違反の疑いが生じた場合の対策を予め検討し、「もしも」の際には迅速に意思決定を行うこと等である。これにより、例えば、日本企業も不必要な競争者との接触をできるだけ回避し、従業員が競争者と接触する場合には、上司や法務部門で漏れなく管理できる仕組みの構築等が求められる。

❖**贈賄禁止に向けた世界的潮流**❖　腐敗防止に関しては、米国の**海外腐敗行為防止法**（Foreign Corrupt Practices Act＝FCPA）を受け、1999年にOECDで外国公務員賄賂防止条約が成立し、2000年採択の**国際的な組織犯罪の防止に関する国際連合条約**（United Nations Convention against Transnational Organized Crime、TOC条約＝パレルモ条約）を補完するため、2003年には**腐敗の防止に関する国際連合条約**（United Nations Convention against Corruption）も成立した。

こうした潮流に沿って、日本の不正競争防止法18条も、外国公務員等に対する不正の利益の供与等を禁止している。これによれば、何人も、外国公務員等に対し、国際的な商取引に関して営業上の不正の利益を得るために、その外国公務員等に働きかけること等が禁止される。また、FCPAその他の外国法令の日本企業への域外適用も問題とされる。

❖**贈収賄防止はグローバル標準で**❖　グローバルな事業展開をする企業は、経済産業省「**外国公務員贈賄防止指針**」（平成29年９月改訂版）を踏まえて、企業集団のコンプライアンス・プログラムを充実させることが重要だ。中国等に限らず国営企業と取引する場合には、贈収賄の落とし穴が至るところに潜んでいる。怪しげなコンサルタント契約が贈収賄のリスクを孕んでいることもある。グローバルな企業集団における内部統制の強化における最重要課題として汚職・贈賄の防止を位置づけるべきだろう。

国際ビジネス・ケーススタディ〜発展途上国での贈収賄事件

　ナイジェリアの天然ガス施設の建設工事をめぐって日揮が欧米の会社と共同出資した合弁会社が1995〜2004年に当該工事に関する入札に参加した。その契約を獲得しようとして、日揮がナイジェリア政府関係者に賄賂を贈り、丸紅がナイジェリアの下級公務員に賄賂を贈るための資金送金に関与したとして、米国FCPAに抵触しているとして捜査を受け、当局との司法取引の結果、日揮が罰金２億1880万ドル（約187億円）、丸紅が罰金5460万ドルを支払う等の事態となった。

13　グローバル化に対応した企業の社会的責任
――地球環境に配慮した健全で持続可能な世界の構築を目指し、説明責任を果たす

❖**社会的責任が求められる企業**❖　企業の社会的責任（Corporate Social Responsibility＝CSR）は、世界的にも大きな課題となっている。もはや短期的・近視眼的な経営姿勢は許されない。経営戦略の観点からしても、企業に対する社会的な要請や業界の健全な慣行、企業倫理等を十分に踏まえた行動が求

められよう。現代の企業は、顧客、取引先、消費者、従業員、株主、地域社会、自治体・行政等、多様な利害関係者（ステークホルダー）への配慮が必要となり、それらのステークホルダーと積極的に対話を行い、良好な関係を保ちながら持続的な発展を目指すことが期待される（**ステークホルダー理論**）。

❖**サプライチェーン・マネジメント**❖　グローバルな調達と流通が多くなった場合には、法令遵守のみならず、人権・労働・安全衛生や地球環境への配慮等、あらゆる局面でCSRに適合した事業活動が求められる。そこで提唱されているのが、世界各国の取引先を巻き込んだ**サプライチェーン・マネジメント**(supply chain management) だ。取引先で、長時間労働や児童労働、不法廃棄、賄賂等の不正があれば、全体として健全な事業活動とはいえない。これに違反した場合、時として、消費者による不買運動によって顕在化することもある。そこで、サプライチェーン上でのCSR活動として、国内外の取引先（サプライヤー）に公正な競争機会を提供するとともに、安定した事業活動を行うための事業継続計画（BCP）の策定や、環境配慮等を促すことによって取引先にCSRの実践を積極的に求める。例えば、工場・研究所で使用する資材を調達する部門が遵守・実践すべきCSR調達ガイドライン等を提示し、その基準に適合することを取引条件とすることで事実上の強制力が生じる。

　具体的な問題として、コンゴ民主共和国と隣接9カ国から産出される鉱物の一部が非人道的行為にかかわる武装勢力の資金源となっている懸念があることから、紛争鉱物に対する基本方針を定めたケースがある。米国では上場企業に対し、これらの鉱物に対する使用状況の調査と開示を法的に義務付けており、日本の企業でも、そうした規制の趣旨に鑑み、調達活動における社会的責任を果たすため、紛争鉱物の対応方針を定める企業がある。

❖**国際基準に合わせた行動**❖　企業は、海外の進出先で適用される法令に従って事業を行うだけでなく、その国の法令が国際的な水準に達していない場合には、国際的な基準に準拠して活動するように努めることも期待される。国家のガバナンスが脆弱でも、それに乗じて企業が人権を軽視すべきではない。もとより人権が尊重された方が社会も安定し、ビジネス環境も良くなる。人権侵害の防止は、コンプライアンスの不可欠の中身でもある。

　人権の中身には議論があるとはいえ、**世界人権宣言**（The Universal Declaration of Human Rights、1948年第3回国連総会で採択）や国連の「**ビジネスと人権に関する指導原則**」（UN Guiding Principles on Business and Human Rights＝UNGP、2011年国連人権理事会で承認)、各国の憲法等で定める基本的人権のほか、**国際労働機関（ILO）**の国際労働基準に定められた均等雇用、強制労働や児童労働の禁止、結社の自由、団体労働交渉権等の人権が含まれるだろう。

　日本弁護士連合会は、UNGPの採択を受けて、**人権デューディリジェンス**についての日本企業向けのガイダンス（手引）を公表している。ここでデューディリジェンスとは、「負の影響を回避・軽減するために相当な注意を払う行為又は努力」という本来の意味から、企業の役職員がその立場に相当な注意を払うための意思決定や管理

〈国連グローバル・コンパクト10原則〉

［人権］企業は、
　原則1．国際的に宣言されている人権の擁護を支持、尊重し、
　原則2．自らが人権侵害に加担しないよう確保すべきである。

［労働基準］企業は、
　原則3．組合結成の自由と団体交渉の権利の実効的な承認を支持し、
　原則4．あらゆる形態の強制労働の撤廃を支持し、
　原則5．児童労働の実効的な廃止を支持し、
　原則6．雇用と職業における差別の撤廃を支持すべきである。

［環境］企業は、
　原則7．環境上の課題に対する予防原則的アプローチを支持し、
　原則8．環境に関するより大きな責任を率先して引き受け、
　原則9．環境に優しい技術の開発と普及を奨励すべきである。

［腐敗防止］企業は、
　原則10．強要と贈収賄を含むあらゆる形態の腐敗の防止に取り組むべきである。

の仕組みやプログラムとして把握し、上記ガイダンスは経営責任の有無の判断基準を提供することを目指している。具体的には、サプライヤー契約における**CSR条項**（サプライヤーにCSR調達基準・行動規範等を遵守する義務を負わせる条項）のモデル条項を活用すること等を提唱している。後述のESG投資の普及ともあいまって、人権デューディリジェンスは、企業が人権を尊重する責任を果たすべく、企業買収時のみならずガバナンス強化の観点からグループ内企業やサプライチェーンに対して実施されることが増えつつある。

　一方、英国は、**現代奴隷法**（Modern Slavery Act 2015）を制定し、英国で事

業を展開し、世界で売上高3600万ポンド（約50億円）を超える英国内外の企業
を対象に、事業とサプライチェーンにおける「奴隷と人身取引」に関連する人
権デューディリジェンスのプロセスを「奴隷と人身取引声明」の中に記載する
ことを求めるに至った。さらに、欧州では各国で差があるものの、国内法で人
権デューディリジェンスの実施を推奨又は義務化する方向で動いている。

❖国連グローバル・コンパクト❖　国連グローバル・コンパクト（United
Nations Global Compact＝UNGC）は、持続可能な成長を実現するための世界
的な枠組み作りのため、各企業・団体が参加する自発的な取り組みだ。UNGC
はCSR推進の指針ともなり、UNGCに署名した企業・団体は、10の原則に賛同
する企業トップのコミットメントのもとに、企業が「人権」、「労働」、「環境」、
「腐敗防止」の4分野における一連の本質的な価値観を容認・支持し、実行に
移していくことが求められる。

　さらに、国連は、世界経済の原動力となって金融を動かすべく、2006年に**責
任投資原則**（Principles for Responsible Investment＝PRI）を策定し、投資判断
に環境（Environment）、社会（Social）、ガバナンス（Governance）という**ESG**
の視点を組み込むことや、投資先企業にESGに関する開示を求めること等、6
つの原則を提示した。かつてのSRI（社会的責任投資）ではリターンが低く、有
効な投資手法ではないと見られていたが、**ESG投資**は持続的発展と関係し、
投資リスクが小さいとの実証的研究の裏づけも得て、日本の**年金積立金管理運
用独立行政法人**（GPIF）を含む多数の年金基金等のアセットオーナーや運用
会社がPRIに署名している。これにより、PRIは、受託者責任を尽くす際にも
世界共通のガイドラインとして機能するようになり、**国連環境計画**（United
Nations Environment Programme＝UNEP）やUNGCの推進にもつながっている。

　日本ではUNGCに未参加の企業・団体も多い。しかし、金融庁が推進する日
本版スチュワードシップ・コードやコーポレートガバナンス・コードは、とも
にESG投資を推進している。2020年改訂の日本版スチュワードシップコードで
も、機関投資家は、投資先企業やその事業環境等に関する深い理解のほか運用
戦略に応じたサステナビリティ（ESG要素を含む中長期的な持続可能性）の考慮
に基づく建設的な目的を持った対話等を通じて、企業価値の向上や持続的成長
を促し、中長期的な投資リターンの拡大を図る責任を有すること等が示されて

いる。今後、責任ある創造的なリーダーシップを発揮し、社会の良き一員として行動していくためにも、適切な企業理念をグローバルな事業展開に反映させ、より多くの企業がUNGCに参加していくことが期待される。

❖**BOPビジネス**❖　CSRの一環として、世界人口の約７割を占める低所得階層（**Base of the Economic Pyramid層＝BOP層**）を対象とした事業を展開するBOPビジネスも注目されている。不十分な社会・生活基盤に起因する貧困や衛生面の問題等、深刻な課題を解決するため、BOP層にも有益な製品・サービスを提供し、生活水準の向上に資することが目標だ。日本の企業は、高機能の製品を得意とするので、中間所得層（ボリュームゾーン）だけでなく、BOP層に対しても様々な形態のユニークなビジネスを創出している。BOPビジネスは、グローバルな持続可能性に資する事業活動となるだけでなく、発展途上国の人口増加と急速な経済成長に伴い、新たな市場（ネクスト・ボリュームゾーン）としても有望だろう。

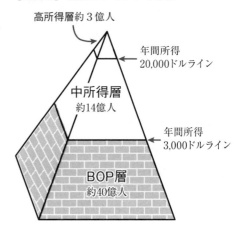

【図表17】経済ピラミッドの分布

高所得層約３億人

年間所得20,000ドルライン

中所得層約14億人

年間所得3,000ドルライン

BOP層約40億人

（出典）World Resource Institute "The Next 4 Billion"（2007）

❖**ISO 26000**❖　2010年に国際標準化機構が作った**ISO 26000**（「社会的責任に関する手引」）は、企業がCSRを推進する上での指針となるもので、あらゆる組織を対象とする社会的責任（SR）に関する世界初の国際規格だ。これはガイダンス文書（手引書）なので、要求事項の適合性評価を行うものではなく、それぞれの組織が規格の内容を参考に、自主的に社会的責任に取り組むことが想定されている。

❖**統合報告書**❖　企業統治等に対する投資家の関心が高まったことに伴い、欧米ではグローバルな事業展開を進める多くの企業が統合報告書を作成してい

る。統合報告のあり方については、2013年に世界の投資家団体等が組織する**国際統合報告評議会**（International Integrated Reporting Council＝IIRC）が国際的なフレームワークをまとめた。そこでは、組織の価値創造能力を高めるよう、戦略的焦点と将来志向、情報の結合性、資本及び資本間の相互関係等に焦点を当てた組織の統合的思考の重要性が強調されている。

　また、米国SOX法に基づく財務報告に係る内部統制評価で用いられるCOSOの新フレームワーク（227頁参照）では、財務報告である年次財務報告だけでなく、非財務報告である内部統制報告のほか、CSRやサステナビリティに関する報告等に関する内部統制の充実も求められている。**Global Reporting Initiative**（**GRI**）が策定したサステナビリティ・レポーティング・ガイドラインも注目されている。一方、ヨーロッパでは、2014年に非財務情報や取締役会メンバーの多様性の開示等に関するEU会計指令の改正が成立し、EU域内の上場企業や金融機関等には、マネジメント報告で環境・社会・従業員・人権・腐敗防止等に関する方針、実績、主要なリスク等に関する方針の開示が義務付けられた。こうした国際的な潮流を受けて、先進的な企業は、広義のコンプライアンスの一環として企業報告の改革・充実化に取り組んでいくことが期待される。

　日本でも、環境等に関する非財務情報を加えた統合報告書を出す企業が増えつつあり、ESG報告書、サステナビリティ報告書など、様々な形での情報開示の活発化が予想される。CGコードも企業統治や社会貢献等の非財務情報の開示を促している。これらは投資家向け広報（IR）の一環だが、その実質的な内容は企業の社会的責任に沿ったものであるべきだ。今後はIIRCの厳格な基準に沿った報告書の発行に移行していく可能性もある。

❖**持続可能な開発目標**❖　2015年 9 月の国連サミットで**持続可能な開発目標**（Sustainable Development Goals＝SDGs）として、国連加盟国が2016年から2030年の15年間で達成するために掲げた目標が採択されており、各企業のサプライチェーンにおけるSDGsへのインパクトについて情報を開示することが求められる。日本経済団体連合会も、2017年11月 8 日付けで企業行動憲章を改訂し、「Society 5.0の実現を通じたSDGs（持続可能な開発目標）の達成」を掲げて、ESGに配慮した経営の推進により、CSRへの取り組みを促している。

　いずれの情報開示についても、国際動向を踏まえた各種のガイドラインが

アップデートされていくので、それらも参考に情報の積極的な開示を展開して説明責任を果たし、多様なステークホルダーとのコミュニケーションを促進していくべきだろう。

column 「グローバル」と「国際」

　近時の国際ビジネスの背景には、「グローバリゼーション」の進展があるが、ここで本書が「グローバル・ビジネス法」とはしないで、「国際ビジネス法」としている理由を説明しておきたい。

　元来、「国際」という場合は、分析単位として国家の存在を前提とし、その関係を問題とする。すなわち、この言葉が用いられる場合には、国際的な要因が国内にどういう影響を及ぼすかが問題とされ、国家間の利害が対立しうるという点が所与の前提として存在している。

　それに対して、「グローバル＝世界、地球」という場合には、国内問題と国際問題が明確に区別されるわけではなく、分析単位は世界そのもの、あるいは地球が一体化したイメージであって、個々の国家は分析の要素の1つにすぎない。

　本書が取り扱う領域は、どちらかといえば国家の存在を前提として考えざるをえない状況にある。国際ビジネスを規律する統一法の確立への道のりは遠い。他方、国際私法によって各国のルールの矛盾・抵触は、結局のところそれぞれの国家的な制度を通して解決されることがほとんどである。

　こうしたことから、当分の間は、「グローバル・ビジネス法」を論じるまでには至らず、国際ビジネス法として論じるべき状況なのである。ただ、経済活動を含む様々な活動がボーダレスになっており、サイバー空間に対する法的な規律の国際的な枠組み作りが遅れている点は、グローバルに考えるべき今後の大きな課題である。

第3章

国際ビジネスの主体

1 外国人の地位
—— 内国人とは異なる特別の取扱いルール

❖行為能力の制限がある場合❖　国際ビジネスには、国籍等の異なる自然人や法人、更には法人格があるとは限らない受け皿（vehicle）が当事者として登場する。また、民間人だけでなく、国家や公的機関等が当事者となる取引もある。そこで、国際ビジネスの担い手となる当事者の法的地位を理解することが重要である。この場合、それぞれの国における自然人と法人等の受け皿の権利能力や行為能力がポイントとなる。

　日本で法人や自然人の行為能力は、原則としてその本国法によって定められる（通則法4条1項）。その前提として、権利能力も同様だと考えられ、外国人は、法令又は条約の規定により禁止される場合を除き、私権を享有すると定められている（民法3条2項）。したがって、外国人も、日本における居住・非居住を問わず、日本の会社の取締役等になることができ、契約を締結する取引ができるだろう。

　ただ、法律行為をした者がその本国法によれば行為能力に制限があるときでも行為地法によれば行為能力者となるべきときは、当該法律行為の当時そのすべての当事者が法を同じくする地にあった場合に限り、当該法律行為をした者は、例外的に行為能力者とみなされる（通則法4条2項）。例えば、外国人が本国法では無能力者でも、日本法では行為能力があるはずであれば、両当事者が日本にいて契約を締結した場合は、行為能力者とみなされる。ただし、このルールは、親族法又は相続法によるべき法律行為及び行為地と法を異にする地にある不動産に関する法律行為には適用されない（同条3項）。

❖外国法人の取扱い❖　外国法人についての内部・外部の関係は、何法によるかという**従属法**の問題があり、**本拠地法**によるか**設立準拠法**によるのかとい

う論点もある。法人の従属法は、法人格の成立に関係がある問題なので、設立準拠法によるのが日本では通説である。

　日本では、外国法人は、国、国の行政区画及び外国会社を除き、その成立が認許されないが、例外的に法律又は条約に基づいて認許された外国法人は、日本で成立する同種の法人と同一の私権を有するのが原則である（民法35条）。外国法人が日本に事務所を設けたときは、3週間以内に事務所の所在地において所定の事項を登記しなければならない（同法37条1項）。外国法人が初めて日本に事務所を設けたときは、その事務所の所在地において登記するまでは、第三者は、その法人の成立を否認することができる（同条5項）。なお、外国会社については会社法に定めがある（59頁以下参照）。

　民訴法も、外国人の訴訟能力について特則を設けている。すなわち、外国人は、その本国法によれば訴訟能力を有しない場合でも、日本法によれば訴訟能力を有すべきときは、訴訟能力者とみなされる（民訴法33条）。国籍を問わず、法人格のない社団等の場合には、法人でない社団又は財団で代表者又は管理人の定めがあるものは、その名において訴え、又は訴えられることができる（同法29条）。ただ、訴訟能力、法定代理権又は訴訟行為をするのに必要な授権を欠くときは、裁判所は、期間を定めて、その補正を命じなければならず、遅滞のため損害を生ずるおそれがあるときは、裁判所は、一時訴訟行為をさせることができる（同法34条1項）ので、法人格が認められない場合にはこれを使うこともできよう。

【図表18】外国法人の取扱い

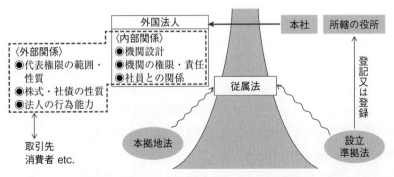

国際ビジネス・ケーススタディ〜仲裁手続不許請求上告事件

　米国ニューヨーク州法に準拠して設立され、本店を同州に設置するＹ社の発起人との間で契約を締結したというＸ社が、Ｙ社は同契約締結当時未だ法人として存在していなかった等と主張して、Ｙ社に対し、本件契約書が真正に成立していないこと、同契約書に含まれた仲裁合意の不存在及び独占販売代理権等の不存在確認、並びに仲裁手続の不許を請求した。

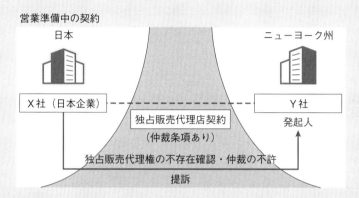

【裁判所の判断】　Ｙ社の設立発起人が、将来設立するＹ社の営業準備のため、第三者と契約を締結した場合、Ｙ社の設立後に同契約上の権利義務を取得しうるか、その要件いかん等は、会社の行為能力の問題であるから、Ｙ社の従属法たるニューヨーク州法で定めるべきである。Ｘ社は、会社設立前に発起人がなした営業的行為は、会社設立自体に必要な行為ではなく、発起人の権限を逸脱した行為であって、有効たりえないと主張したが、裁判所は、Ｙ社の従属法がニューヨーク州法である以上、ＸＹ間でその効力を生ずるためには、そのような追認を要するものでないと判断された。また、仲裁契約は主たる取引契約の一部だとの主張に対しても、仲裁契約は、主たる実質契約から分離可能性が認められ（81頁参照）、Ｙ社の設立発起人が、その設立前に会社の営業準備のため日本の会社と締結した契約中の仲裁条項は、設立後の会社による採用により会社との間に成立した契約として有効であると判断された（最判昭和50・7・15民集29巻6号1061頁）。

（参考）　神前禎「法人の従属法」国際私法百選Ⅱ【22】46頁

2 国家・公的団体
―― 主権免除のままではビジネスに参加できないので
民事裁判権に服する

❖**国際慣習法としての絶対免除主義**❖　国家や国家機関、地方公共団体や国際機構等の公的な団体も、国際的取引の当事者となることがある。これらの組織の権力的な行為は、他国の裁判権に服さない。外国国家に対する民事裁判権についても、法廷地国内に所在する不動産に関する訴訟等特別の理由がある場合や、自ら進んで法廷地国の民事裁判権に服する場合等を除き、外国国家は法廷地国の民事裁判権に服することから免除されるとの考え方（**絶対免除主義**）を内容とする国際慣習法がかつては認められていた。

❖**絶対免除主義から制限免除主義へ**❖　しかし、国家の活動範囲の拡大等に伴い、国家の行為を主権的行為とそれ以外の私法的ないし業務管理的な行為とに区分し、後者の行為まで法廷地国の民事裁判権を免除するのは相当でないという考え方（**制限免除主義**）が次第に広がっていった。現在では、多くの国がこの考え方に基づいて、外国国家に対する民事裁判権免除を制限している。2004年12月の国際連合第59回総会で採択された「**国家及び国家財産の裁判権免除に関する国際連合条約**」（United Nations Convention on Jurisdictional Immunities of States and Their Property。以下、「国連国家免除条約」という。）も制限免除主義を採用した。国際ビジネスの実務においても、国家等が当事者となる契約をする場合には、**主権免除放棄条項**を設けることによって、その趣旨を明確に定めることが多い。

❖**我が国の対応**❖　日本の最高裁もかつては絶対免除主義に従い、外国国家の主権的行為について「国際慣習法上、民事裁判権が免除される」と判断したこともあったが、2006年、外国国家による私法的ないし業務管理的な行為には、法廷地国の民事裁判権から免除される旨の国際慣習法は存在しないと明確に述べ、制限免除主義を適用するに至った。

　さらに、国連国家免除条約を受けて、「**外国等に対する我が国の民事裁判権に関する法律**」が成立し、2010年4月1日から施行されている。同法5条から7条により、外国等が特定の事項又は事件に関して日本の民事裁判権に服する

ことに明示的に同意した場合には外国等に対して民事裁判ができる。同法8条
から16条により、外国等の明示的な同意（主権免除放棄条項）がない場合でも、
商業的取引、労働契約、人の死傷又は有体物の滅失等に関する裁判手続のうち
一定のものについて、外国等に対して民事裁判ができる。このほか、二国間条
約等でカバーされることもある。ただ、その適用範囲に関して見解の対立が生
じる可能性もあるので、主権免除をめぐる疑義を解消し、紛争を回避するため
にも主権免除放棄条項を定めておく意義はあろう。

　同法は、外国等に対する訴状等の送達その他民事の裁判手続の特例について
も定め、外国等が明示的に同意した場合（同法17条1項）や担保を提供した場
合（同条2項）には、外国等の有する財産に対して保全処分又は民事執行がで
きるものとする。さらに、外国等の明示的な同意がない場合でも、外国等が日
本国内に有する商業用財産等に対しては民事執行ができるものと定めている
（同法18条1項）。ただ、日本国外の資産や外国本国の資産に強制執行が及ぶわ
けではなく、その実効性は必ずしも明らかではない。

　同法に定める外国等には、例えば米国等の連邦国家の州や外国の中央銀行等
が含まれる。同法の内容は、国連国家免除条約に準拠したものだが、同法にい
う「外国等」の定義を同条約の締約国に限定していない（同法2条）ため、同
条約の非締約国にも適用されると解されよう。このため、かつて問題となった

【図表19】国家・公的団体が当事者のケース

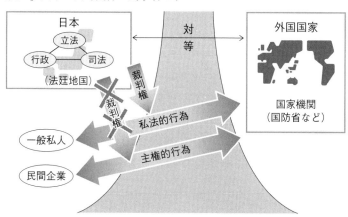

ナウル共和国とナウル共和国金融公社のケース（216頁参照）は、現行法の下で
は、日本の裁判権が及ぶ可能性がある。

国際ビジネス・ケーススタディ〜制限免除主義への判例変更

　上告人らが、それぞれ、外国国家である被上告人の国防省の関連会社であり被
上告人の代理人であるＡ社との間で、被上告人に対して高性能コンピューター等
を売り渡す旨の売買契約を締結し、売買の目的物を引き渡した後、売買代金債務
を消費貸借の目的とする準消費貸借契約を締結したとして、被上告人に対し、貸
金等の支払を求めた。

【裁判所の判断】　外国国家は主権的行為について法廷地国の民事裁判権に服する
ことを免除される旨の国際慣習法の存在については引き続き肯認できるとの先の
判断を維持しながら、外国国家は、その私法的ないし業務管理的な行為について
は、日本による民事裁判権の行使が当該外国国家の主権を侵害するおそれがある
など特段の事情がない限り、日本の民事裁判権から免除されないと解するのが相
当である。訴えを却下した原判決を破棄し、原審に差し戻した（最判平成18・
7・21民集60巻6号2542頁、判時1954号27頁）。

(参考)　別の労働事件について、村上正子「裁判権免除」国際私法百選Ⅱ【87】176頁。

3 会社とパートナーシップ
──国際ビジネスにおいて、より多様化する事業主体の選択肢

❖**有限責任による事業体の選択が可能**❖　16世紀にヨーロッパ勢力の海外進
出で経済のグローバル化が始まり、17世紀初頭にいくつかの東インド会社が登
場した後、様々な会社法制がそれぞれの法域で発達してきた。米国の場合、州
法によって会社法が規律されており、通常の会社（Business Corporation）のほ
か、LLC（リミテッド・ライアビリティ・カンパニー＝Limited Liablility Company
＝有限責任会社）、税務上、非課税会社として認められる小規模会社（S
Corporation）等がある。

　日本の会社法は、持分会社として、合名会社、合資会社、合同会社を設けて

いる（同法575条）。持分会社は、法人格があるものの、基本的には、その内部
関係では組合的な規律に服する。例えば、社員の入社、持分の譲渡、会社成立
後の定款変更は、原則として総社員の一致による。持分会社は定款自治の範囲
が広く、会社の運営方法は社員が自由に決めることができる。合同会社は有限
責任社員だけからなる会社で、米国のLLCの日本版として導入された。合同会
社は、株式会社と同様に出資者の責任を有限とするので、社員は会社の債務に
ついて責任を負う必要がない。ただ、米国のLLCがパススルー税制の恩恵があ
るのに対して、日本の合同会社にパススルーは認められない。

❖**営利を目的とした事業体**❖　国際ビジネスの主体となる事業体は、法人格
を有する者だけではない。複数の自然人や法人が資産・役務等の出資によって
共同事業を営む事業体として、**パートナーシップ（Partnership）**が重要である。
日本法でも、同様の事業体として、民法上の組合（任意組合）、商法上の匿名
組合、有限責任事業組合等があり、その利用が検討される。国際ビジネスでは、
法律上・税務上のメリット・デメリット等を比較して、法人形態でいくのか、
組合形態でいくのか等を検討することが多い。各国においては、各種の法人・
組合があるから、その比較検討もされる。

　一般的には、法人は法人格があるのに対して、組合（パートナーシップ）は
基本的に契約関係であると考えられる。このため、法人が法人レベルで課税さ
れ、出資者レベルでも更に課税される点で、二重に課税される形になる。それ
に対して、パートナーシップの場合、パートナーシップ自身は課税を受けず、
収益・損失は各パートナーの持分に応じて直接に配分・課税される。こうした
取扱いを、**パススルー税制（Pass-Through Taxation）**という。例えば、日本企
業が米国のパートナーシップのパートナーになると、**恒久的施設（Permanent
Establishment＝PE）**があるものとして課税されるのではないかといった問題
があるので、子会社をパートナーとする等のスキームが検討される。

　一方、日本の任意組合は、組合名義での登記・登録が認められない場合が多
い。それに対して、米国のパートナーシップは、その名義でも契約の当事者と
なり、資産を保有し、所有権等を登録することまでが認められている。

❖**パートナーシップ（組合）**❖　パートナーシップとは、共同して出資するこ
とにより事業の利益と損失をシェアする契約関係である。共同事業体と訳され

ることもあるが、基本的には組合であり、ジェネラル・パートナーシップ
(General Partnership＝GP) とリミテッド・パートナーシップ (Limited
Partnership＝LP) がある。米国のパートナーシップは、会社法と同様に州法レ
ベルで規律される。GPについては統一パートナーシップ法 (Uniform
Partnership Act＝UPA)、LPについては改定統一リミテッド・パートナーシッ
プ法 (Revised Uniform Limited Partnership Act＝RULPA) があり、統一化が図
られている。UPAは1997年に改正され、Revised Uniform Partnership Act
(RUPA) とも呼ばれ、またRULPAも2001年に改正され、俗にRe-RULPA等と
も呼ばれる。

　GPは、すべての出資者が無限責任を負う等の点で、合名会社に類似する。
GPは、複数人の契約だけで成立し、その財産は全パートナーの共有となる。
これに対して、米国のLPは、出資者が無限責任を負う者 (General Partner＝
ジェネラル・パートナー) と有限責任を負う者 (Limited Partner＝リミテッド・
パートナー) から構成される点で、合資会社に似ている。LPは、有限責任共同
事業体と訳されることもあり、LPの成立には設立証書等の登録手続が必要と
される。ジェネラル・パートナーは、業務を執行する代わりに無限責任を負う
が、リミテッド・パートナーは、業務執行には関与せず、出資金を限度に有限
責任を負う。ただ、リミテッド・パートナーも事業の重要事項に関する議決権
や業務執行社員の解任権、検査権等を有するように定めることは可能だ。

❖有限責任事業組合❖　日本には、合同会社と同様に組合的な規律で出資者
全員の有限責任が認められるものとして、「有限責任事業組合契約に関する法

【図表20】パートナーシップと組合・会社

出資者の責任	日　本	米　国
有限責任のみ	株式会社 合同会社 有限責任事業組合等	Business Corporation リミテッド・ライアビリティ・カンパニー (LLC)
有限責任と無限責任	合資会社	リミテッド・パートナーシップ (LP)
無限責任のみ	合名会社、民法上の組合	ジェネラル・パートナーシップ (GP)

律」に基づく**有限責任事業組合**（Limited Liability Partnership＝LLP）がある。LLPは、課税においてパススルーが認められ、組合レベルでの課税がなく、出資者は損失も通算できる。しかし、合同会社には業務執行に関わらない社員がいても良いが、LLPは租税回避目的で濫用されないように、共同事業性の確保が求められ、LLPでは重要な意思決定について全員一致によるほか、全出資者が何らかの業務執行に参加する必要がある。

　合同会社も有限責任事業組合も、持分譲渡、入社・組合員の加入、定款・組合契約の変更は全員一致という組合的な規律に服する。そのため、当初出資者の権利が強く守られるが、LLPは、組合契約を締結するので、必然的に最低二人が必要であるのに対して、合同会社は一人会社も可能だ。また、LLPは法人格がないため、他の会社との組織再編や組織変更を行えない。このため、将来的に事業が成長した際に株式会社に移行し、**株式公開**（Initial Public Offering＝IPO）で上場益を目指す場合にはLLCが良さそうだ。

4　外国会社の規制
——国内の債権者を保護するための外国会社に対する特別の規律

❖**外国会社と内国会社**❖　外国会社をどのように規律するかは、各国の法令に任されている。米国の場合、外国会社については基本的に州レベルで規律される。日本では、国内の準拠法によって設立された会社が「内国会社」と呼ばれる。外国人が日本国内で日本の会社法に基づいて設立・登記する会社は、外国会社ではなく、日本の内国会社と取り扱われる。内国会社となる子会社の商号は自由に選ぶことができ、親会社と一緒である必要はない。

　日本の会社法は、「外国会社」を「外国の法令に準拠して設立された法人その他の外国の団体であって、会社と同種のもの又は会社に類似するものをいう」（同法2条2号）と定義する。このため、外国で設立された会社だけではなく、会社に類似するもの、具体的には米国のリミテッド・パートナーシップ等も「外国会社」に含まれる。

❖**会社法による外国会社の規律**❖　日本では、外国会社に対して、かつて営業所設置義務を課していたが、会社法はこれを廃止した。しかし、外国会社が

日本で継続して取引するには、日本における代表者を定め、その登記をする必要がある（同法817条、818条）。この人物は本社の代表者とは異なるのが通常だろう。外国会社の日本における代表者は、日本での会社の業務に関する一切の裁判上又は裁判外の行為をする権限を有する（同法817条2項）。たとえ、その権限に制限を加えても、善意の第三者には対抗できない（同条3項）。外国会社の代表者は、日本人でも外国人でも良いが、少なくとも一人は日本に居住している必要がある（同条1項）。外国人が日本での代表者となる場合、外国人登録をすることで、印鑑証明も取得もできる。ただ、印鑑証明のない外国人の場合、大使館等の公官庁の発行するサイン証明で代用できることもある。

　外国会社は、日本の株式会社と同様に貸借対照表の公告義務がある（同法819条）。さらに、日本から撤退する場合にも規制があり、日本におけるすべての代表者が退任しようとするときは、債権者に対して、その退任に異議があれば一定の期間内に述べるべき旨を官報で公告し、会社債権者には個別に催告しなければならない（同法820条1項）。その退任は、それらの債権者保護手続が終了した後に登記をして、はじめてその効力が生じる（同条3項。なお、日本では内国法人について、すべての代表者が日本国内に居住することを明示する定めが会社法にないため、行政解釈の変更により、株式会社の代表者を含めて日本の居住者を不要とする逆転現象を許容する規制となっている。）。

　外国会社が財産を清算する場合には、裁判所は利害関係人の申立てや職権で、日本にある会社財産の全部について清算の開始を命じる（同法822条1項1号）。また、日本で取引を継続することを止めた場合も、裁判所は利害関係人の申立て又は職権で、日本にある会社財産の全部について清算の開始を命じる（同

【図表21】内外の会社に対する日本の規制

	内国会社	外国会社
設立準拠法	日本法（会社法など）	外国法
貸借対照表の公告義務	株式会社にはあり（持分会社にはなし）	あり
登記義務	あり	あり
代表者1名以上の居住者要件	なし	あり

項2号)。外国会社に不正行為等所定の事由があれば、法務大臣や株主、社員、債権者その他の利害関係人の請求で、取引継続中止命令や営業所閉鎖命令も出せる(同法827条)。外国企業が日本で事業活動を行うためには、これらの規律に従う必要がある。

　日本企業が外国で事業活動を行う場合にも、上記と同種又は類似の規律がないかをチェックする必要がある。

5　擬似外国会社
── 日本で主たる事業活動を行うだけで外国では何もしない会社の規律

❖外国ではペーパーカンパニー❖　**擬似外国会社**とは、外国法に基づいて設立された会社でありながら、日本に本店を設け、又は日本で事業を行うことを主たる目的とする会社のことをいう(会社法821条1項)。通常、外国にペーパーカンパニーがあるだけで、事業活動はすべて日本国内で行っているような会社である。

　本来ならば、日本で事業活動を行うだけで、外国では何も活動をしないのであれば、外国で設立するのは道理に合わないはずである。ところが、日本の規制を受けないために、わざわざ外国で設立される会社もあるので、これを**擬似**

【図表22】擬似外国会社

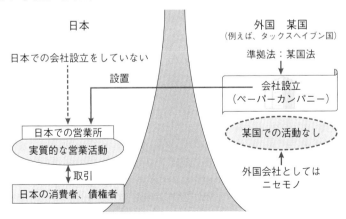

外国会社として特別に規制している。日本の会社法は、擬似外国会社が日本国内で取引を継続して行うことができないものと定め、これに違反して取引を行った者は、その取引について、その擬似外国会社と連帯して責任を負うものとしている（同条 2 項）。これにより、擬似外国会社にも権利能力は認められ、その契約が無効となるわけではないし、擬似外国会社の登記もできる。

　しかし、上記のような連帯責任を負わせることで日本国内の債権者や消費者の保護も図ることができる。また、資産の流動化等の新しい金融手法において、外国法に基づいて設立された会社がたとえ擬似外国会社であったとしても、それだけでスキームそのものが無効になってしまうことは避けることができる。

　もっとも、かかる規制の登場を受けて、問題となりそうな会社は、既に組織形態を改める等して疑義のないように体制を改めた。諸外国においても、自国外で設立した会社に対して、どのような規制があるかに注意することが必要である。

📖 column　Race to the Bottom（底辺への競争）の危険性

　外国会社は、日本の会社法による設立手続等の規制に服さない。しかし、事業活動を専ら日本で行うという会社が、日本の会社法によって規律されなくても良いのだろうか？　その場合に日本の会社法に基づく会社設立を強制するのは不当なことなのだろうか。

　もしも、擬似外国会社のようなものが広く認められると、主として日本で事業を行うための会社でも、日本の会社法によって会社を設立せず、外国で会社を設立して日本でビジネスを行うケースが蔓延し、国際的な会社法レース、制度間競争に全面的に突入してしまう危険性がある。すなわち、「経営陣に都合のいい法制度」＝「株主・債権者その他の利害関係者の利益保護の薄い法制度」に流れていく（Race to the Bottom（底辺への競争））おそれがある。もっとも、これに対しては、経営陣だけに都合の良い法制度は結果として資金調達を困難にするはずであり、競争の中で最適なバランスが達成されていくし、より良い制度を目指して競争するはずだ（Race to the Top（頂上への競争））といった楽観的な見方もある。

　　ただ、擬似外国会社の日本での活動を無条件に認めれば、我が国の会社
法も、こうした「会社法のレース」に巻き込まれ、より規制の緩い国で会
社を作り、その会社が日本で事業を行う危険性が高まる。その結果、どこ
にあるのかわからないような怪しげな国（規制のとても緩い国）の会社法
で作られた会社が、日本で事業活動を行う弊害が懸念される。
　　確かに、取締役の責任範囲、買収防衛策について日本の会社法よりも柔
軟性を持つデラウェア州で会社を設立することで、主として日本で事業を
行えるということを、外国人投資家は歓迎するかもしれない。しかし、一
般的には他国の会社法を設立準拠法として選ぶことには、いろいろなリス
クがあり、法制度に対する情報が必ずしも十分にないことはビジネスの支
障にもなりうる。その意味でも、擬似外国会社は、あまり歓迎すべき存在
ではない。

6　法人格否認の法理
──多国籍企業の親会社に対する責任追及のための理論

❖法人格を認めると正義に反する❖　親会社に対して、子会社の行った事業
活動についての責任を追及するための理論として、「法人格否認の法理」があ
る。この法理は、法人としての会社の形式的な独立性をそのまま認めてしまう
と正義に反する場合に法人格を否認するもので、諸外国にも類似の法理がある。
日本の裁判所は、法人格が形骸化している場合や法人格が濫用されている場合
に法人格を否認する。例えば、株式会社の実質が完全な個人企業と認められる
場合、これと取引をした相手方は、会社名義でされた取引についても、これを
背後にいる個人の行為と認めて、その責任を追及することができ、個人名義で
された取引についても直ちに会社の行為と認めることができる。
　　しかし、その場合に、どの国の法律を適用するかが問題である。法人格の成
立に関するものとして、法人の従属法や設立準拠法によるという見解もあるが、
日本では問題状況に応じて決めるべきだとする見解が有力である。例えば、外
観信頼が問題となる契約紛争であれば当該契約の準拠法により、子会社の不法
行為について親会社の責任を問題とするのであれば不法行為の準拠法で、子会

社の債権者全体を保護すべきケースならば子会社の従属法により、過少資本の会社における出資者の責任問題は会社の従属法によるなどといった具合である。

国際ビジネス・ケーススタディ〜いかがわしい金融取引の果てに

　日本法人Ｔ建設を親会社とするオランダ法人Ｘは、日本法人Ａ証券会社の完全子会社であるバハマ法人Y2社との間で、XがY2からスウェーデン輸出信用銀行が発行した債券を買い受け、Y2がXから本件債券を買い戻す旨の債券現先取引を締結し、Xは売買代金を支払った。ところが、その後、約旨に従い、Y2に対し、本件債券の引渡債務について履行の提供をして、売買代金の支払を求めたところ、Aは破産し、Y2はこれに応じなかったので、XはY2及びAの破産管財人Y1を相手に債務不履行に基づき損害賠償を請求した。

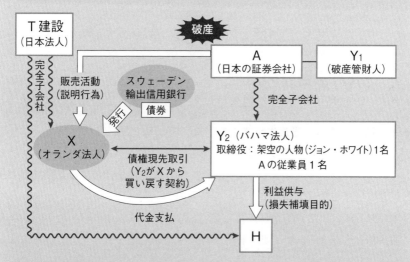

【裁判所の判断】　Y2は、その取締役にAの従業員１名と架空の人物ジョン・ホワイトを登録しただけで、実体のないペーパーカンパニーであるから法人格は形骸にすぎず、Aから独立した存在とは認め難く、AはT建設の完全子会社であるH社の損失補填のための利益供与という違法な目的及び債券の実質的価値を秘匿する違法な手段のためにY2の法人格を利用して本件契約に至った。各法人と親会社たる日本法人との関係、契約締結に至る両親会社間の交渉の経緯・内容、Y2の組織及び活動の実態等から、準拠法を日本法とする旨の黙示の合意があった。そこで、法人格否認の問題にも同契約の準拠法たる日本法を適用し、Y2の法人

格は形骸にすぎず、Aは違法な目的・手段のためにY₂の法人格を濫用したとして、信義則上、親会社が子会社と法人格を異にするとして契約上の責任を免れることは許されない。Aは、本件契約について、Xに対し、信義則上、Y₂と法人格を異にすると主張して、契約上の責任を免れることは許されず、買戻代金支払債務の不履行による責任を負うものと判断された。かくして、法人格否認の法理に基づき、内国法人である証券会社Aに子会社の履行遅滞に基づく債務不履行責任が認められた（東京高判平成14・1・30〔確定〕判時1797号27頁）。

（参考） 落合誠一「法人格否認の準拠法」平成14年度重要判例解説〔ジュリスト臨時増刊〕1246号272頁。別の事例について、神作裕之「法人格の否認」国際私法百選Ⅱ【23】48頁。

7 外国法人との取引
——取引の安全のための基本的概要の公示制度の活用

❖法主体性を商業登記で確認❖　会社が事業活動を行う場合、多くの人々と経済的な取引をする。このため、会社の基本的な情報は誰もが確実に知りうるようにすることが望ましい。日本には商業登記制度があり、会社の基本的な情報が登記を通して確認できる。この登記情報は誰でも閲覧できる。

　日本の会社法は、どういう事項を登記しなければならないかを定めている。逆に法律で登記事項として定められていなければ、登記はできない。多くの人々が同一のルールで取り扱えるようにするため、会社に関する登記手続の詳細は、商業登記法や商業登記規則等に定められている。

❖登記と登録❖　外国では、日本と同じような登記制度が整備されているとは限らない。例えば、法人の「登録」制度しかない場合には、過去において当該法人の設立の登録をしたことはわかるが、その法人が現在どうなっているか、例えば現在の役員は誰であるのかが一目瞭然であるように管理されているとは限らない。この点については、国によって異なる。

　国際的な取引では、相手方の法的地位を確認しなければ、法的拘束力に問題を生じる。そこで、海外の法人と取引をする場合には、その法人の登録証の写しや証明書をもらう等して、本当に会社として存在しているかどうかを確認す

ることが望ましい。

　ある会社を代表して契約書に署名する人物が本当にその会社を法的に拘束する権限を有しているかどうかも確認する必要がある。どういう役員が相手方の法人を代表又は代理する権限があるかは、法人の設立準拠法によっても異なる。また、ある文書にサインがある場合、それが本人のサインしたことを証するサイン証明も確認すべきだろう。

❖弁護士の法律意見書❖　重要な契約では、こうした基本的事項の確認が不可欠であり、真実かつ正確な事実を表明保証条項に盛り込むが、契約が拘束力を有しないのでは意味がない。そこで、法人の契約締結権限等に問題がないことについて資格のある弁護士から法律意見書をもらうこともある（74頁参照）。こうした注意を払って契約を締結することは、日本の会社の役員が、善良な管理者の注意義務（善管注意義務）を尽くして取引をした証拠にもなる。

　法律意見書を作ってもらうには、それだけコストもかかるので、取引の規模

【図表23】存続証明書のサンプル

CERTIFICATE OF GOOD STANDING

TO WHOM IT MAY CONCERN

　I HEREBY CERTIFY that
　　　　XXX CORPORATION, LTD.
A company duly organized and existing under and by virtue of the Laws of the XXXX is at the date of this certificate in Good Standing with the office, and duly authorized to exercise therein all the powers vested in the company.

　　　　Given under my hand and the Seal of the State of［name of the state］at［name of the city］

 Seal

　　　　　　　［Signature of the public official］
　　　　　　　An Authorized Officer,
　　　　　　　Registry of Companies

によっては意見書があった方が良いと思っても、そこまで事実上できないこともある。その場合には、少なくとも相手方から何らかの登録証や証明書等をもらうべきだろう。それが偽造であった場合、犯罪なのであるから、まともな取引は期待できない。一般的には、相手方から出された書類を信用して、その記載と契約書の記載に齟齬がないように確認することをもって取引をするケースも多いが、その法的リスクには留意する必要がある。

国際ビジネス・ケーススタディ〜保証債務履行請求事件

　Xは米国カリフォルニア州法人であるM社に対して金1億8000万円を貸し付け、M社の取締役であるY₁と知人Y₂がこの債務を保証したので、その保証債務の履行を求めて訴えた。しかし、Y₁・Y₂は、その保証は、形式的なものにすぎず、金銭の支払義務を負う私法上の保証ではないとか、M社の借り入れについて取締役会決議がないとか、貸金契約はカ州の暴利行為を制限する法に違反した金利で公序に反するものとして無効であり、保証契約も無効である等として争った。

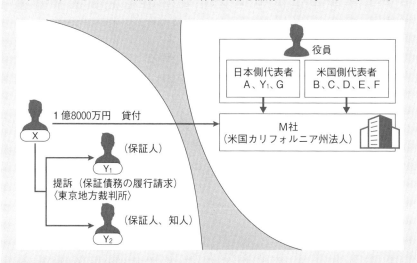

【裁判所の判断】　M社はカ州を本拠地とし、カ州法を設立準拠法とする会社であるから、M社の従属法は、カ州法であり、M社が第三者となす対外的行為も、原則としてカ州法の規定による。この取引には、持ち回り決議によるM社の取締役全員の署名がされた取締役会の承認が認められ、日本の利息制限法、カ州における暴利行為禁止法のいずれにも違反せず、経験則に照らし、利息の決定のあり方

も金融機関として通常のもので、M社の取締役が利害関係を有しない会社を相手方とする取引でも、その内容及び条件において同様なものであると推認できる。利益相反取引に係る取締役会決議の違法により本件契約が無効であるとの主張は理由がなく、被告らはいずれも弁護士なのだから、英文の書面でもM社の債務を保証する旨の記載のある保証書に署名する意味や法律効果を理解せず、又は顧慮しなかったとは考えられず、保証書が英文で記載され、保証人の中には米国人の取締役もいたから、保証書の作成に実印押捺や印鑑登録証明書の差入れ等を求めることが不可能か又は不要・不適であったと考えられる等として、Y₁及びY₂に対して保証債務の履行を命じた（東京地判平成4・1・28判時1437号122頁、判タ811号213頁）。

(参考)　神前禎「法人の従属法」国際私法百選Ⅱ【22】46頁

8 代理の準拠法
——本人のために第三者が代理行為をする場合の各法律関係の準拠法は別々に検討

❖**法定代理と任意代理**❖　代理とは、本人に代わって、代理人となる者が何らかの法律行為をなし、その効果が本人に帰属する制度のことである（民法99条以下）。代理には法定代理と任意代理がある。法定代理は、本人の意思によらずに、法律に基づいて当然に発生する。例えば、未成年者に対する親権者の代理権等がある。日本では、未成年者の親権者の法定代理に関する準拠法は通則法32条により、成年被後見人に対する後見人の法定代理に関する準拠法は通則法35条によって定められる。法定代理権の発生又は存否及び効力は、内部関係（本人と代理人の関係）も外部関係（相手方との関係）も、本人の保護を図る必要があり、相手方も予見可能だとして、法定代理権発生の原因となる法律の準拠法によるものと一般的には説明される。

❖**三面関係を別々に検討**❖　任意代理は、本人と代理人間の委任契約や雇用契約によって授権行為がなされることによって発生する。本人が代理人に何らかの権限を授権し（授権行為）、それに基づいて本人のために法律行為（代理行為）を行う。

　本人と代理人の関係は授権行為の準拠法によって判断される。通則法7条に

【図表24】任意代理の準拠法

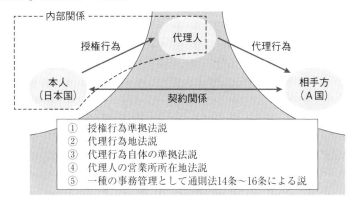

----- 内部関係 -----

授権行為　　代理人　　代理行為

本人　　契約関係　　相手方
（日本国）　　　　　　　（A国）

① 授権行為準拠法説
② 代理行為地法説
③ 代理行為自体の準拠法説
④ 代理人の営業所所在地法説
⑤ 一種の事務管理として通則法14条〜16条による説

より、委任契約で準拠法が定められていれば、それに従う。これに対して。代理人と相手方の関係は、代理行為の準拠法によるべきだろう。例えば、本人から委任された代理人が、相手方と契約をする場合には　契約の準拠法によって規律されよう。問題は、本人と相手方との関係の準拠法だ。これについては見解が対立しており、①授権行為準拠法説、②代理行為地法説、③代理行為自体の準拠法説、④代理人の営業所所在地法説、⑤一種の事務管理として通則法14〜16条による説のほか、1978年ハーグ代理準拠法条約のように、原則として④だが、広く例外を設けて②によるといった複合的な見解もある。

　日本の従来の通説は①であったが、この考え方に対しては、相手方が授権行為の準拠法を知ることが難しいという問題がある。そこで、取引安全のために、代理行為がなされた場所の法律によって代理行為が有効である場合には、その法律によるとする立場（②）や、代理行為によって定められた準拠法によるといった考え方（③）等が提唱されている。

　さらに、表見代理や無権代理の場合も、代理権が授与されている場合と同様に取り扱う考え方がある。これも代理行為の効力の問題であるとして、表見代理人のなした代理行為の準拠法によるものと解するものが従前は多かったようだ。しかし、近時は、取引の安全を重視する立場から、②によるとする見解や、完全な無権代理ならば事務管理又は不法行為の問題だという見解も有力になっている。

国際ビジネス・ケーススタディ〜競売開始決定の取消

　韓国法人Xが所有していた船舶について、Xの取締役社長と名乗るAが日本法人Yから船舶の修理費や乗組員の給料等のために融資を受けた。その返済が滞ったので、Yが船舶先取特権を行使して船舶の競売開始決定を得たが、XはAがXの代表者ではないとして、競売開始決定を争った。

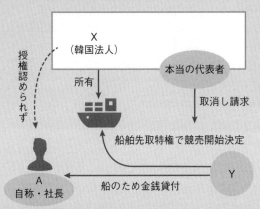

【裁判所の判断】　裁判所は、「名板貸による本人と相手方との法律関係について（中略）、まず名義使用の許諾行為の準拠法、次に右名義を使用してなされた取引の行為地法を準拠法とするものと解すべきものである」として、授権行為の準拠法を原則としながらも、取引保護の規定を類推して代理行為地である日本法の趣旨を汲み、日本法によれば、代理権の授与等の行為がなかったとして、Xが債務者となる根拠はないとして、競売開始決定が取消された（神戸地決昭和34・9・2下民10巻9号1849頁）。

（参考）　嶋拓哉「任意代理」国際私法百選Ⅱ【25】52頁

---

9 国際ビジネス弁護士
── 国際ビジネスに精通する法律専門家の活用による法的リスクのチェック

❖**弁護士の資格国法**❖　国際ビジネスを専門とする弁護士として、「国際弁護士」という資格が公的に存在しているわけではない。あくまでも、それぞれの国の弁護士制度で資格が付与される弁護士のうち、国際ビジネスも取り扱う者

を、俗にそのように呼ぶにすぎない。

　ただ、弁護士を起用する場合には、どこの国の資格を有する弁護士に依頼するかは注意する必要がある。この点で、準拠法が何かは1つの目安となるが、取引の準拠法が定かではない場合もあるので、その場合も含めてアドバイスを得られることが望ましい。すべての弁護士が国際的なビジネスに関する法律問題を取り扱うわけではない。国際ビジネスには国内の法律問題には見られないような特有の落とし穴がある。そこで、そうした問題にも精通する弁護士に依頼することが必要だ。

　ビジネス・アドバイスを売り物にしているという弁護士は、ビジネスそのものについても深い洞察力があり、これに法的分析を掛け合わせてアドバイスをするケースが増えつつある。これに対して、法律問題についてはかなり詳細な理論まで精通していても、ビジネスの実態には疎く、全体のバランス感覚を欠いている専門家もいる。そうした弁護士のアドバイスは、法律的には正しくても、政治的、ビジネス的にどうかは別問題である。いずれにせよ、最終的なビジネス判断は必要だ。

　日本の弁護士も、これからどんどん海外に進出することが期待されている。もっとも、日本の弁護士が海外に進出するに際して、どれだけ門戸が開放されているかは問題があり、例えば日本の弁護士に米国における仲裁代理権限があるのか不透明であるとの指摘もある。ただ、日本の国際弁護士は、資格としてはダブルのようだが、実力的にハーフではないかといった厳しい評価もあり、英語力をアップして、交渉力を一段と高める努力が求められよう。

❖どの弁護士を起用するか❖　国際ビジネスの範囲は広いから、各人の得意分野をチェックして適切な弁護士を選択する必要がある。大手事務所が最善の選択であるとは限らない。大手事務所では、各種の部門の専門家を備えており、独禁法から税法まで多岐にわたる法律問題をカバーできるメリットがある。多彩な能力のある事務所には、多方面にわたる問題を処理してもらえる。ただ、その場合、数人のチームが担当することが多く、報酬も高くなりがちだ。大手事務所にはコンフリクトの問題があることもあり、大手事務所といえども、個々の弁護士の力量には差がある。業界の評判や事務所のブランドに頼るだけでは不十分であり、信頼できる弁護士からの紹介が望ましい。つまるところ、

弁護士と良好な信頼関係を築かなければ、長期的に高度で良質な助言を得ることは難しい。効果的・効率的に社外の弁護士を使いこなすためにも、社内の法務部門を強化することが期待される（詳細は、浜辺陽一郎『経営力アップのための企業法務入門』（東洋経済新報社、2014年）参照。）。

10 外国弁護士
──外国で資格のある弁護士を活用して海外の法制にも的確に対応

❖外弁事務所の拡大❖　グローバリゼーションの進展や継続的な外国弁護士（以下、「外弁」という。）によるサービスが提供されるに伴って、日本国内の外弁に対する日本企業のニーズは高まっている。外弁事務所は、高い専門性を発揮している領域では積極的評価も高い反面、消極面としては報酬が割高であることや、クライアントが外国企業に偏っていること等が指摘される。

　近年も外弁事務所の拡大傾向は続いており、日本の弁護士には、外弁の存在を脅威と受け取る向きもある。ドイツがそうであったように大手事務所が外国事務所に牛耳られてしまうとか、準拠法として外国法が選択されるようになり、国内の国際ビジネス法務が空洞化する懸念があるからだ。しかし、日本では日本語や法文化等の障壁が高いので、そうした状況にはなりにくい。日本の弁護士が外弁を積極的に活用・管理していく可能性もある。

❖外国法事務弁護士❖　日本における外弁事務所に対する規制としては、「外国弁護士による法律事務の取扱いに関する特別措置法」（昭和61年法律第66号。以下、「外弁法」という。）がある。外弁法は、外国弁護士となる資格を有する者が日本国内で外国法に関する法律事務を取り扱うことができるように**外国法事務弁護士**の制度を設けている。

　外弁は日本法を取り扱うことができないが、外弁法は外国法事務弁護士が日本の弁護士を雇用することを許容しており、日本の弁護士との共同事業も解禁され、多くの外資系事務所が日本国内の法律事務所と**外国法共同事業**として業務を行っている。2016年からは外国法事務弁護士が社員となって外国法に関する法律事務を行うことを目的とする外国法事務弁護士法人も設立できるようになった。さらに、2020年の外弁法改正により、外国法事務弁護士等が手続を代

理できる国際仲裁事件の範囲が拡大され、国際調停事件の代理人にもなれるようになった。また、外国法事務弁護士となるための職務経験要件である 3 年以上の期間に算入できる日本における労務提供期間の上限が 1 年から 2 年になり、弁護士と外国法事務弁護士が社員となる共同法人の設立を可能とする**弁護士・外国法事務弁護士共同法人制度**が創設された。これらの規制緩和が進む状況で、外弁の職務範囲制限の潜脱の危険性も指摘されている。

❖**外国弁護士との意思疎通**❖　海外の弁護士とは、直接に意思疎通することが好ましいが、日本の法律事務所を通じて間接的にコンタクトを取るケースもある。海外の弁護士を起用する場合には、英文で弁護士への委任契約への締結が求められることもあり、報酬の取り決めがどうなっているか、弁護士の免責に関する規定等に注意してチェックする必要がある。これは海外の弁護士に限ったことではないが、疑問があれば、納得できる内容とするように修正を求め、事前に弁護士報酬（リーガル・フィー）の見積もりを求める等、賢い弁護士の使い方が求められる（このほか、136頁参照）。

11　会計・税務その他の専門家
── 国際的案件を多角的に検討できる豊富な人材が求められる

❖**国際的人材の必要性**❖　国際ビジネスを支えるのは、資本力よりも人材の力である。いくら大きな資金力で海外の企業や資産を買収しても、これを使いこなす人材がいなければ、早晩失うことになる。永続的なビジネスの発展のためには有能な人材が不可欠だ。

　事業活動・営業活動をリードする人材だけでなく、これをサポートする法律専門家と並んで会計・税務の専門家も重要な役割を果たす。国家資格は、弁護士資格等のように、基本的に国ごとに別々の資格で付与されるものが多い。国際資格のようなものはなく、個人で複数の資格を有したり、複数人で連携したりすることで国際的な案件に対応しているのが実情である。会計基準も国際的な統一が図られており、日本の会計基準も欧米とは異なりながらも世界標準に合わせる努力がされている。

❖**ワンストップ・サービス**❖　一般的には、税務もまとめて一つの事務所で

対応してほしいという依頼者が多いだろう。英文契約については日本人弁護士とネイティブの弁護士がペアで案件を処理するように、法律の専門家と税務・会計の専門家が一緒に案件を処理した方が便利だ。

そこで、弁護士以外の者が団体に出資して参加するABS（Alternative Business Structures）が登場し、一部の国ではパラリーガル等の隣接職種を巻き込んだ法的サービスの提供について規制緩和を進める動きがある。その一つとして、弁護士、公認会計士やコンサルタント等の専門職が共同して法的サービスを提供するMDP（Multidisplinary Practice又はMaltidisplinary Partnership）と呼ばれる異業種間共同事務所が巨大会計事務所を中心に推進されている。しかし、MDPについては、弁護士が非弁護士によってコントロールされる懸念や秘密保持の弱体化等の懸念から消極的な法域もあり（独仏等は容認、日米等は消極的である。）、一定の提携により事実上のMDPが形成されていることもある。

かかる体制を整備した事務所はまだ限られている。その形が整っているからといって、質の高いサービスが確保されるかも定かではない。依頼者の意向で弁護士と税務の専門家を別々に依頼することも少なくない。これはお金が余計にかかるようだが、相互にチェックできる面もあり、多くの取引をする場合には、結果的にはそれが合理的な方法であることもある。

日本では、伝統的に内向きの傾向が強く、国際的に活躍する人材が限られている。これから日本がグローバル化した経済社会において発展していくためには、国際ビジネスを担うための人材の育成強化に取り組むことが極めて重要だ。今後は、法科大学院等における企業法務教育を強化するとともに、弁護士等の有資格者を増強し、海外との競争にも打ち克っていけるように、人材の裾野を広げていくことが課題である。

📖 column　国際ビジネスにおける意見書

　国際ビジネス契約においては、一部の重要な項目について、資格のある弁護士の法律意見書や、財務会計に関する事項について会計事務所の意見書を提出することが、取引の前提条件となっていることがある。その意見書が契約書に添付されることもあるし、意見書が取れなければ取引ができ

ないということさえある。その事項は、時として、表明保証条項（254頁以下参照）に言及されていることもあり、その意見書によって何かが保証されているような感覚を抱くかもしれない。

　しかし、意見書には各種の留保文言や否認文言（disclaimer）が入っていることが多く、できるだけ責任を負わないような工夫がされている。事実関係については、当事者が責任を有するのであり、その事実を前提として法律的な見解を表明している以上、結果として結論が異なっても、前提事実が違っているのであれば、法律意見書を交付した弁護士に責任がないことは明らかだろう。多くの場合は、前提事実が違っていたという場合が多いことから、法律意見書を出した弁護士の責任が問題となることは少ないだろう。弁護士が取引について「保証人」となるわけではないのだ。

　ただ、事実に何らの問題がなく、法律の解釈だけが誤りであったら、その責任問題が発生することになる。そして、解釈が誤りであるか否かは微妙な判断となるが、多くの法律意見書は、見解の対立があるような分野については、いろいろと逃げ道があるような否認文言を用意している。どんな法律家でも見解の相違は生じ得ないといった事項であれば、そこで意見を表明した法律事務所や弁護士の責任問題となるが、日本の実務においては、そこまでの事件に発展したケースはあまり聞かれない。とはいえ、海外では意見書による責任が追及され、巨額の賠償を強いられたということもあるようであり、それだけに意見書の文言には相当に神経を使う。

　時として、ほとんど責任を持たないような無責任・無内容に近いような意見書が現れるのは、そのためだ。しかし、何の責任も負わないような無内容なものでは、無意味である。そこで、意見書を受け取る側は、その内容・表現を精査し、できるだけ意味のある意見書を取ろうとする。この弁護士同士の交渉は時に厳しいものとなる。一方当事者が満足のいく意見書にこだわると、取引が成立しないことにもなりかねないが、無謀な危険を冒すわけにもいかない。国際ビジネスの法律意見書は、そうしたリスクの上に成り立っているのだ。

第4章
国際取引の紛争解決手続

1 紛争解決手続の選択
── 国境を越えた紛争解決手続

❖**紛争解決手段の選択肢**❖　国際取引の紛争解決手段は、当事者間での協議による和解が望ましいが、それが不調に終わった場合、調停、仲裁、訴訟等の選択肢がある。このうち、解決内容そのものについて当事者の合意なしに決定できるのが訴訟と仲裁であるから、国際ビジネスにおいて重要な選択肢となるのは、訴訟か仲裁かである。すなわち、紛争の本案を解決する方法は、基本的に訴訟か仲裁のいずれで最終的に決着をつけるかを選択すべきだろう。仲裁の場合には仲裁合意が必要であるし、訴訟による場合においても、国際取引契約で裁判管轄をあらかじめ合意しておく等の対応が考えられる。

〈紛争解決手続の類型〉

	入口の合意	出口の合意	
訴訟（Litigation）	不要（なし）	なし	「民事訴訟法」で学習
仲裁（Arbitration）	必要（あり）	なし	国際商事仲裁等
調停（Mitigation）	不要（なし）	あり	離婚問題における調停前置主義（家事事件手続法257条）
和解（Negotiation）	必要（あり）	あり	民法上の和解

　上記表の調停は国家の機関が主催するものであり、民間機関が行う調停は、示談交渉に調停員が関与するにすぎず、入口でも出口でも紛争当事者間の合意を要するので、和解による解決の一類型に含めることができよう。2018年12月の国連総会で採択された**シンガポール国際調停条約**（United Nations Convention on International Settlement Agreements Resulting from Mediation）を利用することができれば、判決や仲裁判断等の形を取らなくても、執行力の付与等が

容易になるので、今後の動向が注目される（日本は未署名）。

　紛争解決手段の選択は、契約締結の段階から検討しておくことが必要である。契約交渉はギブアンドテイクであるところ、目先の利益に惑わされてビジネス上の条件を優先し、準拠法や紛争解決手続に関する条項で譲歩すると、結果として深刻なトラブルを呼び込み、後日大きな不利益を被るリスクもある。

❖民事訴訟による紛争解決❖　仲裁合意がない場合や、積極的に訴訟による解決を選択している場合には、国際的な取引紛争もどこかの裁判所で解決するほかない。仲裁合意に反する裁判所へのアクセスが拒否されると、仲裁合意は目的を達することになるのに対して、仲裁合意の効力が否定された場合には、訴訟による解決を目指すほかなくなる。

　訴訟による解決を図る場合、国境を越えた紛争であるために、どの国で、どのように民事訴訟手続を開始し、どのような手続を経て、裁判の結論をどのような方法によって執行するのかが、それぞれ問題となる。それらの問題を検討するに当たっては、国内の訴訟であれば1つの国の民事手続法を検討すれば十分である。ところが、国際的な取引紛争では、国内の手続法のほか、外国での訴訟手続の概要や日本の手続との異同や各種条約等にも目を配る必要がある。

2　国際商事仲裁の優位性
——手続地における審理方法から強制執行の可否が問題

❖対審性❖　仲裁は訴訟と違って敵対的ではなく、仲裁手続をしていても、紛争当事者間で取引関係の持続が期待できるという説明がある。しかし、仲裁の審問では、訴訟における尋問と同じような尋問も行われる。仲裁の対審的な運用は、仲裁が訴訟のような様相を呈し、「仲裁の訴訟化」が指摘されている。仲裁でも第三者の判断を有利に導くために敵対的関係になることが多く、仲裁ならば非敵対的とはいえない。逆に訴訟でも和解はある。訴訟や仲裁の手続とは別に取引関係を持続できるか否かは、会社の考え方や紛争の性質によると考えるべきだろう。訴訟と仲裁の比較・対照は、次頁の表を参照されたい。

❖集団仲裁と個別仲裁❖　集団仲裁（Class Arbitration）とは、クラスアクション（集団訴訟）の仲裁版で、米国でその取扱いが議論されている。集団仲裁ではない個別の当事者間の仲裁が個別仲裁である。ただ、数多くの消費者や労働

〈訴訟と商事仲裁〉

訴　　訟	商事仲裁
当事者は担当裁判官を選べないが、裁判官であれば法曹としても経験を積み、一定レベルを期待できる。	当事者は当該事件を担当する仲裁人として専門的な知識を持った人を選択することができる。
公開が原則。	非公開が原則（秘密保持義務があることも）。
民事訴訟手続が法によって規律される。	仲裁廷による柔軟な進行。
それぞれの公用語でなければならず、訳文作成が必要。そのコストもかかる。	公用語の拘束から免れられる可能性がある（仲裁合意で使用言語を定めておくことも可能。よって、日本語、英語又はその双方とすることも可能。）。
上訴される可能性があるから、審理も長期化しがちで、裁判所は多くの事件を抱えている関係で迅速な審理にも限界がある。	仲裁では上訴が許されず、仲裁人のリードで集中的な審理促進も期待できる。比較的早く紛争を解決してコスト節約の可能性も。
確定判決が外国で執行されるかどうかが不明で、世界的条約がない。	契約の両当事者の国が外国仲裁判断の承認及び執行に関する条約（ニューヨーク条約）に加盟していれば、執行が認められやすい。
法律的な紛争に限られ、原告適格等の法的要件をクリアしないと取り上げられない。	法律的な紛争とまではいえないようなビジネス上の紛争も取り扱う可能性あり。
法令に従った結論が期待され、法解釈の適用にも統一性あり。しかし、法令の枠の中でしか、救済を命じることができない。	法令の枠に囚われず救済を命じることも可能。裁判所では不可能な内容も状況に応じた妥当な解決策を柔軟に取れる。
米国では陪審裁判となる可能性がある。	米国でも、陪審裁判を避けることができる。
裁判官が税金で雇われている。	仲裁人の報酬は当事者が負担する。
日本では、訴訟を外国法事務弁護士に代理をさせることができない。	国際的な仲裁事件では、日本の弁護士だけでなく外国法事務弁護士も代理人になれる。
送達が煩雑又は困難で、「送達代理人」等の合意を検討する必要もある。	送達を簡便な方法で行うことが可能。

者を相手とした契約約款に仲裁条項を設けることが許容されるかどうかは問題だ。日本では仲裁法附則３条及び４条により、当分の間、消費者は仲裁の合意を取り消すことができ、労働者との仲裁合意は無効とされているので、こうした問題は深刻にならないが、米国では、仲裁条項でクラスアクションが使えなくなるのか否かが多くの事例で問題とされてきた。例えば、クラスアクションを排除した消費者契約の仲裁条項について、カリフォルニア州裁判所はこれを非良心的だとして効力を否定した（Discover Bank v. Superior Court, 36 Cal.4th. 148（2005））。しかし、米国連邦最高裁は、AT&T Mobility LLC v. Concepcion, 131 S. Ct. 1740（2011）で、連邦仲裁法の仲裁促進政策が優先されるとして仲裁の合意を優先させ、集団仲裁（Class Arbitration）の放棄を定めた仲裁の合意を有効と認めた。

❖**国際商事仲裁の利害得失**❖　国際商事仲裁には多くのメリット、デメリットが考えられ、その得失は次頁の表のように整理できる。欧米では、あまり取引の実情を知らない裁判官や陪審員によるピント外れな判決や評決よりも、仲裁人による仲裁の方が商事紛争の解決には適しているという考え方が強い。また、仲裁は非公開が原則なので、泥沼の紛争になっても企業イメージやビジネスの秘密が守られる。

　仲裁人の多くは企業関係者なので、一方的な勝利を与えることを控え、賠償金を合理的な限度に抑える傾向がある。特に米国では、陪審裁判による法外な賠償金を回避でき、ディスカバリを避け、裁判所侮辱罪の適用もない（ただし、必ずしもディスカバリが免除されるわけではない（106頁参照）。）。このため、証拠収集の強制が弱くなり、真相解明に劣るとの指摘もある。ディスカバリをかけて徹底的に証拠を洗い出し、巨額賠償を勝ち取るチャンスは、訴訟の方が高いので、例えば、ライセンス契約等における知的財産権の権利者側は、仲裁を避けて訴訟による解決方法を確保したいと考えるかもしれない。

　もっとも、経済的負担の面では、日本の訴訟のように提訴手数料が高いのに比べれば、商事仲裁の手数料の方が最初は安いようにも見える。しかし、この点は裁判官の報酬が税金でまかなわれるのに対して、仲裁人の報酬は当事者が負担する必要があるため、最終的にはこの点のメリットは乏しく、むしろ仲裁の方が高くついたという印象の事件も少なくない。

〈国際商事仲裁のメリットとデメリット〉

	メリット	デメリット
仲裁人による判断	当事者は当該事件に応じて仲裁人として専門的な知識を持った人を選ぶことができる。	仲裁人が慣れないと、手続等をめぐってもう何回もぶつかり合い、肝心の審理が進まないことがある。
法的な紛争に限られない	先例に拘束されない柔軟かつ自由な対応ができる可能性もある。	法に基づかない恣意的な取扱いがされるおそれがある。
手続が柔軟	簡易で迅速に進めることが期待できる。	手続の進め方をめぐって不満が残ることもある。
審理・結果が非公開	秘密を守ることができ、耳目を浴びることを回避できる。	第三者からするとわかり難く、学問的な検討、研究、批判が十分になされない懸念がある。
仲裁判断に理由を付すことが不要なことがある	仲裁判断を容易に出すことができる。	不利な判断を受けた側は、不利な判断となった理由がわからない。
上訴ができない	有効な仲裁が確定したら、争うことはできないのが原則であり、早期解決が期待できる。	不服申立てができず、一発勝負になってしまう。和解の機会が少なくなる。
証拠収集手続に限界がある	米国のディスカバリの負担を回避することが可能（ただし、仲裁条項で注意が必要。）。	証拠収集を効果的にできないために真相解明に迫りにくい。
救済手段が法令の枠に囚われず、先例にも拘束されない	柔軟かつ自由な対応ができる可能性がある。裁判所では命じられない内容でも、その状況に見合った妥当な解決策を柔軟に取りうる。	法に基づかない恣意的な取扱いがなされるおそれがある。

❖Third Party Funding❖　商事仲裁にかかるコストが障害となって申立てを断念する当事者もいる。そこで、紛争当事者に対し、第三者が紛争の手続費用の一部または全部について資金提供を行い、資金提供を受けた当事者は、原則として勝訴した場合のみ、獲得した賠償金等の利益の一部を資金提供者に支払う義務を負うThird Party Funding（第三者による資金提供）が注目されている。伝統的なコモンローには訴訟幇助禁止の原則（Maintenance and Champerty）があったが、その趣旨は、経済的弱者が資金提供者によって搾取されるのを防

ぎ、かつ濫訴を防止する点にあった。しかし、訴訟費用の敗訴者負担制度では、訴訟提起の経済的負担が重いために泣き寝入りせざるをえないという弊害があった。近時、情報技術の発展により紛争解決に関するデータが蓄積・整理され、紛争解決手続が投資対象になることの説明が容易になった。訴訟の費用を提供してくれるLitigation Fundingも許容されるようになり、国際商事仲裁でも応用され、英国やオーストラリア等での利用から、シンガポールや香港でも法改正がなされて広がりつつある（ただし、日本では弁護士法、弁護士倫理上の問題が残っており、消極的に解される。）。

3 国際商事仲裁に関するルールとガイドライン ── IBAガイドラインの活用

❖**国際商事仲裁のルール**❖　国際商事仲裁のルールについては、国際商事仲裁に関するUNCITRALモデル法が世界的に大きな影響力を有しており、日本の仲裁法も、その影響を受けている。日本の仲裁法は、仲裁地が日本国内にある仲裁手続及び仲裁手続に関して裁判所が行う手続に適用される。

　仲裁手続は、各国の仲裁法のほか、各仲裁機関の定める規則によって規律されており、仲裁を行う場所によって異なった取扱いもある。例えば、国際的には仲裁判断に理由を付さなくても良いとする国もあるが、日本の仲裁法では、仲裁に原則として理由を付すことになっている（同法39条2項）。

❖**事前の仲裁合意**❖　契約に仲裁合意を盛り込むことによって、訴訟ではなく、仲裁によって紛争を解決することが可能となる。仲裁合意は、主たる契約書に仲裁条項を盛り込む方法のほか、独立して結ぶこともできる。いずれも紛争発生前に締結することが望ましいが、紛争発生後に締結することも可能である。

　仲裁合意の効力は、主たる契約から分離して、別個独立に判断されるべきであり、当事者間に特段の合意がない限り、主たる契約の成立に瑕疵があっても、仲裁合意の効力に直ちに影響を及ぼすものではない（同法13条6項参照）。仲裁合意が有効である場合には、訴訟を提起しても不適法なものとして却下される。ただし、状況によっては、詐欺等による主たる契約の取消しが仲裁合意の効力をも否定することがありえ、分離独立性が働かない場合もありえよう。

　仲裁条項には必要な事項をできる限り定めておくべきだ。仲裁条項を起案す

る場合には、IBAの仲裁部会が作成し、2010年10月のIBA理事会で承認された **IBA Guidelines for Drafting International Arbitration Clauses**（**国際仲裁条項を起草するためのIBAのガイドライン**。本書では、「IBAガイドライン」という。）が参考になる（この詳細は、茂木鉄平「国際契約における仲裁条項ドラフティングにあたっての留意点（上）（中）（下）―IBA Guidelines for Drafting International Arbitration Clausesを参考に―」JCAジャーナル 2011年3月号、5月号、8月号等参照）。

　IBAガイドラインの指針2では、適用される仲裁規則を選択し、当該規則が推奨するモデル仲裁条項を採択すべきであるとしている。ただ、一部のモデル仲裁条項は、IBAガイドラインが推奨する事項をすべて盛り込んでいるわけではない。そのため、モデル仲裁条項をベースに、必要な事項を追加していくべきだろう。誤った仲裁機関や規則の名称を記載しているケースも少なくないといわれており、この点は要注意である。

❖**主な常設仲裁機関**❖　仲裁を行う場としては、常設の仲裁機関と非常設の仲裁機関があり、通常は常設の仲裁機関を選択する。世界的に有名な三大仲裁機関は、①**米国仲裁協会**（**American Arbitration Association**）、②**国際商業会議所**（**ICC**）**の国際仲裁裁判所**（**International Court of Arbitration**）、③**ロンドン国際仲裁裁判所**（**London Court of International Arbitration**）である。

　一方、**日本商事仲裁協会**（Japan Commercial Arbitration Association＝JCAA）の取扱件数は少なく、アジア諸国の**香港国際仲裁センター**（Hong Kong International Arbitration Centre）や**シンガポール国際仲裁センター**（Singapore International Arbitration Centre＝SIAC：1991年設立）の後塵を拝している。また、**中国国際経済貿易仲裁委員会**（China International Economic & Trade Arbitration Commission＝CIETAC）における仲裁は日中間の取引紛争で数多く利用され、アジアの上記3つの仲裁機関における仲裁件数はかなり増加している。これらの仲裁判断の執行が日本で争われるケースもあり、日本企業でも重要性を増している。ただ、日本や韓国における国際商事仲裁の件数は出遅れており、JCAAにおける2015年から2019年までの仲裁申立件数は計74件（内、いずれかの当事者が外国企業又は外国人である国際仲裁事件は約8割）にとどまっている。

❖**アドホック仲裁**❖　仲裁は、既存の仲裁機関で行うと決まっているわけではない。既存の仲裁機関を利用せず、その手続ルールを案件ごとに当事者が合

意して進める**アドホック仲裁**も可能だ。機関仲裁における管理コストを考慮して、あえてアドホック仲裁が選ばれることもある。この場合、UNCITRAL仲裁規則が採用されることが多い。IBAガイドラインの指針1では、アドホック仲裁か機関仲裁かを決め、前者を選んだ場合に当事者が仲裁人を合意できなければ、当事者に代わって仲裁人を選任する機関を定めることも推奨している。

4　国際商事仲裁の特徴
——当事者間の合意を最大限尊重する紛争解決システム

❖**仲裁の対象**❖　IBAガイドラインの指針3は、特別な事情のない限り、仲裁対象事項を制限すべきではなく、可能な限り広く規定すべきであるとしている。ただ、例外的に仲裁の対象範囲から明示的に除外する項目を定めることが合理的なケースもある。

　典型的な論点として、仲裁手続の費用負担を定める権限、仲裁手続をめぐる一定の争いを決定する権限等について、仲裁合意で制限を加えるか否かとの問題がある。この点について、IBAガイドラインのオプション4は、仲裁の費用及び料金の分担を定めることを示唆している。

❖**仲裁人の人数**❖　IBAガイドラインの指針5では、仲裁人の人数を規定すべきだとしている。紛争が複雑で係争金額が巨額であれば、仲裁人を3人選定することが多い。3人もの仲裁人がいると仲裁人の日程調整や協議期日のためにより多くの時間を要し、仲裁人報酬の負担も増える。ただ、紛争が複雑であるかどうかで仲裁人の数を決めるのは必ずしも適切ではない。仲裁人の質が高ければ、1人でもきちんとした仲裁判断が期待でき、人数が多いからといって質が高くなるとも限らない。とはいえ、実際には質の判断は困難だ。複眼的に事案を見てもらう方がより適切な判断が期待できる。複数の仲裁人がいる場合、各仲裁人は平等であり、主席仲裁人や主仲裁人は選定されないことが多い。

❖**仲裁廷による保全措置**❖　仲裁廷が保全措置を命じ、それに違反した場合に仲裁廷が仲裁判断で金銭的な制裁を加える等して、事実上の実効性を持たせることも考えられる。しかし、仲裁廷がそうした制裁を加える権限を有するかどうかが問題となろう。仲裁合意では、そうした権限を排除することもできるし、逆に権限があることを明記しておくこともできる。

　仲裁合意があっても、当事者が、当該仲裁合意の対象となる民事上の紛争に関して、仲裁手続の開始前又は進行中に、裁判所に対して保全処分の申立てをすること、及びその申立てを受けた裁判所が保全処分を命ずることもできる（仲裁法15条参照）。

　IBAガイドラインのオプション1では、保全措置に関する仲裁廷と裁判所の権限について定めることを示唆する。2006年改正の国際商事仲裁に関するUNCITRALモデル法17条は、暫定保全措置について一連の定めを設けた。適用される仲裁法にもよるが、必要に応じて別途裁判所で保全の手続を取るべきだろう。日本では、仲裁法の制定に際し、仲裁廷の保全措置の執行を許容することは見送られた。

❖**仲裁の一回性・終局性**❖　IBAガイドラインは、仲裁条項で仲裁が終局的に紛争を解決するものであることを明記することを推奨している。しかし、米国では、当事者の合意で仲裁の取消事由を拡大し、裁判所に不服申立てを認める合意は、仲裁の終局性を害するものとして無効とされるのか、そうした合意

【図表25】仲裁手続の流れ

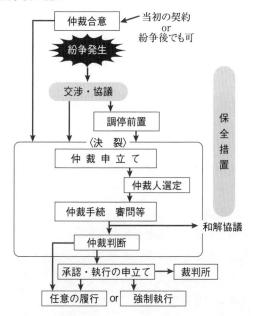

の有効性が争われてきた。この争いについて、米国連邦最高裁は、そうした合意は当事者自治の範囲を逸脱しているとして無効とする判断を下した（*Hall Street Associates, L. L. C. v. Mattel, Inc.*, 552 U.S. 576（2008））。

　もとより仲裁は基本的に一発勝負のはずだが、仲裁の前に交渉又は調停を経る手続きを必要とする条項もある。そうした**段階的・重層的紛争処理条項**（Multi-tiered Dispute Resolution Clauses又はHybrid Dispute Resolution Clauses）は、紛争の処理を、いきなり仲裁に付することを禁止し、仲裁前の交渉又は調停で早期紛争解決の機会を設けようとの趣旨である。確かに、紛争の実情に応じた段階的・重層的紛争処理が好ましいケースもある。このため、国際商業会議所（ICC）、米国仲裁協会、ロンドン国際仲裁裁判所等の主要な仲裁機関も段階的・重層的紛争処理条項を提供する等して推奨しているようだ。

　しかし、交渉又は調停がきちんと行われたかどうかが後日争われることもあり、不十分な交渉又は調停しかないために、仲裁が開始できないとか、せっかく下された仲裁判断の効力が否定された事例もある。段階的・重層的紛争処理条項には、そうした紛争拡大リスクもある。そこで、IBAガイドラインは、明確な事象を起点とする交渉又は調停の期間経過後は、いずれの当事者も仲裁手続に移行できるように明記すること等を提案している。

❖**仲裁手続で使われる言語**❖　IBAガイドラインの指針7は、仲裁言語を規定すべきであるとしている。同指針は、複数の言語を仲裁で使用される言語と定めることもありうるとしながら、複数の言語を選択すると仲裁人や代理人の範囲を限定するリスクを指摘する。ただ、複数の言語が認められれば、翻訳や通訳を省略してコストを抑制できよう。

　もっとも、国際取引の多くは英語で行われ、英語が選択される場合が多い。特に英米法系の弁護士は、契約と同じ英語を仲裁言語とすべきだと主張するだろう。しかし、仲裁言語が当事者の母国語と異なる場合、書類の翻訳、審問や弁論での通訳に莫大なコストがかかる。こうしたコストを負担する当事者はそれだけでも不利なので、仲裁条項で費用を折半する等の定めを設けることが考えられる（国際商事仲裁に関するUNCITRALモデル法22条参照）。なお、一般的な言語条項の定めは、当然に仲裁手続の言語を定めるものではないから、言語条項でカバーしようとする場合は、その旨を明記する必要があろう。

5 仲裁条項
—— 仲裁の合意で、どこまで定めるべきか

❖仲裁地の選択❖　日系企業でも近時は仲裁条項が定められるケースが増えており、JCAAが2007年に行ったアンケート調査でも、既に日本企業の国際取引契約のうち約3分の2から7割近くが仲裁条項を設けていた。ただ、3割弱の国際取引契約では仲裁が回避されていたことも意味する。日本企業も以前よりは仲裁を利用しようとしているものの、日本における国際商事仲裁の件数は低迷している。ただ、日本での国際商事仲裁の件数が少ないのは、外国企業同士の紛争で、日本が第三国の仲裁地として選ばれないことも一つの原因である。法曹等の人的基盤を含む司法のインフラの弱い点が克服すべき課題だろう。

❖仲裁地の概念❖　仲裁地（seat of arbitration又はplace of arbitration）の概念については、一部混乱が見られる。古い学説や実務は、仲裁場所も仲裁地に含まれると解して、仲裁地とは、審問等が物理的にどこの国で行われるかを決めるという解釈もあった。確かに、通常の当事者は、仲裁地で全く審問が行われず、仲裁地の外で仲裁の審問等が行われることは想定外かもしれない。

　しかし、近時の実務的な考え方は、仲裁地とは、仲裁法の適用を決定するための法律上の概念にすぎず、審問や会合等が行われる場所とを区別する。仲裁地によって適用される仲裁法が決まり、仲裁合意の有効性がいずれの国の法によって判断されるか、どこの裁判所には仲裁判断を取り消す権限があるか、仲裁判断の取消事由及び判断基準等、手続上の重要な法的問題の結論が導かれる。このため、たとえ仲裁の審理が実際には他の国で行われても、当事者が変更の合意をしない限り、法的な仲裁地は変わらず、当事者や仲裁廷が決めた仲裁地のままである等と説明される。そもそも仲裁の審問は、物理的に一堂に会することが必要とされない（国際商事仲裁に関するUNCITRALモデル法20条参照）。オンライン会議等で仲裁手続を進めることもできる。

　日本の仲裁法28条1項は、仲裁地を当事者が合意により選択できる旨を定め、その合意がないときは、「仲裁廷は、当事者の利便その他の紛争に関する事情を考慮して、仲裁地を定める」とし（同条2項）、仲裁廷が先にあり、その後に仲裁場所としての「仲裁地」を定めているようにも見える。しかし、同条3

項は「仲裁廷は、当事者間に別段の合意がない限り、（中略）仲裁地にかかわらず、適当と認めるいかなる場所においても、次に掲げる手続を行うことができる」として、①合議体である仲裁廷の評議、②当事者、鑑定人又は第三者の陳述の聴取、③物又は文書の見分を、仲裁地とは異なる審問場所で行うことを認めている。IBAガイドラインは、審問の場所等について、仲裁人の判断で柔軟に決定できるように、仲裁条項で制限すべきではないという。

❖仲裁地を選択する考慮要素❖　　IBAガイドラインは、適切な仲裁地を選択する際に考慮すべき要素として、①当該国がニューヨーク条約の加盟国であるか、②その国の仲裁法が仲裁による紛争解決をサポートしているか、③裁判所が仲裁判断を尊重する中立的な判断をしているか等をあげている。現実問題としても、基本的なビジネスのインフラが整っているか、当事者や証人、仲裁人、代理人にとって地理的利便性が良いか等に配慮すべきだろう。

❖被告地主義の諸問題❖　　準拠法の選択的な合意とは異なり、裁判管轄や仲裁地については、紛争解決規範として機能すれば足りるので、クロス条項を有効とする実務が定着してきている。これは、管轄や仲裁地に関する定めは裁判規範にすぎないからである（24頁参照）。もっとも、相手国の仲裁がその運用状況等からして現実的に使えないような場合には、クロス条項を選択できない。また、クロス条項は偶然に左右される不合理な条項であるとして否定的な評価もある。被害を受けた当事者がわざわざ不利な場所において手続を取ることを強いられることは正義に反するとか、むしろ公正な判断ができる第三国のほうが適切である等と論じられる。

❖仲裁地と契約準拠法国は同一であるべきか❖　　仲裁地の法と契約準拠法は、同一であることが必要とはされないが、実務的には同一である方が好ましい面がある。例えば、仲裁地がA国で、契約準拠法がA国法であれば、A国法の弁護士が担当することになろうが、仲裁地の法と契約準拠法が異なると、その複数の弁護士が連携して対応する必要が生じる。当事者が選択した仲裁規則を定めていない場合、仲裁地の国内法が適用され、仲裁条項の解釈に関連した問題は、仲裁地の国内法によって処理される可能性がある。

国際ビジネス・ケーススタディ〜リング・リング・サーカス事件

　米国法人Aと日本法人X間の興行契約に「本件興行契約の条項の解釈又は適用を含む紛争が解決できない場合は、その紛争は、当事者の書面による請求に基づき、商事紛争の仲裁に関する国際商業会議所の規則及び手続に従って仲裁に付される。Aの申し立てるすべての仲裁手続は東京で行われ、Xの申し立てるすべての仲裁手続はニューヨーク市で行われる。」と定められていた。XはAの代表者個人Yに対して不法行為に基づく損害賠償を求めたのに対し、Yは妨訴抗弁としての仲裁合意の効力を主張した。

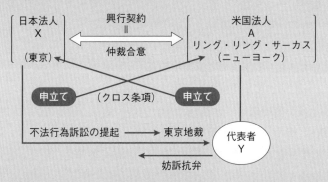

【裁判所の判断】　仲裁は、当事者が紛争解決を第三者である仲裁人の仲裁判断に委ねることを合意し、この合意に基づいて仲裁判断に当事者が拘束されることにより、訴訟によることなく紛争を解決する手続である。かかる当事者間の合意を基礎とする紛争解決手段としての仲裁の本質に鑑みれば、仲裁合意の成立及び効力については、第一次的には当事者間の意思に従ってその準拠法が定められるべきものと解するのが相当である。上記合意を有効と認める前提で、米国連邦仲裁法及びこれに関する連邦裁判所の判例の示す仲裁合意の効力の物的及び人的範囲についての解釈等に照らせば、本件損害賠償請求についても本件仲裁合意の効力が及ぶと解されるとして、Xの訴えを却下した（最判平成9・9・4民集51巻8号3657頁、判時1633号83頁）。

（参考）　中村達也「国際商事仲裁」国際私法百選Ⅱ【119】240頁

6 外国仲裁判断の承認と執行
—— ニューヨーク条約と国内民事手続法

❖仲裁判断に対する訴訟❖　発展途上国の中には、裁判所が仲裁判断を軽視する傾向の法域もあり、手続的な瑕疵によって承認・執行が拒否される事例は決して少なくない。仲裁は上訴できないはずだが、様々な方法で仲裁判断を争う手続が取られるケースもある。それが訴訟で争われると、仲裁判断が覆され、紛争がかなり長引く結果ともなる。

❖執行の手続❖　国際商事仲裁については1958年の「**外国仲裁判断の承認及び執行に関する条約**」（Convention on the Recognition and Enforcement of Foreign Arbitral Award＝ニューヨーク条約）がある。この条約は、仲裁合意を承認し、締約国に対して、外国の仲裁判断等が原則として国内仲裁判断と同様に承認執行することを義務づけている。これはUNCITRAL設立前にできた条約だが、UNCITRALはこの普及及び解釈の統一に尽力し、同条約に関する解釈勧告として、「外国仲裁判断の承認及び執行に関する条約第２条２及び第７条１の解釈に関する勧告」（2006年）を公表した。2020年11月現在、166ヵ国が本条約の締約国となっているので、外国での訴訟による確定判決よりも仲裁判断の方が執行しやすい。特に、中国関連ビジネスでは、訴訟をした場合、中国と日本の判決は相互に執行できないが、仲裁ならば相互に執行できる。

❖手続の簡素化❖　日本では、仲裁法の制定に伴って、その執行のための手続が簡素化された。まず仲裁判断は、仲裁地が日本国内にあるかどうかを問わず、確定判決と同一の効力を有し、仲裁判断に基づく民事執行をするには「**執行決定**」を得れば良い（同法45条１項）。執行決定とは、仲裁判断に基づいて日本での民事執行を許す旨の決定である。日本国内の仲裁判断のみならず、外国での仲裁判断でも、仲裁判断に基づく民事執行を日本で行おうとする当事者は、債務者を被申立人として、日本の裁判所に執行決定を求める申立てができる（同法46条１項）。ただ、他の言語で仲裁判断書が作られた場合、その民事執行のためには、仲裁判断書の写しや当該写しの内容が仲裁判断書と同一であることを証明する文書と仲裁判断書の日本語による翻訳文を提出する必要がある（同条２項）。

しかし、仲裁手続に瑕疵がある場合等、一定の場合には裁判所に不服申立てが可能なケースもある。各国の仲裁法は、仲裁手続の争いで裁判所に持ち込める事項を定める。また、執行裁判所では、実体的な紛争を蒸し返すことはできないが、執行できない根拠があるのであれば、それを争うことはできる。例えば、仲裁裁定が日本で執行するための要件を欠くといった場合等、仲裁の執行ができない理由が手続的なものならば、争う余地がある。

❖**仲裁判断の取消し**❖ ニューヨーク条約は、仲裁判断の承認・執行を求められた国が、仲裁判断の承認・執行を例外的に拒絶できる事由を規定しており、拒絶事由の1つとして仲裁地の裁判所が仲裁判断を取消又は停止した場合を定めている（同条約5条1項）。この条項に基づき、仲裁判断の承認・執行を求められた裁判所は、外国の仲裁判断に対し、仲裁地の裁判所は、仲裁判断を取り消すという形で介入できる。もっとも、かかる拒絶事由は限定的なものであり、日本の仲裁法も国際商事仲裁に関するUNCITRALモデル法に準拠して、仲裁判断の取消事由を限定的に解釈して、仲裁に親和的な立場を取っている（ただし、次に紹介する最決平成29・12・12の事案のように、仲裁人の利益相反等が問題になると、仲裁判断の取消しをめぐって難しいケースとなることもある。）。

国際ビジネス・ケーススタディ～仲裁判断取消申立事件

2002年頃の契約に関するX社らとY社らの紛争について、2011年に日本商事仲裁協会（JCAA）で仲裁手続が始まり、2014年8月に仲裁判断が出された。しかし、仲裁廷の長たる仲裁人Cが、グローバルに業務を展開する法律事務所のシンガポールオフィスの所属弁護士であり、同事務所のサンフランシスコオフィスに移籍してきた弁護士Dが、Y社の完全兄弟会社K社及び同社の完全親会社が共同被告となっていた米国におけるクラス・アクションでK社の代理人を務めていた。そのような関係が生じた事実が仲裁手続で開示されなかったことを理由として、X社らは、Y社らに対し、両者間の本件仲裁の手続又は仲裁判断につき、仲裁法44条1項4号、6号及び8号に定める取消事由があると主張して仲裁判断の取消しを求めた。

【裁判所の判断】 大阪地裁はその申立てを棄却したが、抗告審である大阪高裁は仲裁判断を取り消した。これに対して、最高裁は、仲裁人Cが当事者に対して同法18条4項の事実が生ずる可能性があることを抽象的に述べたことは、同項にい

う「既に開示した」ことには当たらないとの原決定の判断を是認したが、X社らは、仲裁人Cが当該事実を認識していたか、仲裁人Cが合理的な範囲の調査を行うことによって当該事実が通常判明し得たことを主張立証すべきだったが、それが尽くされていないので、本件仲裁の取消しを確定させるわけにはいかないとして、裁判に影響を及ぼすことが明らかな法令の違反があるとして破棄差し戻した（最決平成29年12月12日、民集71巻10号2106頁、判時2365号70頁）。

　差戻審では、仲裁人の所属する法律事務所が一般的な水準のコンフリクト・チェックシステムを構築している場合、仲裁人は同チェックシステムで必要とされる行動をしている限り、合理的な範囲の調査を継続的に行ったものと評価すべきであるとした上で、仲裁判断における判断内容が日本法の公序良俗に違反すると評価すべき事情があるとは認められないとして、本件各抗告をいずれも棄却した（大阪高決平成31・3・11判時2453号30頁）。

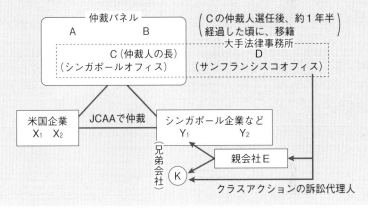

7　国際裁判管轄
——国際的条約がない中で国際慣習法等から導かれるルール

❖**国家の裁判権**❖　国際裁判管轄権とは、国際的要素を伴う民事事件を裁判することのできる国家権限のこと（裁判権）を意味する。**国際裁判管轄**（jurisdiction）と**国内土地管轄**（venue）は、「広義の土地管轄」として共通する面もある。

　国際取引紛争で、どの国が法廷地になるかは重大な問題である。法域によっ

て実体法も手続法も異なるので、裁判にかかる労力は、出廷に要する費用・時間を含めて大きな差をもたらす。法廷言語の違い等もあり、いずれの当事者も自己の所在地国での手続きを好む傾向がある。

　裁判管轄が争われた場合、その予測可能性は必ずしも高くはないケースもある。国際的な移送制度はないので、国際裁判管轄が否定されると訴えは却下される。場合によっては、改めて他の裁判所でやり直そうとしても消滅時効にかかっているおそれもあり、国際取引紛争では訴訟提起の時点で間違いのない選択をする必要がある。

　国際裁判管轄には、訴えを受けた裁判所が自国に管轄があるか否かを判断する**直接管轄**と、外国判決の承認・執行の要件として判決を下した外国裁判所に管轄があったか否かを承認・執行国が判断する**間接管轄**の2つを検討する必要がある（115頁参照）。ただ、国際裁判管轄の議論は、直接管轄を対象とすることが多い。

❖**管轄に関する条約**❖　国際裁判管轄が問題とされるのは、原告が自分の有利な国で提起する裁判の管轄を、外国にいる被告に及ぼすことが認められるか否かが問題だからである。この国際的なルールの枠組みを構築しようとした目論見は各国の意見の対立により潰えた。ハーグ国際私法会議は対象範囲を専属的管轄合意に限定して、2005年6月に「管轄合意に関する条約」を採択したものの発効には至っておらず、国際裁判管轄を直接に規律する包括的な国際条約はない（ただ、ブリュッセル条約等のようにEU加盟国における国際裁判管轄を規律している例はある。）。それぞれの国における国際裁判管轄については、特別の条約等がない限り、各法域での国際民事訴訟（広義の国際私法）の理論に従って裁判管轄の有無が判断される。

❖**日本の裁判権**❖　日本の裁判所は、かつて民訴法が定めた裁判籍が日本に認められる場合には原則として国際裁判管轄を認めるという考え方（逆推知説）を基本として、各事件における個別の事情を考慮して日本で裁判を行うことが「当事者間の公平、裁判の適正・迅速を期するという理念に反する特段の事情があると認められる場合」には日本の管轄を否定するとの「特段の事情説」という枠組みを採用した（最判平成9・11・11民集51巻10号4055頁、判時1626号74頁。中野俊一郎「『特別の事情』の考慮」国際私法百選Ⅱ【89】180頁）。しかし、具体

的な事例における判断は難しく、予測可能性が高いとはいえなかった。

そこで、2011年4月成立の民事訴訟法及び民事保全法の一部改正で、訴えの類型ごとに日本の裁判所が管轄権を有する場合等が定められ、ルールの明確化が図られた。被告の住所、主たる営業所等が日本国内にある場合に日本の裁判所に管轄権を認めることが明記され（民訴法3条の2第3項）、消費者契約や労働契約に関する訴えについて消費者や労働者の裁判所へのアクセスを保障するため、日本の裁判所に訴えを提起できる特則が設けられた（同法3条の4）。

日本の国際裁判管轄の規律は、国際的にも許容された水準なので、日本の裁判所に管轄権があるとして請求を許容する判決をした場合には、外国でも承認・執行される可能性が高まる。例えば、消費者や労働者の保護に関しても、国際的な条約や各国の国内法の流れに沿うものとなっている。ただ、前記最判の判断枠組みを踏襲したので、予測可能性には問題も残されている。

国際ビジネス・ケーススタディ〜マレーシア航空事件

　亡Aはマレーシア連邦国内で会社を通して飛行機の搭乗券を購入し、その運送契約に基づいてマレーシア航空の運行する旅客機に乗客として搭乗したが、この飛行機の墜落事故のため死亡した。亡Aの妻子が、日本の裁判所で、マレーシア航空に対して債務不履行による損害賠償を請求した。

【裁判所の判断】　よるべき条約も一般に承認された明確な国際法上の原則も未だ確立していない現状のもとにおいては、当事者間の公平、裁判の適正・迅速を期するという理念により条理にしたがって決定するのが相当である。この条理に適う方法として、我が民訴法の国内の土地管轄のいずれかが我が国内にあるときは、我が国の裁判権に服させるべきである。マレーシア航空はマレーシア連邦国法に準拠して設立され、同連邦国内に本店を有する会社であるが、東京都に営業所を有するので、たとえ外国に本店を有する外国法人であっても日本の裁判権に服させるのが相当である（最判昭和56・10・16民集35巻7号1224頁、判時1020号9頁）。

（参考）　山本克己「法人に対する訴え」国際私法百選Ⅱ【88】178頁

【追加コメント】　この事例ではマレーシア航空の主たる営業所はマレーシアにあり、日本の営業所における業務に関する事故でもなかったため、現行民訴法の定めによると日本の国際裁判管轄権を認めることは困難となる。モントリオール条約（161頁参照）が適用できれば裁判管轄が認められるはずだが、マレーシア航空事件は国際運送の事案ではないので、同条約も適用できない。現行法下で日本

の裁判管轄を認めるには、「営業所における業務に関するもの」（民訴法３条の３
第４号）を抽象的に解する等の拡大解釈によるほかなさそうである。小林秀之
「国際裁判管轄の意義と国際取引への影響」、古田啓昌「国際裁判管轄と国際契
約」小林秀之ら編『国際裁判管轄の理論と実務』（新日本法規、2017年）参照。

❖**管轄の合意**❖　現実に事件が起きてから管轄を争うのでは負担が重い。実
務では、少しでも権利救済を実現しやすい有利な法廷地を確保すべく裁判管轄
条項が設けられることが多い。ただ、かかる管轄の合意によって下された外国
判決の執行が問題なく認められるわけではなく、外国判決の執行が認められる
要件は、法域によって異なる。

　日本では、国際取引の当事者は、いずれの国の裁判所に訴えを提起できるか
について合意でき（民訴法３条の７第１項）、その合意は、一定の法律関係に基
づく訴えに関して書面又は電子的方法でしなければ有効とならない（同条２項、
３項）。ただし、外国の裁判所にのみ訴えを提起できる旨の合意は、その裁判
所が法律上又は事実上、裁判権を行うことができなければ援用できない（同条
４項）。したがって、外国に専属管轄の合意をする場合には、当該外国で裁判
ができることが専属的合意の有効要件となる。実務では、国際取引契約で専属
的管轄の合意をすることによって、予測可能性を高めようとすることが多い
（最判昭和50・11・28民集29巻10号1554頁、判時799号13頁。高橋宏司「合意管轄権」
国際私法百選Ⅱ【99】200頁参照）。

　もっとも、専属的な管轄合意は、他の法域で裁判を受ける権利を制約するか
ら、いずれかが明らかでないと制限的に解釈され、非専属的な付加的管轄の合
意と解釈されるリスクがある。非専属的管轄（付加的管轄）の合意と解釈され
ないようにするためには、専属的な管轄である旨を明記することが重要である。

　契約書に管轄条項がなくても、どこかで裁判を起こすことはできる。国際取
引紛争では国際裁判管轄の論点について、各裁判所が、①当事者とその国の関
係、②契約内容、③訴訟手続を合理的に進めることができるか等を検討して結
論を出す。その最終的な判断はケース・バイ・ケースなので、紛争になった場
合には信頼できる弁護士に、どこで裁判を起こすことが最終的に妥当な結論を
導きうるのかという観点から適切な助言を得るべきだろう。ただ、利害相反的

な問題があるので、国際裁判管轄の論点がある場合、どこで裁判を起こすのが良いかを判断する弁護士と、実際に訴訟をする弁護士を分けるのが賢明であろう。裁判権が否定されて却下で終わったケースでは、その問題が潜在的にあった可能性がある。

❖財産権上の訴え等の管轄❖　契約紛争の日本の裁判権は、契約で定めた債務の履行地が日本国内にある場合か、契約で選択された地の法によれば債務の履行地が日本国内にある場合に認められる（民訴法３条の３第１号）。日本で事業を行う者（日本で取引を継続してする外国会社（会社法２条２号）を含む。）に対する訴えについては、その訴えがその者の日本における業務に関するものである場合（例えば、日本向けのウェブサイトを開設して日本での事業の継続性が認められる場合）に、日本の裁判管轄が認められる（民訴法３条の３第５号）。なお、不法行為に関する訴えについては同条８号（113頁参照）がある。

　このほか、金銭的請求をする財産権上の訴えについては、被告の差押可能財産が日本国内にあれば、債権者である原告が債務名義を得て、その財産に対して強制執行できるのが原則である。しかし、財産価額が著しく低く、強制執行

【図表26】日本の裁判権

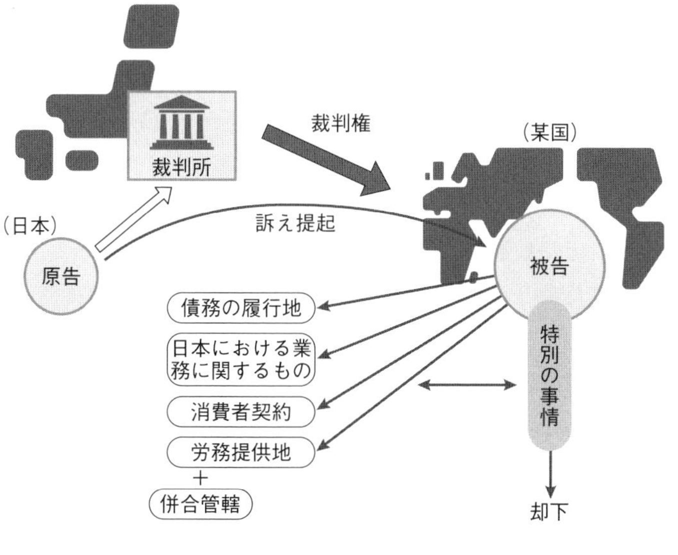

をしても債権の回収の見込みがほとんどない場合まで日本の裁判所の管轄権を認めると、名目的な財産のために「過剰管轄」となるおそれがあるので、そのような場合には管轄権が否定される（同条 3 号）。

❖消費者契約の例外❖　　法令や言語の異なる外国の裁判所に消費者が訴えを提起することは困難なので、国際的な紛争では、国内の事案よりも消費者の裁判所へのアクセスの保障に配慮する必要性が高い。日本の消費者が外国の裁判所に訴えを提起することは困難である。そこで、消費者から事業者に対する消費者契約に関する訴えは、訴えの提起時又は消費者契約締結時における消費者の住所が日本にある場合には日本の裁判所に訴えを提起できるものとしている（民訴法 3 条の 4 第 1 項）。この「消費者」とは、通則法と同義である（21頁参照）。

❖労働契約の例外❖　　一般に、事業主と労働者との間には経済力、交渉力の格差が存在し、労働者が労働契約時に自己に不利な国際裁判管轄の条項を拒否するのは困難である。他方、労働契約の終了時であれば、労働者と事業主との交渉力の格差は契約時に比べれば小さい。そこで、民訴法では、個別労働関係民事紛争に関する労働者から事業主に対する訴えについて、労務提供地が日本にある場合に加えて、雇用主の所在地、義務履行地等が日本にある場合にも日本の裁判所に提起できるものとされる（同法 3 条の 4 第 2 項）。

❖消費者・労働者との裁判管轄の合意❖　　消費者契約と労働契約に関する裁判管轄の合意は、原則として有効であるが、消費者契約締結時に消費者が住所を有していた国に対する合意や労働契約終了時の労務提供地国を対象とした管轄合意は付加的管轄合意とみなされ、専属的管轄合意の効力が制限される（同法 3 条の 7 第 5 項及び 6 項。改正前の事例として、東京高判平成12・11・28判時1743号137頁。中西康「個別労働事件の管轄権」国際私法百選Ⅱ【100】202頁参照）。

　その帰結として、日本の企業が労働者との間で、労働契約の終了時に、労務の提供地である日本の裁判所に訴えを提起できる旨の合意をすれば、日本の裁判所に訴えを提起することはできる。しかし、労働契約の終了時に企業と労働者との間で管轄権に関する合意ができず、労働者が外国に転居した場合は、原則通り、労働者の住所のある国の裁判所に訴えを提起しなければならない。例えば、この労働者が営業秘密を持ったまま、競業禁止契約にも違反して海外のライバル企業に転職して、住所も海外に移した場合、日本の事業主が労働者と

秘密保持契約や競業禁止契約を締結した際に日本国内を管轄と定めていても、管轄権を判断する基準時である訴え提起の時点で労働者が外国に転居していると、事業主は日本の裁判所に訴えを提起できなくなるリスクがある。

❖**管轄権の専属**❖　日本の会社法第7編第2章に定める訴え、一般社団法人及び一般財団法人に関する法律第6章第2節に定める訴え、登記又は登録をすべき地が日本国内にある登記又は登録に関する訴え、日本における設定の登録で発生する知的財産権の存否又は効力に関する訴え等の管轄権は、いずれも基本的に日本の裁判所に専属する（民訴法3条の5）。

❖**併合管轄**❖　民訴法は、一の訴えで数個の請求をする場合、日本の裁判所が一の請求について管轄権を有し、他の請求について管轄権を有しないときは、当該一の請求と他の請求との間に密接な関連があるときに限り、日本の裁判所にその訴えを提起できるものとしている（同法3条の6）。ただし、同条によれば、数人からの又は数人に対する訴えについて、同法38条前段に定める「訴訟の目的である権利又は義務が数人について共通であるとき、又は同一の事実上及び法律上の原因に基づくとき」は、その数人は、共同訴訟人として日本の裁判権に服するが、同条後段の「訴訟の目的である権利又は義務が同種であって事実上及び法律上同種の原因に基づく」という理由だけでは併合できない（東京高判平成8・12・25高民49巻3号109頁。安達栄司「併合請求の管轄権」国際私法百選Ⅱ【98】198頁）。

❖**「特別の事情」による訴えの却下**❖　民訴法3条の9は、日本の裁判所が管轄権を有していても、事案の性質、応訴による被告の負担の程度、証拠の所在地等の事情を考慮し、日本の裁判所が審理及び裁判をすることが当事者間の衡平を害し、又は適正かつ迅速な審理を妨げることとなる特別の事情があるときは、裁判所はその訴えの全部又は一部を却下できるものと定めている。かつての「特段の事情」から「特別の事情」と表現は変わったが、実質的に変わりはない。そのため、従前にあった不透明さがなくなるわけではない。ただ、同条は、日本の裁判所にのみ訴えを提起できる旨の合意に基づいて提訴された場合を除いており、その場合には、「特別の事情」で却下されないことが明記され、専属的裁判管轄を定める管轄条項の意義はより高くなった。

❖**民事保全の国際裁判管轄**❖　保全命令事件についても日本の裁判所が管轄

権を有する場合が定められた。民事保全については、日本の裁判所に本案の訴えを提起することができる場合、又は、仮に差し押さえるべき物若しくは係争物が日本国内にあるときに、日本の裁判所に対して保全の命令の申立てが可能である（民事保全法11条）。これに対して、外国における民事保全については、外国にある財産又は係争物に対して、その国の法令に従ってその国の裁判所に民事保全の申立てをしなければならないだろう。

国際ビジネス・ケーススタディ〜インターナショナル・エア・サービス事件

　日本国内に事務所を有する米国カリフォルニア州法人の会社と同会社に雇用され日本国内で勤務していた米国人の機長が解雇された仮処分申請事件について、被申請会社が飛行要員52名を日本国内の航空会社に提供し、その営業所を日本国内に置いているので、本件仮処分申請は同社の普通裁判籍所在地の管轄に属するものと判断し、国際保全管轄を認めた。なお、申請人が米国の全国労働関係局地方事務所にも救済の申立てをしても、この結論は左右されないと判断された（東京地決昭和40年4月26日、判時408号14頁、判タ178号172頁）。

（参考）　山川隆一「労働法の適用」国際私法百選Ⅱ【15】32頁。本件については、本書198頁も参照。

❖**米国のロングアーム法**❖　米国では、州内で営業しているという要件が極めて緩やかに適用されるため、実質的にはほとんどその州と関係のないような外国企業に対しても管轄権を行使するような例があり、国際私法上、問題視されている。ロングアーム法（long arm statute）とは、「**ミニマムコンタクトの法理**」（minimum contacts theory）による基準を満たす最大限度まで裁判管轄権を拡張しようとして各州で立法されるもので、イメージとしては長く腕を伸ばすように、自州にいない被告にまで自州の裁判管轄権を広く認める米国の州法をいう。ミニマムコンタクトの法理は、「最小接触理論」等とも訳される。この理論は、営業を行う州における対人的訴訟管轄権が及ぶか否かとの問題について、「フェア・プレーと実質的正義の伝統的観念に反しない最低限度の関連」があるか否かで管轄の有無を判断すべきであるとする。1945年の米国連邦最高裁判所判決（International Shoe Co. v. State of Washington, 326 U.S.310（1945））

【図表27】ロングアーム法

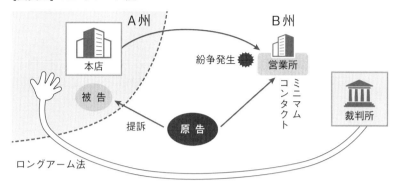

で採用された。ただ、米国では、法的に管轄が肯定できるとしても、公私の利益を勘案して裁量的に管轄を否定する英米法系の「**フォーラム・ノン・コンビニエンス（forum non conveniens）の法理**」も活用されることで、ある程度の修正が図られている（ただし、管轄の合意をする場合には、逆にこの法理による抗弁を出されることのないように、この法理の適用を放棄する旨の条項が置かれることもある。）。

　広く裁判管轄が認められると、少しでも有利な法廷地で先手を打とうとする**法廷地漁り（forum shopping）**が起きやすくなる。このため、裁判外の交渉をしないで、いきなり有利な法廷地で先手を打って訴訟を提起するといった紛争類型もある。

8　国際訴訟競合
——外国で提訴された紛争案件について自国でも逆提訴ができるのか

❖**各種学説の対立**❖　同じ当事者間で、同一問題を扱う訴訟が、例えば日本の裁判所だけではなく、外国の裁判所でも提起された場合、どうなるのであろうか。外国で訴訟が起こされた紛争案件について、日本でその逆の請求をする裁判を起こせなくなるのであろうか。この問題を国際訴訟競合という。訴訟が二重に継続すると、被告の負担が重くなって不当だというだけではなく、異

【図表28】国際訴訟競合

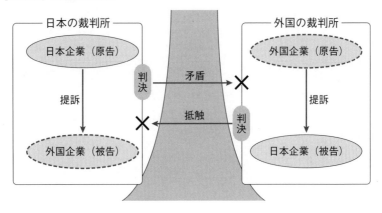

なった国の複数の裁判所で異なる判断が下される危険性もある。

　1つの国における訴訟はその国でだけ効力があり、日本でも二重起訴を禁止する民訴法142条は適用されない。かつては、外国の裁判所に同一の訴訟を提起すること自体を禁止する慣習も条理もなく、他国の手続には影響を及ぼさないという考え方から、純粋に国際裁判管轄の有無だけを判断していた。現在でも、こうした立場の法域がある。

　しかし、日本の裁判所は、近時そうした考え方から脱却し、①外国判決が日本で承認される可能性を検討して日本の後訴を規律しようという「承認予測説」とか、②裁判管轄権の判断における特段の事情の1つとして訴訟競合の点も考慮する「特段の事情説」、③いずれがより適切な法廷地であるかという観点から日本の裁判管轄権を判断する「適切法廷地説」といった考え方等に変わってきている。このうち、上記①は先行する外国訴訟で本案判決が下され、それが確定に至ることが相当の確実性をもって予測され、かつその判決が日本で承認される可能性があるときは、日本における後訴についても、二重起訴禁止の法理を類推することが相当とされるとの説なので、逆に言えば必ずしも日本で承認されるとは限らない場合ならば、日本での訴訟が可能となるかもしれない。これに対して、上記③の適切法廷地説の場合、日本の方がより適切な法廷であれば、米国で先に訴訟があっても、日本での訴訟が認められる。

　民訴法は国際訴訟競合に対する規律を設けておらず、解釈又は運用に委ねて

いる。同法 3 条の 9 が「特段の事情」から「特別の事情」へ表現を改めたことに伴って、上記②の「特段の事情説」は「特別の事情説」と読み替えて理解できよう（東京地判平成19・3・20判時1974号156頁。江泉芳信「国際訴訟競合」国際私法百選Ⅱ【116】234頁参照）。少なくとも、専属的管轄の合意がない場合における国際訴訟競合のケースでは、現行法下でも、従前の「特段の事情」という表現を用いた過去の裁判例が参考になろう。今後の立法論としては、国際訴訟競合が生じている場合には、裁判所が一定の要件の下に係属する訴訟の手続を中止できるものとするとの考え方が提案されており、その動向も注目される。

❖**矛盾した外国判決の効果**❖　万一、国際的な二重訴訟が確定判決にまで至り、その結論が矛盾していた場合にどうなるかだが、それぞれの判決は自国においてのみ有効だ。一方の国の判決を他国で執行しようとしても、日本であれば、公序に反する外国判決として執行が認められないことになる（107頁参照）。

9 米国の民事訴訟
——陪審制度を軸として徹底した証拠開示制度と複雑な証拠法が規律する

❖**複雑な対審構造**❖　米国の民事訴訟手続は極めて複雑だ。というのも、陪審制度が民事裁判でも大きな役割を果たす。陪審審理のため、徹底した**証拠開示制度**（discovery）があり、これは裁判所侮辱罪を背景とした強力なもので、複雑な証拠法も存在する。それによって導かれる結論にも懲罰的賠償（punitive damages）が認められ、数多くの原告適格者のために訴訟を遂行できるクラスアクション制度もあり、それらのリスクを十分に認識しておく必要がある。

　近時、米国のディスカバリでは、企業情報の電子化の趨勢を踏まえて、eDiscovery（一切の電子的な情報を対象に、関連する証拠を開示させる手続）が効果を発揮している。米国のディスカバリの対象となる範囲は極めて広く、**弁護士依頼者間秘匿特権**や**ワークプロダクト法理**によって保護される情報等の例外を除いて、証拠として開示を強いられる。訴訟が合理的に予想できる場合には文書の保全義務が発生し、積極的に手許の証拠を保全すべき義務が発生することから、電子的に保存されたファイルやメール等も含めて改ざんや消去を防止しなければならず、関連した全資料・情報をそのままの状態で安全に保存する

訴訟ホールド（litigation hold）が求められる。米国民事訴訟手続の一般的な流れは【図表29】の通りであり、日本の第一審民事手続と比べるとかなり複雑であることが一目瞭然だ。

　米国では法廷のテレビ中継が認められる等、司法の情報公開が進んでいる。2000年代以降は、訴訟文書の電子的な提出や電子訴訟記録への一般アクセス（連邦裁判所ではPublic Access to Court Electronics Records＝PACER）が普及し、コロナ禍のためWEB会議システムを利用した証人尋問も増えつつある。訴訟の提起状況も情報開示されるシステムがあり、公開主義がかなり徹底している。

　日本の企業が依頼者となる欧米の法律事務所は、基本的に時間制（タイムチャージ）で報酬を請求する。その結果、海外での訴訟案件はかなり大きな出費となる傾向がある。かかる紛争に巻き込まれないように、また巻き込まれても傷が浅くてすむように事前の対策が極めて重要である。民事紛争だけでなく、刑事犯罪も絡む事案では、連邦量刑ガイドラインに提示されたコンプライアンス・プログラムの有無も大きなポイントだ（41頁参照）。

国際ビジネス・ケーススタディ～米国の訴訟に巻き込まれる日本企業

　A社とB社は、共に世界的な企業として幅広く営業活動を行い、競合することも多かったが、ある知的所有権をめぐって紛争が起きた。A社は、B社から内容証明郵便で警告書を受け取り、日本で近く裁判が起こされることを覚悟して、書類の準備をさせていた。ところが、B社は、米国カリフォルニア州でA社を相手に訴えを起こしてきた。B社は当初から米国での提訴を視野に入れて書類の管理・準備を進めていた。それに対して、A社は日本的な従来型の書類整理しかしておらず、また日本における必要最小限度の証拠書類だけで勝負する訴訟を念頭に置いていたために、応訴に苦労する結果となった。

　事案によっては、日本の裁判よりも外国、特に米国で訴訟をした方が有利なケースもある。日本の企業同士での紛争も米国での訴訟となれば、それに応じた日頃からの文書管理が物をいう。国際裁判管轄の問題にも留意すべきだが、日本的な基準だけで管理していれば良いというわけでもない。特に世界的に活動している企業は、その文書管理から訴訟対策に至るまで、世界標準で準備する必要があり、もはや日本の法制を前提とするのではなく、米国等の法制を前提としたコンプライアンス・プログラムの設計が求められよう。

【図表29】米国の民事訴訟手続の流れ

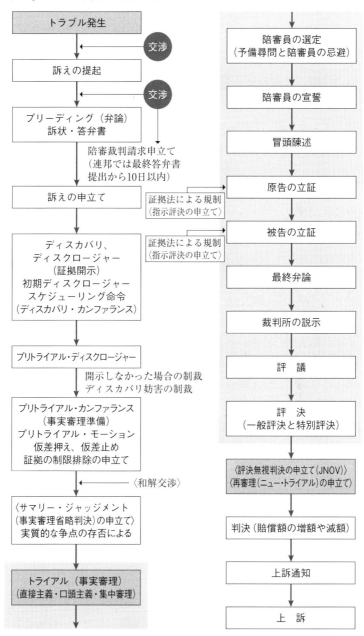

10 国際司法共助
——国境を越えた文書の送達や証拠収集に向けた
国際的な連携の枠組み

❖**海外への文書の送達等**❖　日本は、**民事又は商事に関する裁判上及び裁判外の文書の外国における送達及び告知に関する条約**（ハーグ送達条約）や**民事訴訟手続に関する条約**（民訴条約）に加盟している。このため、加盟国から民事訴訟に関する文書の送達及び証拠調べの要請がある場合、当該条約に基づいて対応する。

　これに対して、上記条約の非加盟国から送達や証拠調べの要請があると、司法共助の取決めを結んでいる国の場合はこれに基づくが、そうした合意がない場合は司法共助を必要とする具体的な事件ごとに、**外国裁判所ノ嘱託ニ因ル共助法**によって対応する（なお、外国からの刑事裁判に関する文書の送達及び証拠調べの要請に対しても同法によるほか、刑事共助に関する二国間条約等を締結している国についても同条約等に従う。）。

　ハーグ送達条約によれば、締約国間での訴状等の送達は、所定の方法に従って行う必要がある。この条約は、各締約国の中央当局（日本の場合には外務省）を通じた訴状等の文書の送達の仕組み等を定めているが、日本は、2018年12月にハーグ送達条約における郵便送達に拒否宣言をしたので、例えば、米国の訴訟について日本にいる被告に対して直接郵送による送達が行われた場合、その有効性を争うことができる。

　一部の国では、裁判のIT化に伴い、郵便送達に代わって電子的に送達するシステム送達が登場しつつある。しかし、ハーグ送達条約等はシステム送達を想定しておらず、これを解釈で乗り越えるのも難しい。WEB会議で外国に所在する証人に対する証拠調べを行うこともありえようが、民訴条約等はそれを想定していない。さらに、システム送達に海外からアクセスして訴訟記録を閲覧する場合には主権侵害や管轄権侵害がないかという問題が提起される等、多くの未解決の課題がある。

❖**国際民事証拠共助**❖　国際民事紛争においては、国内紛争以上に、どのように証拠を収集するかが問題となる。国際取引紛争が複雑化・高度化し、証拠

が国境を越えて散在する時代において、国境を理由とする限界はできる限り克服することが期待される。ここに、国際民事証拠共助の必要性がある。

　多くのコモンロー諸国は民訴条約に加盟しなかったが、国際的証拠収集の枠組みとして1970年に「民事又は商事に関する外国における証拠の収集に関するハーグ条約」(**ハーグ証拠収集条約**。日本は未批准) が作られ、米国はこれに加盟した。もっとも、ハーグ証拠収集条約のルートを通した証拠収集は必ずしも使い勝手が良くない。日米間では二国間共助取決めを基礎とする外国裁判所ノ嘱託ニ因ル共助法と日米領事条約に基づく司法共助が正規のルートであるともされるが、同様に使い勝手が悪く、日本における嘱託受託件数は極めて少ない。

　そこで、現実には、正規のルートを通さない証拠収集が行われている。その場合、日本で米国の弁護士が証言録取を行うのは主権侵害ではないかとの批判もあるが、外国での裁判 (又は仲裁) 自体は国際法上も認められたことであり、外国の裁判 (又は仲裁) と証言録取との間に合理的な関係があれば、国際法違反の問題は生じないと解されている。

❖仲裁手続における裁判所の利用❖　米国連邦法は、司法共助の対象を"a foreign or international tribunal"(外国又は国際的な裁定機関) と定め、外国の審判機関や準司法機関もその裁定機関として含まれると定める。この"tribunal"には米国外のフォーラムを含むとの連邦最高裁の判断を受け、民間の国際商事仲裁をも含むとの下級審の判断も現れている。これは、使い勝手の悪いハーグ証拠収集条約の枠組みによらないディスカバリの利用を可能にするものだ。

【図表30】証拠収集のための国際的な連携

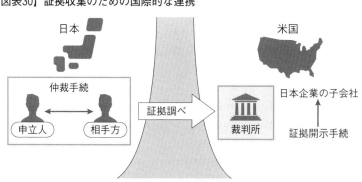

　一方、日本の仲裁法35条1項は、国際商事仲裁に関するUNCITRALモデル法27条の考え方にならって、民訴法の規定に基づく証拠調べで仲裁廷が必要と認めるものにつき、裁判所に証拠調べの実施を求める申立てができる旨を定める。こうした制度は、各国の仲裁法にも共通して見られる。このため、論理的には、日本で仲裁手続が行われている場合に、米国の証拠開示が利用される可能性もある。その場合、日本にいる当事者や証人からすれば、これに応じたくない場合でも、米国の証拠開示手続に服する可能性があることを踏まえて、米国での仲裁が不利に扱われるリスクを考える必要がある。

　しかし、当事者の自治を尊重するため、ディスカバリによる負担を軽減するための合意を個別の取引において合意することも認められる。それによって、より具体的な妥当性をできる限り追求できる道を残しながらも、当事者の意思をも尊重した対応が可能となるので、仲裁合意をするに際してはその取扱いについても留意する必要があろう。

　IBAガイドラインのオプション2では、証拠開示について定めることを示唆している。具体的には、文書開示手続については、IBA国際仲裁証拠調べ規則（IBA規則）に従って行うか、IBA規則を指針として行う権限を仲裁機関が有するように規定することを提案している。仲裁でも証拠開示を利用できれば、仲裁における証拠収集の強制が弱いというデメリットを緩和できる。ただ、IBA規則（2010年）は、文書提出要求に関して、米国の訴訟にあるような広範な証拠開示を認めず、事件と関連仲裁の結果にとって重要な特定の文書について文書提出要求を認めるだけである。

　(参考)　浜辺陽一郎「日米国際商事仲裁のための外国裁判所による証拠収集の可能性」早稲田法学83巻3号（2008年）

11 外国の民事判決の承認・執行
——日本では民事訴訟法118条と民事執行法24条の要件充足で執行可能

❖各国の民事手続による制約❖　外国の裁判所の判決や外国で下された仲裁判断を強制執行しなければならないケースがある。しかし、一般に、強制執行は各国の裁判所によってなされるから、その国の強制執行手続で認められた範

囲内でしか強制執行ができない。このため、外国の判決や仲裁で、ユニークな
救済手段を命じても、それを直接に裁判所に執行してもらえるとは限らない。
日本の裁判所の手続を考えると、金銭支払であれば良いが、何かをなすことを
命じるケースでは、間接強制がどこまでできるかという問題がある。

❖**日本における外国判決の執行の枠組み**❖　日本での外国裁判所の確定判決
は、次の4要件を具備する場合に限って効力を有する（民訴法118条）。

〈外国裁判所の確定判決が日本で効力を有するための4要件（民訴法118条）〉

① 　法令又は条約により外国裁判所の裁判権が認められること。

② 　敗訴の被告が訴訟の開始に必要な呼出し若しくは命令の送達（公示送
　　達その他これに類する送達を除く。）を受けたこと又はこれを受けなかっ
　　たが応訴したこと。

③ 　判決の内容及び訴訟手続が日本における公の秩序又は善良の風俗に反
　　しないこと。

④ 　相互の保証があること。

　このため、例えば、米国カリフォルニア州裁判所の判決で懲罰的損害賠償を
命じた部分が執行判決請求の対象に当たらず、日本の公序に反するとして、日
本での執行が許されなかったケースが有名である（最判平成9・7・11民集51巻
6号2573頁、判時1624号90頁。横山潤「公序(2)」国際私法百選Ⅱ【111】224頁）。

　日本では、民事執行法に基づいて外国裁判所の判決の執行を求めるには、**執
行判決**を得る必要がある（同法24条）。執行判決で外国裁判所の判決による強
制執行を許す旨が宣言されて、はじめて外国判決が日本で執行される。この執
行判決を求める訴えは、債務者の普通裁判籍の所在地を管轄する地方裁判所が
管轄し、この普通裁判籍がないときは、請求の目的又は差し押さえることがで
きる債務者の財産の所在地を管轄する地方裁判所が管轄する。執行判決は、裁
判の当否を調査しないでしなければならない（同条2項）。この訴えは、外国
裁判所の判決が、確定したことが証明されないとき、又は民訴法118条に定め
る4要件の1つでも欠けたら、却下しなければならない（民事執行法24条3項）。

国際ビジネス・ケーススタディ〜香港の判決の日本における効力

　香港在住のインド人である甲及び甲が代表者を務める日本の有限会社乙社とインド銀行Aとの間の起訴契約に基づき、Aが甲と乙社の保証人である丙に対して香港の裁判所に保証債務の履行を求める第一訴訟（①）を提起したところ、丙が、第一訴訟が認容された場合に備えて、甲に対して根抵当権の代位行使ができることの確認を求める第二訴訟（②）を、甲及び乙会社に対して求償請求ができることの確認を求める第三訴訟（③）を提起した。いずれの請求も棄却する判決が確定した後、丙が甲及び乙に対して、日本で当該判決の訴訟費用等の負担命令について執行判決を求める訴えを提起した。

【裁判所の判断】　民事執行法24条所定の「外国裁判所の判決」とは、外国の裁判所が、その裁判の名称、手続、形式のいかんを問わず、私法上の法律関係について当事者双方の手続的保障の下に終局的にした裁判をいい、決定、命令等と称されるものでも、その性質を有するものは、同条にいう「外国裁判所の判決」に当たる。外国裁判所の判決等に記載がない利息等についても、日本における承認・執行の対象とすることができる。

　外国裁判所の判決等が確定したことの証明方法は、確定証明書の提出に限られない。香港高等法院がした訴訟費用負担命令並びにこれと一体を成す費用査定書及び費用証明書は、民事執行法24条所定の「外国裁判所の判決」に当たる。外国判決における認定判断が証人の誤導的な証言の結果によるという主張は、証拠の取捨選択の不当をいうものであって、同条2項により、調査しえない。

　民訴法118条1号の要件は、日本の国際民事訴訟法の原則から見て、判決国がその事件につき国際裁判管轄を有すると積極的に認められることをいう。間接的一般管轄は、日本の民訴法の定める土地管轄に関する規定に準拠しつつ、具体的事情に即して、当該外国判決を日本が承認するのが適当か否かという観点から、条理に照らして判決国に国際裁判管轄が存在するか否かを判断すべきものである。香港高等法院がした訴訟費用の負担を命ずる裁判について、併合請求の裁判籍が存在することを根拠として香港の裁判所に民訴法118条1号所定の「外国裁判所の裁判権」を認めた。

　同条2号の「送達」は、甲と乙社が現実に訴訟手続の開始を了知することができ、かつ、その防御権の行使に支障のないものでなければならない。裁判上の文書の送達につき、判決国と日本との間に司法共助に関する条約が締結され、訴訟手続の開始に必要な文書の送達がこの条約に定める方法によるべき場合、この条約に定められた方法を遵守しない送達は、同条2号所定の要件を満たさない。香港在住の当事者から私的に依頼を受けた者が日本でした直接交付の方法による訴状等の送達は、本件に適用のある送達条約及び日英領事条約にその根拠を見いだ

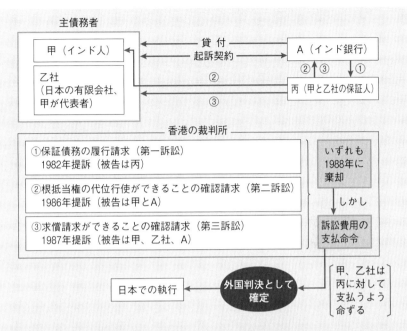

すことができず、不適法であり、同条2号所定の要件を満たさない。しかし、同条2号の「応訴したこと」とは、甲と乙社が防御の機会を与えられ、かつ、裁判所で防御のための方法をとったことを意味し、管轄違いの抗弁を提出した場合も含まれる。甲と乙社が防御の機会を与えられ、管轄違いの抗弁を提出する等防御の方法をとった場合には、同条2号所定の「応訴したこと」の要件を満たす。

　弁護士費用を含む訴訟費用の全額をいずれか一方当事者に負担させる外国裁判所の判決は、実際に生じた費用の範囲内で負担を命ずるものである限り、同条3号所定の「公の秩序」に反しない。中華人民共和国に返還される前の香港と日本の間には、金銭の支払を命じた判決に関し、同条4号所定の「相互の保証」がある。また、香港で適用される英国コモン・ローにおける外国判決承認の要件は日本の民訴法118条各号所定の要件と重要な点で異ならず、相互の保証はある。

　本案判決の付随的裁判である訴訟費用負担の裁判に国際裁判管轄が認められるか否かは、原則としてその本案判決について検討すべきである。判決等に記載がない利息等についても判決国で法令の規定で執行力が付与されていれば、日本での承認執行の対象となる（最判平成10・4・28民集52巻3号853頁、判時1639号19頁）。

(参考)　多田望「外国判決の承認執行」国際私法百選Ⅱ【108】218頁

国際ビジネス・ケーススタディ〜中国の判決の日本における効力

　Xが、日中合弁会社に対する日本側投資者がXであることの確認を求めたのに対し、亡Aの遺族であるYらが、投資者はAであるとして争うとともに、本件訴訟物については、既に中華人民共和国人民法院で投資者を訴外D社（X及びAが設立）とする旨の判断がなされ、同判決は確定しているから、本件請求は不適法却下すべきであると主張した。

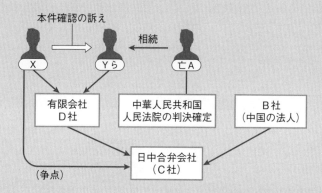

【裁判所の判断】　中華人民共和国での日本の裁判所の判決に対する扱いによれば、中国で日本の裁判所の判決が重要な点で異ならない条件の下に効力を有するとは認めることができない。合弁会社からの配当金の帰属に関する中華人民共和国人民法院の確認判決は、民訴法118条4号の「相互の保証があること」の要件を満たしておらず、日本で効力を認めることはできない。Xが、中国で設立された日中合弁会社に投資した日本側投資者は亡Aであると主張するYらに対し、投資者がXであることの確認を求める訴えを提起する前に、XとYらとの間で、投資者はXではなくB社であり、当該合弁会社の出資金はD社を設立したXと亡Aに半々ずつ帰属する旨の中華人民共和国人民法院の確定判決があるが、日本で効力が認められない以上、Xの訴えは不適法ではない（大阪高判平成15・4・9〔確定〕判時1841号111頁、判タ1141号270頁）。

12 国際ビジネスに伴う不法行為
—— 事業活動の過程で発生した事件・事故に対する損害への対応

❖**想定外のトラブル**❖　国際ビジネスの事業活動においても、想定外の事故や失敗が生じることがあり、契約責任とは異なる不法行為等による責任が生じることもある。

　一般に国際取引紛争が生じる主な領域は契約責任の分野であり、不法行為の問題を契約当事者間でカバーできる範囲は限られている。とはいえ、一定の事故・事件を想定して、不法行為によるビジネス・リスクを織り込むこともある。例えば、取引の性質上、製造物責任や知的財産権の侵害等のトラブルが想定できるケースもあり、その対応方法や責任の分担をあらかじめ定めておける。ただ、想定外の不法行為については、個別に対応せざるをえない。また、第三者との関係については契約当事者だけで規律することはできない。

❖**不法行為の準拠法**❖　国際ビジネスで発生した不法行為については、その準拠法がどうなるかも問題になりやすい。この点について、他の多くの法域と同じように、日本の通則法17条は、不法行為によって生ずる債権の成立及び効力を、「加害行為の結果が発生した地の法」によることを原則とする。この「結果発生地」とは、物理的・直接的な損害の発生地に限られ、営業損害等の二次的・派生的な損害の発生地は含まれないとする考え方が強い。一方、同条ただし書によればその地における結果の発生が通常予見することのできない場合には、「加害行為が行われた地の法」によるものとされる。

　通則法18条は、生産物責任の特例を定め、引き渡された生産物の欠陥で他人の生命、身体又は財産を侵害する不法行為につき、生産業者に対する債権の成立及び効力は、被害者が生産物の引渡しを受けた地の法によるものとされる。ただし、その地での生産物の引渡しが通常予見できない場合は、生産業者等の主たる事業所の所在地の法（生産業者等が事業所を有しない場合にあっては、その常居所地法）によるものとされる。この場合に責任を負う生産業者等は、生産物を業として生産し、加工し、輸入し、輸出し、流通させ、又は販売した者のほか、生産物にその生産業者と認めることができる表示をした者である。

【図表31】日本の通則法における不法行為の準拠法

通則法17条（不法行為によって生ずる債権の成立及び効力）

〈原則〉　➡　加害行為の結果が発生した地の法

〈例外〉　加害行為地における結果の発生が通常予見できない場合　➡　加害行為が行われた地の法

通則法18条（生産物責任の特例）

〈原則〉　引き渡された生産物の欠陥で他人の生命、身体又は財産が侵害された生産物責任の不法行為　➡　被害者が生産物の引渡しを受けた地の法

〈例外〉　その地での生産物の引渡しが通常予見できない　➡　生産業者等の主たる事業所の所在地の法

生産業者等が事業所を有しない場合　➡　生産業者の常居所地法

通則法19条（名誉又は信用の毀損の特例）（略）

通則法20条（明らかにより密接な関係がある地がある場合の例外）

● 不法行為の当時において当事者が法を同じくする地に常居所を有していたこと
● 当事者間の契約に基づく義務に違反して不法行為が行われたこと
● その他の事情

明らかに前三条（17条〜19条）により適用すべき法の属する地よりも密接な関係がある他の地があるとき

➡　当該他の最密接関係地の法

通則法21条（当事者による準拠法の変更）

不法行為の後　➡　準拠法の変更も可能（ただし、第三者の権利を害する場合は、その変更をその第三者に対抗できない）

　もっとも、不法行為時に当事者が法を同じくする地に常居所を有していたこと、当事者間の契約に基づく義務に違反して不法行為が行われたことその他の事情に照らして、明らかに通則法17～19条の規定により適用すべき法の属する地よりも密接な関係がある他の地があるときは、その最密接関係地法による（同法20条）。また、当事者は、こうした準拠法を変更することもできる。不法行為の当事者は、不法行為の後において、不法行為によって生ずる債権の成立及び効力について適用すべき法を変更することができる。当事者間の和解をしやすくするためだ。ただし、第三者の権利を害することとなるときは、その変更をその第三者に対抗できない（同法21条）。

　また、不法行為について外国法によるべき場合、その外国法を適用すべき事実が日本法によれば不法とならないときは、その外国法に基づく損害賠償その他の処分の請求ができない（同法22条1項）。これにより、外国法と日本法の両方で認められなければ、日本の裁判所で不法行為に基づく損害賠償請求等はできないことになる。

❖不法行為の国際裁判管轄❖　不法行為に関する訴えについては、「不法行為があった地」が日本国内にあるときに日本の裁判管轄が認められる。ただし、外国で行われた加害行為の結果が日本国内で発生した場合に、日本国内で結果の発生が通常予見することのできない場合には裁判権がないものと整理されている（民訴法3条の3第8号）。この「不法行為があった地」についても、物理的・直接的な損害の発生地に限られ、営業損害等の二次的・派生的な損害の発生地は含まれないとするのが通説的な見解である。

国際ビジネス・ケーススタディ～製造物責任訴訟事件

　日本法人Xの完全子会社X香港は、Y2から光モジュールを購入し、Y2は、買主（X又はX香港）の指示により、本件光モジュールを台湾法人Dの台湾内の事業所に納品し、Dは本件光モジュールを部品として搭載したメディアコンバータを製造した。ところが、XがY2から購入した本件光モジュールには隠れた瑕疵があり、Y2が保証した品質を備えていなかった。このため、Xが日本国内で販売したメディアコンバータの一定割合に故障が生じ、販売製品のすべての交換を余儀なくされ、その結果、5億円を超える損害を被った。Y1は米国に本店を有するデラウェア州法人、Y2は台湾に本店を有する台湾法人であり、両者は姉妹

会社だが、日本国内には営業所も代表者も有していない。Xは、東京地方裁判所に訴えを提起し、製造物責任、債務不履行又は瑕疵担保責任に基づいてY₁とY₂に対して損害賠償を請求した。

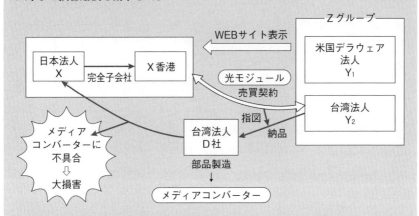

【裁判所の判断】　裁判所は、義務履行地を根拠とした国際裁判管轄を否定した上で、不法行為責任、製造物責任に基づく請求については、本件製品に生じた欠陥と被告Y₂における製造過程での作業との間には、本案前の審理に必要な範囲で、事実的因果関係を肯定できるから、日本の裁判所に管轄を肯定するために必要な、被告の行為により原告の法益について損害が生じたとの客観的事実関係を認めうるとした。また、併合請求の裁判籍に関して、Xの不法行為又は製造物責任に基づく請求及び瑕疵担保又は債務不履行責任に基づく請求のいずれにおいても、Y₂における本件光モジュールの製造作業と製品の欠陥との関係、その欠陥の発生についてのY₂の過失の有無が主たる争点であることは共通しており、両請求には密接な関係があるので、XのY₂に対するいずれの請求についても日本の裁判所に国際裁判管轄が認められる。

　米国法人Y₁について、本件光モジュールの表面にY₁の同じ名前のロゴマークが表示されていたほか、Y₁がウェブサイトで、「Y₁は、（中略）Zグループに加わり、Y₁と共同でオプトエレクトロニクス部品の世界規模での製造、販売を始め（中略）一つの企業体としてY₁が誕生しました。Y₁は米国と台湾に拠点を持ち、垂直統合型生産システムを取り入れ、低価格で高価値な製品を提供しています。」、「Y₁は、米国そして台湾の両方のISO9001認定の工場の最新鋭の設備により低価格、高度の信頼性のある製品をマーケットに提供しています。」等の表示を行っていた。このため、当該ロゴマークは、被告Y₁の社名そのものを表示し、同社ウェブサイト上のタイトル表示部分の同社を示す表示と字体のデザインも共

通し、製造物責任法2条3項2号の定める表示に該当するものと認められた。さらに、被告Y₁が自ら被告Y₂との企業的一体性を前提とした部品の製造を行っていることを公表していたので、本件光モジュールの製造もその部品製造の一環とみられ、当該ロゴマークが少なくとも被告Y₁の承諾ないし容認によって本件光モジュールの表面に添付されていた。これらの事情から、被告Y₁は自ら当該製造物の製造業者として当該製造物にその氏名、商号、商標、その他の表示をした者又は当該製造物にその製造業者と誤認させるような氏名等の表示をした者に当たるとして、日本の裁判権が認められた（東京地裁中間判決平成18・4・4判時1940号130頁、判タ1233号332頁）。

（参考）　黄軔霆「不法行為地管轄権(2)」国際私法百選Ⅱ【95】192頁、浜辺陽一郎「国際裁判管轄と国際不法行為」小林秀之ら編『国際裁判管轄の理論と実務』（新日本法規、2017年）

国際ビジネス・ケーススタディ～間接管轄に関するアナスタシア事件

　米国法人Xは、日本法人Aとの間で、日本国内における眉トリートメント技術及び情報の独占的使用権等をAに付与し、その対価を受領する旨の契約を締結し、この契約に基づいて米国カリフォルニア州内にあるXの施設で、Aの従業員であったYらに対して本件技術等を開示した。ところが、その後、Yらは日本国内で別会社を設立する等して、Xの営業秘密を勝手に使用し、Xの営業秘密を侵害したので、Xは、米国カリフォルニア州で損害賠償及び差止め請求の訴訟を提起し、確定判決を得たので、日本において民事執行法24条に基づいて提起した執行判決を求める訴えを提起した。

【裁判所の判断】　米国判決が日本国内だけでなく米国内でもYの不正行為の差止めを命じていることも併せ考えると、YらがXの権利利益を侵害する行為を米国内で行うおそれがあるか、Xの権利利益が米国内で侵害されるおそれがあるとの客観的事実関係が証明された場合には、本件米国判決のうち差止めを命じた部分については、民訴法3条の3第8号に準拠しつつ、条理に照らして間接管轄を認める余地もあり、また、そうであれば、本件米国判決のうち損害賠償を命じた部分についても、民訴法3条の6に準拠しつつ、条理に照らして間接管轄を認める余地も出てくることになるとして、間接管轄を否定した原審の判断には、判決に影響を及ぼすことが明らかな法令の違反があるとして、原判決を破棄し、高裁に差し戻した（最判平成26・4・24民集68巻4号329頁、判時2221号35頁）。

13 国際倒産と清算
——債権者を平等に扱うための国際的な法的倒産手続

❖清算型と再建型❖　国際ビジネスにおいても、事業に失敗して倒産する場合、これを清算に向かわせるか、再建に向かわせるかの選択が求められる。また、法的倒産手続を利用するか、私的整理（任意整理）をするかの選択もある。

なるべく倒産は避けたいところだが、やむを得ず法的倒産手続を利用すべき場合もある。その場合、それぞれの国の倒産法による必要があり、基本的に属地主義に服する（倒産属地主義）。日本の倒産法における清算型には、破産、会社法上の特別清算等といったものが用意されており、再建型には会社更生と民事再生の手続が用意されている。再建型を選択した場合、うまくいけば会社は存続するが、再建に失敗すれば破産等の清算に移行しなければならないだろう。

日本の会社更生法や民事再生法に大きな影響を与えたのが、米国の連邦法第11編（チャプター11）の再建型の倒産法制である。これは、従来の経営陣が経営権を維持しながら事業の再建を図るDIP（Debtor In Possession）型と呼ばれる手続で、担保権者をも取り込む会社更生手続に似ている。米国では、再建可能性が少しでもあれば、清算型のチャプター７による破産ではなく、チャプター11を申し立てる傾向がある。

一般に会社が倒産した場合には、会社債権者を平等に扱わなければならないので、法的倒産手続で配当する財産がありそうな場合や清算事務が必要な場合

【図表32】外国企業の倒産で、日本における資産は……

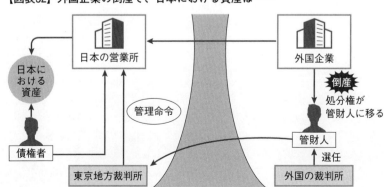

には破産管財人等が選任されるはずだ。しかし、破産した場合でも財産がほとんどない場合は、破産手続は廃止で終了するほかない。

　外国会社が財産を清算する場合は、裁判所は利害関係人の申立てや職権によって、日本にある会社財産の全部について清算の開始を命じることができる。この場合、清算人が裁判所によって選任される。もっとも、外国会社が日本にめぼしい財産を残していない場合には、財産を清算するにしても、日本国内の債権者・取引先の救済にはかなり限界がある。

❖**関係者の利害調整**❖　会社の倒産に至る過程で取締役等の役員ら経営者に会社に対する責任が生じていることもある。一般的には、会社が倒産して管財人が選任されると、会社財産の管理・処分権等は、代表取締役や取締役会ではなく、管財人に移るので、破産手続開始や会社更生手続開始決定等があった後は、管財人が役員らの責任を追及できることになることが考えられるが、国際民事紛争においては様々な主張が出てくる可能性がある。

　各国は効率的かつ実効的な国内倒産法を制定することが期待され、倒産に際しても国際協力が必要とされながら、法統一が遅れた分野だった。そこで、UNCITRALが1997年に国際倒産モデル法（UNCITRAL Model Law on Cross-Border Insolvency）を策定し、国際倒産手続をより効率的に処理するための国際的な法的枠組みを提示した。ただ、このモデル法は、各国の倒産実体法を統一するものではなく、法域ごとの国内倒産手続の差異を尊重しながら、異なる管轄間の協力と調整を可能にする点に眼目がある。

　近時、倒産属地主義の限界を克服するため、日本では、**倒産普及主義**への転換が始まり、民事再生法で国際協調的な措置の定め等が導入され、さらに前記モデル法に基づき、「**外国倒産処理手続の承認援助に関する法律**」（平成12年法律129号。**承認援助法**）が制定された。これによれば、倒産した会社の外国における破産管財人は、倒産した本国の準拠法で会社の代表権を有しているだけでは、日本でその権限を行使できず、日本国内で外国の管財人等が東京地方裁判所に承認管財人とする管理命令を得る必要がある。国際倒産において債権者が外国で抜け駆け的に債権回収をした場合に債権者平等を図るための配当調整を行うホッチ・ポット・ルール（Hotch-Pot rule）に関する規律も導入された（日本の破産法201条、民事再生法89条、会社更生法137条等参照）。これらの規律によっ

て倒産属地主義は廃止されたという評価もある。ただ、国内の倒産手続と承認援助手続が競合した場合は、原則として国内手続が優先する（国内倒産手続優先の原則）。

裁判官支援を目的とした説明文書「国際倒産に関するUNCITRALモデル法：裁判官の視点」（2011年作成）、実務家と裁判官支援を目的とした「国際倒産協力に関するUNCITRAL実務ガイド」（2009年作成）や、金融危機を防ぎ、超過債務の迅速かつ秩序立った整理を実現するために採用すべき原則をまとめた「倒産法に関するUNCITRAL立法ガイド」等も整備されている。

〈「倒産法に関するUNCITRAL立法ガイド」の内容〉

	採択年	内　容
第1部と第2部	2004年	効果的な倒産法の主要目的や中核的規定
第3部	2010年	グループ企業の倒産
第4部	2013年	倒産間際の取締役の責任

❖**清算の完了まで法人格は存続**❖　倒産に至らなくとも、会社を終了させる解散という制度もある。日本法の考え方では、会社の解散とは、その法人格を消滅させる原因だが、会社の法人格は解散によってすぐにはなくならず、清算手続に入ることもある。この場合、会社は解散後も清算の目的の範囲内「清算中の会社」として存続するが、こうした取扱いがどうなっているかについては会社の設立準拠法に従って判断する必要がある。

14　事業撤退における諸問題
——巨額の補償金を要求されるケースも

❖**撤退の必要性**❖　ビジネスは常に成功するとは限らない。労使紛争等の深刻な紛争の勃発、政変等によるカントリーリスクの顕在化、経営環境の急激な変化等により、撤退を余儀なくされることもある。大和銀行事件のように、法令違反によって国外追放となったケースもある（39頁参照）。事業に対する将来の見通しが立たなくなった場合には、倒産に至る前に早期に手を打つことにより、損失をできるだけ抑えるべきだろう。事業を無理に維持することによる損失の拡大は避ける必要がある。

もっとも、事業の失敗を認めることや、損失の計上のために、役員等が責任

を追及されることを恐れて、その解決を先送りするようなことがありがちだ。しかし、そのプロセスが杜撰であると、最悪の場合には役員等の善管注意義務違反が問われるおそれもある。

❖**撤退に対する規制**❖　日本にある外国会社が撤退する場合に関しては既に述べた通り（60頁参照）だが、日本企業が外国から撤退する場合にも同様の規制があることも少なくない。また、事業の撤退は現地における雇用に大きな打撃をもたらすことから、簡単に撤退を認めない国もある。現地従業員に対する退職金や補償金等を支払うことを余儀なくされるケースもある。事業撤退を表明すると厳しい税務調査が入ることが多いという話もある。その帰結として、租税債務を完済しなければ会社の清算を認めない等の取扱いがされることもある。会社が解散をする場合には政府の許可を要する国もある。そのインパクトによっては外交関係にも悪影響を及ぼすことがあるので、関係当局との事前の折衝が重要であろう。

　発展途上国等では特に多いが、自国の倒産手続があまり機能しておらず、外国の倒産手続を認めず、極めて高度で難しい法律問題に対応する必要のあるケースも少なくない。このため、撤退にあたっては現地の信頼できる法律専門家の助力を得ることが不可欠である。

❖**事業撤退の手法**❖　撤退をする場合には、時間をかけて徐々に規模を縮小することにより、損失をできるだけ抑制する方法が選択されることがある。また、事業譲渡等により事業を良い値段で売却すること（219頁以下参照）ができれば、ある程度は投資を回収することができる。これを急いで実現しようとすると、相手方から足元を見られて安値で買い叩かれがちとなるので、余裕のある段階で手を打っておきたいところだ。

━━━━━ 第**5**章 ━━━━━
国際ビジネスの規律をめぐる国家の役割

1 投資協定
—— 投資対象国の協定違反を救済して投資企業を
保護する仕組み

❖**投資協定の戦略的活用**❖　　発展途上国では自国資本を保護育成するために
外国からの投資に様々な規制を加える反面、海外からの優良な資本を導入する
ための投資奨励策を採用していることも少なくない。国際的な投資を安定的に
推進するため、投資を保護するための投資協定が作られてきている。1980年代
頃の投資協定は、1960年代以降に起きた各国の国有化措置に対処するための投
資の保護が中心であったが、1990年代頃から許可された投資を保護、促進する
内容となり、1990年代半ば以降から投資の自由化を進めるようになってきた。

　外国からの投資を保護する手法としては、最恵国待遇や内国民待遇等がある。
内国民待遇（National Treatment）とは、輸入品に適用される待遇は、国境措置
の関税等を除いて、同種の国内産品に対するものと差別してはならないとする
原則のことである。これは、輸入産品に国内産品より不利でない待遇を与えて、
隠された貿易障壁を除去することを目的としている。これに対して、**最恵国待
遇**（Most favored nation（MFN）treatment）とは、関税等について別の第三国
に対する優遇処置と同様の処置を供することを、現在及び将来にわたって約束
するもので、条件付き最恵国待遇と無条件最恵国待遇、双務的最恵国待遇と片
務的最恵国待遇等がある。

❖**投資協定仲裁の必要性**❖　　投資協定（二国間協定としてのBIT、FTA、EPA等、
12頁参照）は、国際法上の条約であるが、その解釈適用は各国政府に委ねられ
ている。そのため、その条約に依拠して海外の企業が投資をしても、紛争が生
じた場合に、投資対象国が必ずしも適切な救済を認めてくれないこともあり、
投資対象国が協定違反を犯している場合にも投資企業が保護されないおそれが

ある。その場合に利用できるのが、**投資協定仲裁**である。投資協定仲裁は、国際商事仲裁とは様々な点において異なり、例えば、仲裁といっても、公開が原則である。

❖ICSID仲裁❖　投資協定仲裁の代表的な仲裁機関が、世界銀行傘下の**投資紛争解決国際センター**（International Centre for Settlement of Investment Disputes ＝ICSID）である。外国投資企業がICSID仲裁を申し立てることにより、投資対象国の訴訟を回避し、より公平な場において紛争解決を図ることが期待できる。ICSID仲裁は、1966年に発効した「国家と他の国家の国民との間の投資紛争に関する条約」（ICSID条約）に基づくもので、仲裁合意を個別に交わすわけではない点で、商事仲裁とは異なる。

　ICSID仲裁では、投資対象国に偏った判断を避けることができるので、欧米企業を中心に投資協定に基づく仲裁が2000年頃から急速に使われるようになり、近時、大きな成果をあげるような事例も登場して注目されている。こうした投資協定仲裁の判断が蓄積していけば、投資協定上の重要条項（内国民待遇や公正衡平待遇）の意味が明確になり、相当に幅広い範囲の救済が期待でき、他の投資協定に基づく仲裁判断にも影響を及ぼす。その救済は、投資協定における義務を具体化し、投資協定の機能を強化・発展させるので、海外からの投資を保護し、投資を促進することにもなる。最近では、こうした投資協定の違い等に着眼して、多国籍企業が本国の本社から直接に投資するのではなく、海外子会社等を通じて投資する方法も検討するようになっている。

　しかし、海外投資企業と現地の国益と利害が対立することも少なくない。例えば、投資協定仲裁が当事者間の紛争処理を超えて、当事国の主権を制限する形になることがある。近時、投資協定仲裁の活発な展開に伴って、発展途上国でも見直しの機運があり、投資協定におけるISDS（Investor-State Dispute Settlement）条項を拒否する動きもある。例えば、日本とフィリピンのEPAでは、フィリピンの抵抗のため、投資章のISDS条項が拒否された。

　今後は、日本企業も既存の投資協定の現状を把握しつつ、紛争解決条項策定の段階から紛争に巻き込まれた場合には投資協定仲裁の利用可能性にも目を配りながら、その条項のあり方を検討していくことが必要だろう。また、紛争に巻き込まれてしまった場合にも、不満の残る判断に甘んじるのではなく、投資

協定仲裁で活路を見出すことも考えられる。かかる観点から、日本の企業も、投資協定に対する戦略を一層強化する必要があろう。

❖投資協定仲裁の透明性確保❖　2013年 7 月、UNCITRALは、投資協定に基づく投資家と国家の間の仲裁について情報を公開し、透明性を提供するための手続規則として「条約に基づく投資家対国家仲裁の透明性に関するUNCITRAL規則」（透明性規則）（UNCITRAL Rules on Transparency in Treaty-based Investor-State Arbitration）を採択し、2014年 4 月に発効した。この実効性を高めるため、同年12月の国連総会で「条約に基づく投資家対国家仲裁の透明性に関する国際連合条約」（モーリシャス透明性条約）が採択されている。

2 WTOの紛争解決手続
—— 当事者間だけでは埒があかない貿易に関する
国際紛争の解決手続

❖リバース・コンセンサス方式❖　WTOの紛争解決手続には、あっせん、調停、仲介、仲裁といった手続が用意されている。その中心的な手続は、「協議」と「パネル（紛争解決のために設けられる小委員会）及び上級委員会による審理」からなる。パネルや上級委員会は、裁判のような審理によって貿易に関する国際的紛争を取り扱う。

　貿易に関する国際紛争の解決手続の第一段階は「協議」である。WTOの加盟国がWTO協定の実施に影響する他の加盟国の措置についての申し立てがあると、両当事国は、問題解決のため誠実に協議に入り、相互に満足する解決を得るべく努力する必要がある。しかし、一定期間（通常60日以内）内にこの協議によって紛争が解決できない場合、申立国はパネル（小委員会）に紛争を付託することができる。

　次に、申立国が、パネルの設置を全加盟国により構成される**紛争解決機関** **(Dispute Settlement Body＝DSB)** に対して要請すると、DSBは、パネルを設置しないことについてコンセンサス（合意）が存在しない限り、パネル設置の決定をしなければならない。これを**ネガティブ又はリバース・コンセンサス方式** (negative (or reverse) consensus) という。採択に反対することにコンセンサスが形成されない限り、すなわちコンセンサスによって反対されない限り、当

【図表33】WTOの紛争解決手続

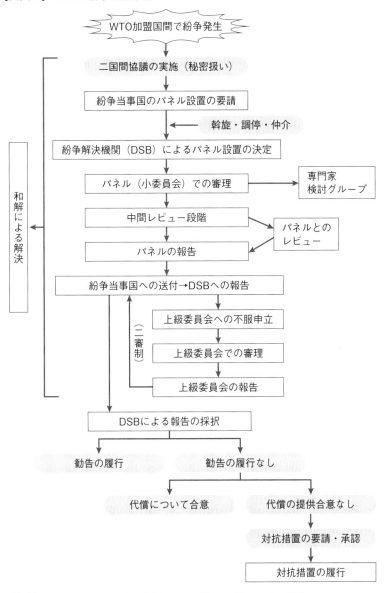

（出典）http://www.wto.org/english/tratop_e/dispu_e/dispu_e.htm及び
http://www.wto.org/english/thewto_e/whatis_e/tif_e/disp2_e.htmを参考に作成。

該決定案を可決し、全加盟国が異議を唱えなければ採択されるので、ほぼ自動的に決定が行われて手続が進行するようになった。

　パネルは、裁判に似た形で審理を行い、紛争の当事国は、パネルの判断に不満がある場合には、更に上級委員会に申立てをすることができる二審制となっている。上級委員会はパネルの法的な認定及び結論を支持、修正又は取り消すことができる。判決に相当するパネル又は上級委員会の報告書は、DSBによって採択されることにより紛争の当事国に対し拘束力が発生する。パネル又は上級委員会は、ある措置がWTO協定に適合しないと認める場合、その措置の関係加盟国に対し、その措置を協定に適合させるよう勧告する。パネル（小委員会）又は上級委員会は、その関係加盟国がその勧告を実施しうる方法を提案することができるが、そのような実施の方法について提案することは稀で、勧告の履行の方法は、基本的には、関係加盟国の裁量に委ねられる。

❖**WTOにおける紛争事例**❖　日本は、WTOにおける紛争案件にしばしば巻き込まれている。日本の法規制が内国民待遇（GATT３条）等に違反しているとか、日米間の合意が欧州企業製品に対して最恵国待遇（GATT１条）に違反しているといったことが問題とされるとか、日本の著作権保護制度が不十分であるといったクレーム等、多種多様な問題が取り扱われている。

　WTOにおける典型的な紛争にアンチ・ダンピング問題がある。ダンピングとは、ある国の産品をその正常な価額より低い価額で他国に輸出することをいう。関税及び貿易に関する一般協定（GATT）６条は、ダンピング防止税及び相殺関税について定めており、ダンピングが締約国の領域における確立された産業に実質的な損害を与え若しくは与えるおそれがあり、又は国内産業の確立を実質的に遅延させるときは、輸入国の政府が、輸入品を正常価格に是正する目的で価格差相当額の関税（**アンチ・ダンピング税**）を賦課することが例外的に許容され、その詳細の手続等は、**1994年の関税及び貿易に関する一般協定第6条の実施に関する協定**（通称「**アンチダンピング協定**」）に定められている。しかし、これらのルール違反がある場合には、WTOに申立てができ、アンチ・ダンピング課税が協定等に違反すると判断されると、措置の是正を勧告し、勧告が履行されない場合には、WTO協定が定める手続に従って対抗措置を発動することができる。

　このほか、補助金で不当に安い輸出に対しては補助金相殺措置が認められたり、自国産業保護のために**緊急輸入制限**（セーフガード）、国際収支の危機回避、幼稚産業保護等が認められたりすることがある。このうち、緊急輸入制限は、GATT及びセーフガードに関する協定（**セーフガード協定**）に基づく貿易救済措置である。

3　国際税務紛争
——国家間の税金の取り合いを調整するための仕組み

❖**租税条約**❖　日本の所得税法や法人税法は、居住者と内国法人に対しては、その所得の源泉がどこであっても課税の対象とする**全世界所得課税主義**を採用し、非居住者・外国法人に対しては、国内源泉所得だけを課税対象としている。外国でも全世界所得課税主義を採用している場合、国際取引による所得について二重課税が生じる。そこで、日本は、国際的な二重課税の回避や脱税の防止を目的として、多くの国と租税条約を締結している。

　租税条約の規定は国内法に優先して適用され、租税条約によっては、締約相手国の居住者（法人を含む）に対する日本での各種所得の所得源泉地（課税の根拠となる所得の発生場所）が修正されたり、所得源泉地である日本で税の減免が認められたりする。ただし、その適用を受けるには、租税条約関係の各種の届出制度等があるので、これを適切に行う必要がある。また、台湾等の未承認国の取扱いであるとか、租税条約もない場合には、税務上の取扱いに微妙な問題を孕むケースも少なくない。

　そこで、国際的な事業活動に伴う税務に関しては、予期していなかったような税務負担を回避するため、国際税務にも精通した専門家の助力が不可欠だ。弁護士であっても、国際税務をも専門とする弁護士を除き、税務上のリスクは対象外として業務を行っていることが多い。

　しかし、税務の専門家は、一定の取引を前提にして、それに税金がかかるとか、かからないといった帰結を導く。ただ、その前提を固めるに際して、先に弁護士がその法律関係を整理する必要がある。ここに相互の密接な連携が必要となる。典型的な取引であればいいが、特に新規のスキームの場合には、タックスプランニングが大きな課題となることもある。

❖**移転価格税制**❖　移転価格税制とは、海外の関連企業間で、資産やサービスの取引価格を操作することにより、発生する所得を移転させた場合に、移転がなかったものとして税金をかける制度だ。多くの企業が移転価格によって税金の負担を軽くしようとしたことから、日本と欧米、アジア諸国にまたがる多国間移転価格税制が整備され、そのルールの明確化が期待されている。しかし、移転価格税制の内容は必ずしも明確ではなく、その運用をめぐっては数多くのトラブルが発生しており、国家間の税金の取り合いの様相を呈する。

　例えば、1970年代頃から、米国が日本企業による自動車産業のダンピングを問題としていたが、その後、自動車の価格を上げたら、今度は利益が日本に移ったとして、巨額の移転価格課税がされたことが発端となって問題となり、その後、家電業界にも波及して大問題となった。また、ジョイント・ベンチャー（JV）事業（193頁以下参照）でも移転価格税制が問題となることがある。当局によっては、海外のJV企業に商号・商標等を使わせたら、使用料を取らないと移転価格になるという考え方がある。このほか、物品売買だけではなく、役務取引に対する移転価格も問題となる。

　外国の100％子会社に販売する場合にも、移転価格の問題が生じやすい。値段が安すぎると、日本の企業の所得が減少し、他方において外国での所得が増加する。この場合、日本の税務当局が日本に所得があったものとして課税するかもしれないが、海外の税務当局も課税しようとするだろう。海外子会社との間で**独立企業間価格**（arm's length price）を決めていても、税務当局と争いと

【図表34】移転価格をめぐる問題

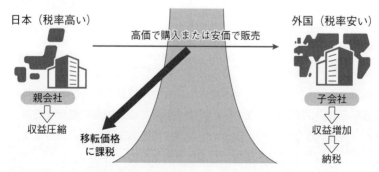

| 日本（税率高い） | 高価で購入または安価で販売 | 外国（税率安い） |

親会社 → 収益圧縮

移転価格に課税

子会社 → 収益増加 → 納税

なることがある。企業努力を否定するような取扱いがされることもあり、油断は禁物である。独立企業間価格やその算定方法の妥当性について税務当局から事前に確認を受ける事前確認制度等による対策を取ることが考えられる。

❖BEPS防止の取り組み❖　税源浸食と利益移転（Base Erosion and Profit Shifting＝BEPS）には、いくつかの手法があるが、その代表的なものとして、DIDS＝Double Irish with a Dutch Sandwichが有名だ。これは知的財産権を収益の源泉とする事業をグローバルに展開する企業が、グループ関係者間の国際取引による収益を低税率国租税回避地（タックスヘイブン）に蓄積するスキームである。法人税率の低いアイルランドの子会社が租税法上は税率ゼロのバミューダの居住法人として扱われることにより、各種の優遇税制のあるオランダ子会社を挟むという意味のダッチ・サンドイッチによって税負担率が最小化される。この手法を駆使した多国籍企業は、各国の税率の差異を利用して、タックスヘイブンに所得を移転させ、国際的二重非課税を生じさせて租税を回避することができる。こうしたケースが国際社会でも問題視され、2017年にBEPS防止措置実施条約が成立した。BEPS防止措置は、①租税条約の濫用等を通じた租税回避行為の防止に関する措置、及び、②二重課税の排除等納税者にとっての不確実性排除に関する措置からなる。日本も2018年9月に受諾書を寄託し、翌年から同条約が発効している。

　タックスヘイブンは、租税回避や脱税の温床となっているだけなく、マネー・ロンダリングやテロ資金の助長、貪欲な巨額投機マネーの暴走による金融への悪影響をもたらす。この不条理を克服するには、本来納付されるべき税額との差額（タックスギャップ）を含む実態を解明し、新たな課税の制度構築に向けて、効果的な対策を国際的に推進していくことが重要である。

第2部

各 論 編

第1章
国際ビジネスの発展過程

1 グローバルなビジネス展開の手法
——海外ビジネス戦略からスキームを選択

❖海外進出の手段❖　外国で日本の会社の製品を流通させるためには様々な形態がある。個別の物品取引（貿易取引）から、販売店契約等の継続的取引、そして、かなり大掛かりな投資（合弁契約や現地法人の設立）に至るまで、様々な手段がある。どれを選択するのが適切であるかは、各企業が置かれた状況やビジネスの性質等によって異なり、徐々に発展していくこともある。それに併せて、最初に考えられる海外進出の形が、駐在員事務所の開設だ。駐在員事務所自体は、営業活動を行わないが、本社が行う外国企業との取引をサポートするなど、現地の情報収集等を行うことがある。

　単発の売買契約のような一回的な取引でも相互の信頼関係は重要だが、継続的取引契約では相互の信頼関係がより重要になる。その取引が長期に及べば、その取引による経済的な重要性も高まる。そこで、販売店や代理店等を指名し、市場の窓口を集中させることが行われる。販売店契約と代理店契約は、いずれも他国で自社の製品を流通させるための取引形態である点で共通する。他の形態もあるが、販売店契約と代理店契約は継続的に取引をしていくための基本的な契約類型である。商品やサービスの性質によっては、フランチャイズ形態による展開もありえよう。

　さらに、知的財産権を活用するのであれば国際ライセンス契約、製造をさせるのであれば国際OEM契約によって海外企業との連携を強化することが考えられる。もっとも、電子商取引やネット販売等による新たなビジネス手法が業績を伸ばし、国際的な物流や情報等の流通のあり方には変化が見られる。サイバー空間が新たなビジネスのチャンスを生み出す反面、その規律のあり方も問題となっている。

　自社が直接に海外で事業活動をするのであれば、支店を設置する方法や、現地法人を設立する方法（グリーンフィールド投資）がある。取引量が増えると、自社が直接に外国市場でのビジネスを運営・管理したくなるだろう。その場合、当該市場における事業所が必要となる。そして、自社だけによる海外の事業展開に限界がある場合には、国際業務提携契約やジョイント・ベンチャー（共同事業契約）によって海外他社の力も借りることもあろう。自社が独立して経営できる実力を蓄えると、国際M&A等も駆使して海外の企業の支配権を獲得・拡大したり、支店を設置したりする等、多国籍企業の展開が図られていく。

【図表35】国際ビジネスの発展のイメージ

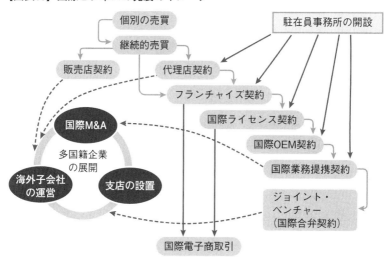

2 駐在員事務所の開設
——営業活動を行う前の段階における準備的な活動の拠点

❖**市場調査等の必要性**❖　駐在員事務所は、外国企業が本格的な営業活動を行う前の段階における準備的な活動の拠点となるものだ。駐在員事務所は、**代表事務所**（representative office）、**連絡事務所**（liaison office）等とも呼ばれる。駐在員事務所であるだけの段階では、直接的に収益を上げる営業活動ができない点で、本社の支店等とは異なる。

　海外進出当初の段階では、市場における自社の製品やサービスがどれだけ受け入れられるかを調査することが必要であり、十分な市場調査をしないで進出するのは無謀だ。そこで、駐在員事務所は、本社の営業活動のための広告宣伝、連絡業務、市場調査、情報収集・基礎研究、本社への情報提供等に携わる。事務所が行える活動の範囲は、現地の法規制にもより、本社のための資産購入や保管等の活動が営業行為や恒久的施設に該当しないか、当地における国際裁判管轄を発生させないか等の問題にも留意すべきだろう。なお、法域によっては駐在員事務所でも設立許可を必要とするとか、許可期間が設けられる等の規制があり、その代わりに特定のプロジェクトに限って活動できる**プロジェクト事務所**を認める国もあるので、個別の法規制の事前確認が重要である。

❖法人格が認められない❖　一般に、駐在員事務所の設置は、法人の登記を必要としない。しかし、駐在員事務所の名義で、銀行口座を開設したり、事務所を賃借したりする必要があるので、便宜上あえて支店として登記を行う場合もある。登記しなければ、外国企業の本社又は駐在員事務所の代表者等個人が、これらの契約の当事者となる方法が用いられる。

　登記等がないと、事務所の存在を公的に証明できない。また、駐在員事務所は営業活動を行わないため、資本金は不要であり、多くの場合は税金も発生しないはずである。もっとも、外国から派遣される駐在員や雇用される労働者の

【図表36】駐在員事務所、支店、現地法人の違い

	駐在員事務所	支　店 (外国会社の規制に服する)	現地法人 (会社設立や企業買収)
収益を伴う営業活動	不可	OK	OK
資本金	なし	なし	必要（設立準拠法による）
代表者等	事実上の代表の設置が可能	支配人等（設立準拠法による）	社長、取締役等（設立準拠法による）
会計処理	本社で合算処理	本店で合算処理	独立会計が基本だが連結計算も
従業員の雇用	可	可	可
商号	自由に設定	本社と同じ	自由に設定

給与には税金が発生する可能性がある。一方、駐在員事務所自体に法人格がない状況で、従業員を雇う必要がある場合には、代表者が個人事業主として雇用するか、外国の本社が直接に雇用するかの方法による必要があろう。

　法人名義の銀行口座でなく、代表者の個人名義としたり、事務所名を個人名に加えたりする方法で銀行口座を開設する。この場合、会社名は、「外国会社の名称＋日本代表事務所／駐在員事務所／連絡事務所」等、特に定めがあるわけではない。しかし、日本で外国会社が法人登記しないで駐在員事務所があるだけである場合に、日本法人と紛らわしい株式会社等の名称は使用できない。駐在員事務所は、組織としては未成熟なので、その活動如何は駐在員の力に依存しがちである。

　外国人の駐在員が滞在するには、そのビザや在留資格が必要となる。ビザの取得には十分な時間的な余裕を取ることが望ましい（なお、受け皿に応じてビザが異なることもあるので、計画全体について早めに専門家の助言を受けるべきである。）。自国から派遣せずに、現地で従業員を雇用して駐在員とするのであれば、ビザや在留資格等は不要だ。

3　外国における支店
——同じ会社名を使用する本国法人と同じ法人格での海外事業展開

❖**支配人の権限**❖　支店に固有の法人格はない。あくまでも外国法人の法人格に含まれる一部にすぎないので、一般的に支店の活動から発生する債権債務は、外国法人に直接に帰属する。また、支店は、外国法人の権限ある機関によって決定された業務を行う拠点にすぎない。したがって、支店が単独で法人の重要な意思決定を行えるとは限らない。

　日本では、外国会社を含む会社は、その本店又は支店において、支配人という使用人を選任して事業を行わせることができる（会社法10条）。この場合、支店の支配人は、会社を代理して会社の事業に関する一切の裁判上又は裁判外の行為をする権限を有し（同法11条1項）、他の使用人を選任し、又は解任することができる（同条2項）。支配人の代理権に加えた制限は、善意の第三者に対抗することができない（同条3項）。

❖**支店の経済活動**❖　支店は、本国の資本をベースとして営業活動を行うことになり、諸経費は外国にある本店から支払うこともでき、支店が得た利益は基本的に本社の会計処理の計算に組み込まれる。しかし、支店での収益に対して法人税や事業税等がかかる可能性もある。

　支店は、会社本店と全く同じ会社名を使用する。日本に外国会社の支店として登記する場合も、親会社の正式名称と同じ名称で登記する必要がある。別の会社名で登記できないので、「XYZ Corporation」の支店を「XYZ Corporation 日本支店」とか「XYZ Corporation Japan」という表記で登記することはできない。ただ、日常的に用いる名刺やレターヘッド、ウェブサイト等で「日本支店」「Japan」等を加えて使うことは差し支えない。

　外国会社が日本に支店を設置する場合は、日本における外国会社の規律に服する（59頁参照）ほか、会社法第１編の規律（特に同法10～24条）が適用される。日本国内に外国会社が支店を設置する行為は、外国為替及び外国貿易法（外為法）の対内直接投資に該当するので、外為法に基づく報告・届出も必要となる（外為法27条）。

❖**支店も巻き込まれるトラブル**❖　事業主は、海外といえども、従業員の監督について責任を負い、使用者責任を負わされることがある。たとえ契約による責任を負わなくとも、使用者責任等の不法行為責任がありうる。現地の従業

【図表37】外国支店の位置づけ

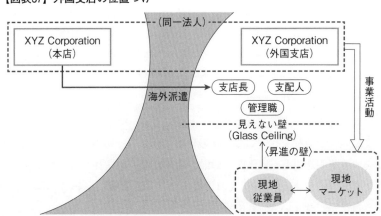

員が勝手にやったことだとして無責任というわけにはいかない。

　日系企業が海外支店を設ける場合には、管理職を現地にいる日本人で固めていると差別の問題が生じるので、できる限り現地の人材を登用する等して現地化を図っていくことが望ましい。時として日本から出向した経営トップによる経営文化摩擦も深刻な問題に発展することがあるので、十分な調査と準備が求められる。支店の運営においては、子会社の運営（224頁以下参照）と同じような問題にも留意する必要がある。

❖従業員の海外派遣❖　日本の企業から従業員が海外の駐在員事務所や支店又は現地法人に派遣される場合、多くは日本法人に在籍したままであるから、当該企業の海外赴任規程等も適用されるが、海外で勤務する際には現地の労働法も適用される。公法の属地的適用の原則により、日本の労働法規は必ずしも適用されないが、日本の労災保険には海外派遣者用の特別加入制度による対応ができる部分もある。日本企業の雇用契約の準拠法が日本法であるとしても、労務提供地が海外である以上、労働者の側が特定の強行規定の適用を求めたときは、労務提供地の強行規定が適用される可能性もある（通則法12条1項、2項）。そのほか、在留資格や税金・社会保険の処理等についても調整を要する。

4　国際ビジネスの地域的拡大
── 未知の領域の開拓

❖国交の存在❖　日本企業が海外に進出する際には、国交が存在し、その国における経済活動や投資が法的に保護されることが大前提となる。基本的な情報は、独立行政法人**日本貿易振興機構**（**JETRO**）や在日公館等と連携して収集できよう。外務省は、日本企業の国際ビジネスを後押しするため、大使館や総領事館を活用して、積極的な支援に取り組んでいる。経済外交の重要性が高まる中、日本政府は、投資協定の拡大に努め、資源・エネルギー・食料・漁業、インフラ海外展開等を推進し、ほぼ全ての大使館、総領事館に日本企業支援窓口を設け、幅広いネットワーク等によって、日本企業の駐在員事務所や支店をバックアップしている。これらの窓口では、企業の相談内容に応じて、各種の情報提供を行っており、場合によっては相手国政府への行政手続の是正に関する申入れ等ができる。

❖**法制度の信頼性**❖　法の整備や運用が不明確・不十分で、透明性が低い法域では、法的リスクも高い。そのリスクが顕在化した場合の経済的・法的インパクトも計算した上で、対応を検討する必要がある。その国の法令だけでなく、欧米の法令の域外適用の問題が関係する可能性もある。

　それぞれの国における法的規制も十分に調査すべきであり、資格のある弁護士等に相談するのが賢明だ。ただし、弁護士の資質や倫理観も国によって異なり、弁護士制度が比較的新しく、司法制度が不安定な国家もある。弁護士の利益相反や秘密保持義務さえ、規制が甘いとか、現実に守られていない法域もあるから、弁護士の実態を把握し、依頼する弁護士が信用に値するかもチェックする必要があろう。

　だからといって、弁護士を敬遠して、違法行為も厭わない怪しげなコンサルタントや資格不明の業者を利用してはならない。反社会的勢力には、内外を問わず、毅然とした対応が強く求められる。とはいえ、発展途上国等の中には本当に「命のやり取り」をしてしまうような問題に巻き込まれるリスクや日常的にテロを警戒すべき国もあり、直ちに強硬な法的解決を目指すことが良いとは限らない。結局、どの段階で、誰に対して、どのような措置を取るかに関しては、現地の信頼できる専門家の助言をしっかりと受ける必要がある。

━━━━━ **第2章** ━━━━━

国際売買契約

1 国際物品売買
―― 目的物の海外運送と国際的な支払の決済が必要

❖**国際売買の定義**❖　国際売買の定義について国際的な定説はない（ただし、CISGの定義（138頁以下）参照）が、概ね、売買の目的物を、ある国から他の国に移動させる取引を意味する。売主の営業所が売買の目的物とは異なる国にある場合もあるし、売買契約が国際的になされて目的物が移動しないケースや買主と売主の営業所が同じ国にあっても国際売買となることもあり、営業所が同じ国にあっても国際売買とされることもある。日本企業の国際的な取引実務でも、日本で製造された製品に限らず、第三国での製造品を輸出する事業活動もある。

❖**貿易管理・為替管理等の対象**❖　国際売買は、目的物の運送に伴うリスクが大きく、国際的な支払の決済が必要となり、内国及び外国における貿易管理・為替管理等の輸出入管理規制の対象となる上に、紛争解決も容易ではないといった特色がある。こうしたリスクをカバーするための海上運送保険や貿易保険等、各種の保険が不可欠だろうし、売買契約においても特別の配慮が求められる。国際売買契約では、準拠法の指定に加えて、貿易条件についてはインコタームズによるものと定めておくことにより、その貿易条件を契約内容に取

【図表38】国際物品売買の特質

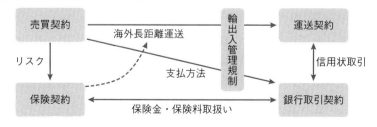

り込むことができる。

❖国際物品売買の実務❖　貿易取引がどのように始まるかは個々の状況によるが、例えば仲介人の紹介や見本市等で、売手が取引の勧誘を行い、買手候補がカタログや見本等の資料を求め、それを検討した上で、売手に具体的な取引条件を記載した見積書を提出するように求める**引合い**（inquiry）を行うことがある。売手が見積書を出すと、これに基づく買手から売主への注文書の交付で**申込み**（offer）を行い、その申込み通りに**承諾**（acceptance）することにより、売買契約が成立する。この場合、見積書は、拘束力のある申込みではなく、申込みの誘因又は勧誘にすぎないと解されるのが一般的だが、実態としては見積書の交付を申込みと解し、注文書の交付を承諾と理解すべきではないかとの指摘もある。さらに、申込みである注文書に見積書と異なる条件が付されているとか、承諾に申込みと異なる条件が付された場合の取扱いについては、後述の**書式の争い**にかかる問題が生じることになる。

2 ウィーン統一売買条約（CISG）
――統一的な国際物品売買契約に関する ルール実現に向けた取り組み

❖日本では直接適用❖　国際物品売買契に関する統一法を目指す最初の試みは、UNIDROITが作成し、1964年にハーグで採択された「国際物品売買についての統一法に関する条約」及び「国際物品売買契約の成立についての統一法に関する条約」であった。しかし、これらの2つのハーグ条約の締約国は少数にとどまった。この反省を踏まえ、CISGの作成に当たっては、大陸法と英米法、先進国と途上国の見解の相違を調和する配慮がなされ、それがCISGの成功の要因となった。CISGはその後の各国の契約法の立法にも影響を与えている。CISGは2020年10月現在、94カ国が締約国となっている。

　日本も2008年に71番目の締約国として加入し、2009年8月1日に効力が発生し、施行された（平成20年条約第8号）。これにより、日本法が準拠法である場合、特にCISGを排除していない限り、国際物品売買契約にはCISGが直接に適用される。

❖**CISGの内容**❖　CISGが適用されるのは、物品の売主と買主の営業所が異なる国にあり、それらの国がともに締約国である場合（CISG第 1 条 1 項(a)）、又は国際私法の準則によれば締約国の法が適用されることになる場合（同項(b)）の売買契約である。ただし、米国、中国、シンガポール等のようにCISG第 1 条 1 項(b)に拘束されない留保宣言（95条宣言）をしている場合（日本は留保宣言をしていない。）には、その留保国が法廷地であるとCISGは適用されない（留保していない国が法廷地の場合の処理は学説上見解が分かれる。）。なお、当事者の国籍及び当事者又は契約の民事的又は商事的な性質はCISGの適用を決定するに当たって考慮されないが、消費者売買等の所定の取引は適用除外となる。

　CISGは、売買契約の成立と売主・買主間の権利義務関係だけを規律しており、契約の有効性、利息、所有権の移転等は規律していない。これはCISGの限界でもあり、その解釈も、加盟国によって異なりうる。CISGが規律しない事項については、国際私法の準則によって定まる準拠法に委ねられ、CISGの大部分は任意規定となっている。

❖**日本がCISGに加入した背景**❖　日本のCISG加入には、次のようなメリットがある。

　第 1 に、日本企業と外国企業との国際物品売買契約で、CISGが適用されれば、いずれの国の法令を準拠法とすべきかにあまりこだわる必要がなくなり、概ね国際的なルールを基準に進めれば良いことになる。

　第 2 に、日本の企業が当事者となる国際物品売買契約のルールが明確となる。このため、外国企業からしても、日本企業と物品売買取引をする上での不確実性が減り、法的安定性が高まることも期待できる。特に日本企業が買主である場合は、全体として日本法よりも有利なので（注）、日本法にこだわるよりも積極的にCISGを取り込んでいくことが得策だと考えられよう。

　第 3 に、CISGをめぐる裁判例は、既に各国で数多く出ている。それらをチェックすることにより、紛争解決ルールとしての予測可能性が高まることも期待される。各国の裁判例を搭載するCase Law on UNCITRAL Texts(CLOUT)（https://uncitral.un.org/en/case_law）を見ると、必ずしも足並みが揃っておらず、バラバラの解釈がされているとの批判もある（「特集　ウィーン売買条約——国際的な物品売買契約に対する意義と影響」ジュリスト1375号4-56頁、井原宏＝河村

寛治編著『判例ウィーン売買条約』（東信堂、2010年）等参照）。

　CISGが好ましくないと思えば、CISGの適用を排除すること（オプトアウトすること）も可能だ。ただ、買主の立場である場合には日本法よりもCISGが有利なので、オプトアウトが適切であるとは限らない。

（注）　斎藤綾「CISGにおける売主・買主の義務(1)」国際商事法務39巻９号1293頁も、売主ならばCISGをオプトアウトし、買主ならばCISGの適用が有利だと結論付けている。北川俊光＝柏木昇『国際取引法〔第２版〕』141頁（有斐閣、2005年）も、国際売買契約の準拠法の選択では、買主にとって、英国法、米国法、次いでウィーン統一売買法の順に有利で、日本法がそれに比べて不利であるという。売主、供給者の側にとって日本法が米国法等よりも有利となるという結論は、私見と同じである。

3　インコタームズ
── 貿易条件の集大成

❖ICCが策定❖　国際取引で各国が勝手にルールを作ったのでは不都合だ。実際に法律によって貿易条件を定めている国は少ない。そこで、国際取引の行動準則を統一することが必要とされ、**国際商業会議所**（International Chamber of Commerce＝ICC）が**インコタームズ**（Incoterms＝**貿易取引条件解釈の国際規則**）を策定した。インコタームズは、売主の義務と買主の義務に分けて定め、物品の提供と代金の支払から、許認可の手続、運送や保険契約、引渡し、危険負担、費用の分担、通知、引渡しの証拠、運送書類又は同等の電子メッセージ等に言及している。ただ、インコタームズは、売買契約のすべての権

【図表39】ルールの適用順序

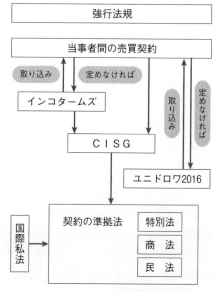

利・義務を網羅的にカバーするものではなく、CISGや別途導かれる契約の準拠法で規律される部分がある点に変わりはない。とはいえ、インコタームズは、世界中の貿易関係者に広く使われ、事実上の世界標準となっている。

しかし、インコタームズは法令ではないから、当事者が契約において援用することを明示することが必要だ。従前はインコタームズを引用しなくてもCIF・FOB等を慣習法と解釈して適用した事例もあったが、CISGが慣習法と認める要件は相当に厳しく、インコタームズは、商慣習や慣習法を成文化したものではない。むしろ、インコタームズは、当事者間における貿易取引の合意を促進するための道具として位置づけるべきだろう。

インコタームズを適用する場合、より一般的なCISGよりもインコタームズが優先すると解され、インコタームズの主要な項目である引渡し場所・運送契約・保険契約の締結及び危険移転時期等の規定についてはインコタームズが適用される。ただ、インコタームズの採用がCISG全体の排除を意味するものではない。当事者の合意が優先するが、特別法が一般法に優先することを踏まえると、その適用の優先順序は【図表39】の通りとなる（上部のルールが優先的に適用される。）。

❖**伝統的条件からコンテナ条件へ**❖ インコタームズは1936年版が公表され

【図表40】インコタームズのイメージ

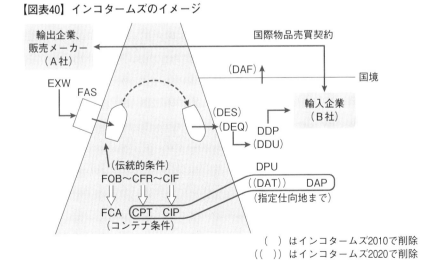

てから、1953年に大改正があったが、近時は10年ごとに改正され、インコタームズ2000から、コンテナ取引の普及に対応してコンテナ条件が整備され、貿易条件の表示が電子取引に対応しやすいようにアルファベット３文字に統一された。電子化の流れへの対応、輸送手段の多様化、テロ・海賊被害等を踏まえた貨物輸送の安全強化の要請等からインコタームズ2010が成立した。インコタームズ2000では13種類の貿易条件を定めていたが、インコタームズ2010は、単数又は複数のあらゆる輸送手段に適した規則と海上及び内陸水路輸送のための規則の２グループ区分で11種類にまとめた。その結果、DDU、DEQ、DES、DAFが削除され、DAT（Delivered at Terminal）とDAP（Delivered at Place）が新たに設けられた。DDP（関税込持込渡＝Delivered Duty Paid）は残されたが、DDU（関税抜持込渡＝Delivered Duty Unpaid）等が削除された。そして、2020年１月１日からインコタームズ2020が発効し、**DAT**（Delivered at Terminal:ターミナル持込渡）から**DPU**（Delivered at Place Unloaded：荷卸込持込渡し（指定仕向地を挿入））に変わったが、その内容に大きな違いはなく、名称の変更ともいうべきもので、全部で11種類からなることに変わりはない。

　伝統的条件として有名な**FOB**（Free on Board）の場合、売主は船積期間内に買主の指定した積込本船に船積すれば足り、売主は自ら船主と運送契約を結ばないし、保険契約を結ぶこともなく、その代金は、目的物の価格に船積までの費用を加算したもので定められる。

　これに対して、**CIF**（Cost, Insurance and Freight）の場合、売主が目的物を契約所定の到着港まで運送するための運送契約を結び、所定期間内に船積し、かつ、買主のために目的物の運送上の危険について保険契約を結び、その運送契約、保険契約に基づいて得た船荷証券、保険証券を買主に交付し、買主は、これと引換にその代金を支払うもので、その代金は、目的物の価格に運賃、保険料を加算して定められる。

　ただ、FOBやCIFにおける売主の危険移転は、かつて本船舷欄干（ship's rail）を通過する時までと定められていたが、コンテナや航空機にはrail（手すり）はないので、インコタームズ2010から、物品の滅失又は損傷の危険は、物品が本船の船上に置かれた時点（on board）に移転し、その時点以降は買主が一切の費用を負担するものと改められた。

〈インコタームズ2020の概要〉

海上・水路輸送に適用			すべての輸送手段に適用			費用負担	手続
	引渡し	危険移転時期		引渡し	危険移転時期	運賃と保険料	
			EXW	工場渡（指定引渡地）	工場・倉庫等の指定場所で買主の処分に委ねた時	危険移転後は買主が運賃も保険料も負担	買主が輸出手続・通関を行う
FAS	船側渡（指定船積港）	本船の船側（埠頭等）に置いた時				買主が運賃・保険料を負担	売主が輸出手続・通関を行う
FOB	本船渡（指定船積港）	本船上に置いた時又は調達された時	FCA	運送人渡（指定引渡地）	運送人等に売主が引き渡した時	買主が運賃と保険料を負担	
CFR	運賃込（指定仕向港）		CPT	輸送費込（指定仕向地）		売主が運賃を負担し、買主が保険料を負担	
CIF	運賃保険料込（指定仕向港）		CIP	輸送費保険料込（指定仕向地）		売主が運賃と保険料を負担	
			DAP	仕向地持込渡（指定仕向地）	指定仕向地で、輸送手段の上で物品を買主の処分に委ねた時	売主が運送契約を締結するが、引渡後の費用は買主負担	
			DPU	荷卸込持込渡（指定仕向地）	指定仕向地で買主の処分に委ねた時		
			DDP	関税込持込渡（指定仕向地）	指定仕向地で、輸送手段の上で輸入通関を済ませ買主の処分に委ねた時		売主が輸入・通関手続を行い、輸入の関税支払も売主負担

＊DAPとDPUの違いは、運送手段からの荷卸費用の負担者の違いで、DAPならば売主が荷卸しの危険及び費用を負担しないが、DPUは、運送手段からの物品の荷卸義務を売主に課し、それを完了した時に引渡しが完了する。

　コンテナ船や航空貨物の場合には、FOBをFCA（Free Carrier）に、CIFを CIP（Carriage and Insurance Paid To）に、CFR（Cost and Freight）をCPT（Carriage Paid To）にすることが望ましく、そうした方が一部保険漏れリスクの回避・防止にもなると指摘されている。

　かつては米国統一商事法典（UCC）にもFOBやCIF等に関する定義があったが、これがインコタームズの定義と異なり、混乱が生じることがあった。しかし、国際取引ではインコタームズによる国際基準に従うのが合理的である。近時のUCCの改訂でFOBやCIF等の定義は削除されたが、各州の採用状況や留保等をチェックしないと断定的なことはわからないので、インコタームズを優先させるのかどうかについて明らかにしておく必要があろう。

　継続的売買契約でインコタームズの何年版かを明記しなかった場合に最終版（The Latest Version）が適用されるとの解釈もありうる。しかし、継続的売買契約でインコタームズ2010と明記され、その後に自動更新しかされていない場合には、従前通りインコタームズ2010が適用されるとも解しうる。そのいずれかについて見解の対立が起きるおそれもあるので、インコタームズのどれを適用するかを明記すべきだろう。尚、インコタームズでは、ICCの登録商標であることから®表示を加えることも推奨されている。

4　米国統一商事法典
── 世界的に影響を与えるモデル法

❖**各州が州法として採用**❖　　米国連邦制度の下において、契約法は、連邦法ではなく、基本的に州法レベルで規律される。**米国統一商事法典**（Uniform Commercial Code＝UCC）は、主として動産の取引に関するモデル法で、それ自体が法令としての効力を有するものではない。しかし、米国の大半の州が州法として採択しているので、各州が州法として採用した各UCCが、法律としての効力を有し、現実の事件に適用される。

　UCCは日常的に行われる商取引のほとんど全部の局面について、取引の流れに沿って、広く定めている点に特徴があり、日本の民法と商法にまたがる領域を含む。UCCは、米国内の商取引の中心的なルールであるだけでなく、貿易の基本条件等に関する公正で、ビジネスライクなルールを提供するものとし

【図表41】UCCの構成概要

Article		
1. General Provisions（2001）	第1編	：総則、定義、解釈の原則
2. Sales（2003年版は2011年に撤回され、1951年版が正式版）	第2編	：売買、物品の売買
2A. Leases（改訂版が2011年に撤回され、1990年に修正された1987年版が正式版）	第2編A	：リース、物品のリース
3. Negotiable Instruments（2002）	第3編	：流通証券、貨幣、手形及び小切手等
4. Bank Deposits and Collections（2002）	第4編	：銀行預金及び銀行取り立て、銀行、預金及び取立手続
4A. Amendments（2012）, Funds Transfers（1989）	第4編A	：資金移動、銀行間の資金移動方法
5. Letters of Credit（1995）	第5編	：信用状、信用状を使用する取引
6.（Repealer of Article 6 — Bulk Transfers and ［Revised］）Article 6 - Bulk Sales（1989）	第6編	：一括譲渡及び［改訂］の廃止又は一括売買（バルクセール）
7. Warehouse Receipts, Bills of Lading and Other Documents of Title（2003）	第7編	：倉庫証券、運送証券及びその他の権原証券
8. Investment Securities（1994）	第8編	：投資証券、株式、社債等の有価証券
9. Secured Transactions；Sales of Accounts and Chattel Paper（2010）	第9編	：担保取引—売掛債権及び動産抵当証券の売買、動産や債権に関する担保権の設定等、動産担保取引の登記、法人の登記等

（参考） 米国UCCに関する参照サイトhttps://www.uniformlaws.org/acts/uccによる。

て、米国州法が準拠法とされる場合をはじめとして国際ビジネスでも広く参照され、国際売買契約に大きな影響を及ぼしている。また、UCCは1952年の成立以来、多くの改正があり、第9編における担保法、債権流動化、証券化等への対応があり、各州でも頻繁に改正が検討・実行されている。

　UCCにはコモンローに由来するルールも現代的に修正されて含まれている。例えば、UCC第2編201条には、5000ドル以上の物品売買契約については書面

がなければ契約の成立を証明できないという詐欺防止法（statute of frauds）の内容が定められている。

❖ALIとNCCUSLの共同プロジェクト❖　UCCは、米国法律協会（American Law Institute ＝ ALI）と統一州法委員会（Uniform Law Commission ＝ ULC）という民間団体の長期間にわたる共同プロジェクトの成果であり、そのオフィシャル・コメントや常設編集委員会による報告書（Permanent Editorial Board Report）がその解釈において大きな影響力を有している。

5 物品の引渡し
──期日又は合意された期間内に本船上で物品を引き渡して危険負担が移転

❖インコタームズにおける規律❖　国際物品売買における引渡しに関する一般的なルールは、インコタームズにも記載されている。インコタームズによると、FOBの場合、売主は期日又は合意された期間内に指定船積指定港において、その港での慣習的な方法で、買主によって指定された本船上で物品を引き渡さなければならない。買主は、こうして引き渡されたら物品を受け取らなければならないと定められているだけだ。

　これに対して、CIFの場合、売主が期日又は合意された期間内に本船上で物品を引き渡さなければならないと定められているだけで、買主はこうして引き渡されたときに、物品の引渡しを受理し、かつ指定仕向港において運送人から

【図表42】代金支払、商品の引渡しの流れ

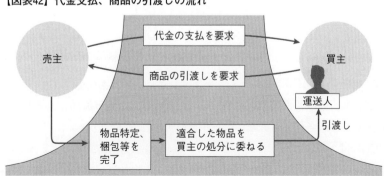

郵便はがき

料金受人払郵便

豊島局承認

3841

差出有効期間
2025年5月
31日まで

１ ７ ０ - ８ ７ ９ ０

７０９

東京都豊島区南長崎3-16-6

日本加除出版株式会社

営業部営業企画課　行

||||||||||||||||||||||||||||||||||||||||||||||||||||

ご購入ありがとうございました。
今後の書籍発刊のため、お客様のご意見をお聞かせいただけますと幸いです。

お名前	
ご職業	
ご住所	〒
TEL	

お問合せはこちらから
kajo.co.jp/f/inquiry

メールニュース登録は
こちらから
kajo.co.jp/p/register

↑※弊社図書案内を希望される場合も
　こちらからお願いいたします

◇書籍名

◇本書を何を通してお知りになりましたか？

販 売 場 所：　□展示販売　　□斡旋　　□書店
広　　　告：　□新聞　　　　□雑誌　　□ネット広告
　　　　　　　□当社EC　　　□DM
そ　の　他：（　　　　　　　　　　　　　　　　　　）

◇本書に対する意見・感想をお聞かせください
　また、今後刊行を望まれる企画がございましたら、
　お聞かせください

物品を受領する義務を負う。

　インコタームズの全条件で、危険は売主が買主又は運送人に対する物品の引渡し又は引渡しの提供（tender of delivery）をした時点で買主に移転するものとされている。ただ、売主が引渡しの提供を適切に行ったといえるには、契約に適合した物品を買主の処分に委ね、買主が引渡しを受けることを可能にする合理的に必要な通知を買主に対してしなければならない。さらに、物品を買主の処分に委ねたといえるには、物品を特定し、売主の行うべき梱包等の引渡し前準備を完了しておくことが必要だ。

❖**商法とCISGの規律**❖　日本の商法526条とCISGは、それぞれ売買契約における買主の検査義務や目的物に不適合があった場合の救済について定めている。その違いを一覧表にまとめると【図表43】のようになる。

　その文言からすると、日本の商法が適用される場合よりも、CISGが適用さ

【図表43】日本の商法526条とCISGの比較対照

	買主はいつまでに検査する義務があるか	買主が検査で目的物の瑕疵又は不適合等を発見した場合、いつまでに売主に通知する必要があるか	すぐに発見できないケースについて、いつまでに売主に通知する必要があるか	売主が悪意の場合
日本の商法526条	目的物を受領したら**遅滞なく**	**直ちに**通知（さもなくば契約の解除又は代金減額若しくは損害賠償の**請求権を失う**）	**6カ月以内**に通知しないと原則として解除・損害賠償などができない（同条２項）	請求権は喪失しない（同条３項）
CISG	状況に応じて**実行可能な限り短い期間内**（38条１項）。ただし、物品の運送を伴う場合、検査は物品が仕向地に到達した後まで延期できる（同条２項）。	物品の不適合を発見し、又は発見すべきであった時から**合理的な期間内**に不適合の性質を特定した通知を行う（さもなくば、**不適合を援用する権利を失う**（39条１項））。	物品が現実に交付された日から**2年以内**に通知しないと、（この期間制限と契約上の保証期間が一致しない場合を除き）物品の不適合を主張する権利を失う（39条２項）。	不適合を援用可能（40条）

れる場合の方が買主に有利であると解される。売買契約の規律については、日本の民法（債権法）改正で「瑕疵」という言葉を捨てて、売買の目的物に関して「その物が備えるべき性能、品質、数量」や「当事者の合意、契約の趣旨および性質」に照らして、給付された物が「適合」していなければならないというルールが明確化された。これに対して、CISGの下で、売主は、契約に定める数量、品質及び種類に適合し、かつ、契約に定める方法で収納され、又は包装された物品を引き渡さなければならない（CISG 35条）。このように比較すると、CISGと日本の民法でも、その差がやや縮まって法のハーモナイゼーションが進みつつあるようだ。

国際ビジネス・ケーススタディ～直ちに通知せず救済が否定された事例

　米国ニュージャージ州法人である商事会社（買主）が、キャビネット製造を業とする日本の株式会社と製作物供給契約を締結し、代金が支払われたが、引き渡された商品の多くは板が枠組から剥がれていたり、やすりがけ仕上げが粗末であったり、側面の板が剥離していたり、ベニヤが割れたり歪んだりしている等の瑕疵があって使用に耐えない状態であったので、買主が当該株式会社（売主）に損害賠償を請求した。

【裁判所の判断】　訴訟手続中に契約準拠法に関する契約当事者の意思が表明されたものとして、商品の瑕疵の検査及び通知の方式並びに期間の制限等を含めて契約の準拠法を日本法と指定する黙示の合意があったものと判断した。売主が商品を横浜の保税倉庫に納入し、売主の手元を離れたのは昭和44年7月16日であり、これを買主が受け取ったのは同年9月中旬なので、売主が同年11月下旬に瑕疵の通知を受けたのでは、商品受取時における契約適合性や瑕疵の発生した原因等を調査することが相当困難であるから、買主は商法526条所定の通知を直ちにしていないとして、その請求をいずれも棄却した（東京地判昭和52・4・22判時863号100頁）。

（参考）　松永詩乃美「当事者自治(3)」国際私法百選Ⅱ【33】68頁

6 代金の支払方法
—— 国際取引における代金決済リスクを抑制する
荷為替手形と荷為替信用状

❖国際的な資金決済手段❖　国際的な資金決済手段としては、次のようなものが代表的である。

第 1 に、銀行経由の国際送金がある。この法律関係は、基本的に内国送金とパラレルに考えられる。近時、親子会社間、関連会社間等、リスクの低い代金の国際的な決済は、最も簡便でコストの低い銀行経由の送金でも何ら問題がない。しかし、そうした親密な関係がない場合にはそうはいきにくい。

第 2 に、**荷為替手形**（**Bill of Exchange**）を用いる方法がある。貿易取引では、商品の授受と代金の支払が同時に行えない。代金後払にすると、輸出者が代金

【図表44】荷為替手形のサンプル

```
                    BILL OF EXCHANGE
                                    PLACE   DATE
      NO .......................
      FOR .......................

      AT ....................... SIGHT OF THIS SECOND BILL OF EXCHANGE
      (FIRST OF THE SAME TENOR AND DATE BEING UNPAID)
      PAY TO THE GIANTS BANK OR ORDER THE SUM OF ....................
      ...............................................................................................
      VALUE RECEIVED AND CHANGE THE SAME TO ACCOUNT OF
      ...............................................................................................
      DRAWN UNDER...............................................................................
      ...............................................................................................
      L/C  NO. .............. DATED ...............................................................
      TO                          (Bill Drawer : Exporter)
                                  Signature..........................

              ┌─────────────┐
              │   Revenue   │
              │   Stamp     │
              └─────────────┘
```

回収前に商品を出荷して、代金を回収できないリスクを負う。前払ならば、輸入者が商品入手前に代金を支払って、商品を入手できないリスクを負う。こうした双方のリスクを考えて、荷為替手形は、売主が買主等を支払人とする為替手形を振り出すものだ。この為替手形に船荷証券等の運送品を受領するために必要な船積書類を添付して、売主が自己の取引銀行に手形の取立てや買取・割引を依頼して代金の回収を図る。買主は、手形金を支払わない限り、船積書類等を入手できず、船積書類を伴った取立や割引き等が行われる為替手形なので、荷為替手形と呼ばれる。ただ、この場合には、支払人とされた買主が手形金の支払をしないと、うまくいかない。

　そこで、第3に、**信用状**（Documentary Letter of Credit＝L/C）を用いる方法がある。貿易取引における荷為替信用状が代表的なものだ。すなわち、荷為替手形で買主が手形金を支払わないリスクがあるのに対して、荷為替信用状では、買主と取引のある銀行が買主の支払債務を保証する点に意義がある。ただ、信用状取引にはそれなりの手数料がかかり、銀行が些細な不一致を理由に支払を拒むとか、発行銀行が倒産するリスクや書類の偽造や詐欺等のリスクもあり、絶対的に安全というわけではない。

　第4に、支払決済の電子化がある。かつての船荷証券を電子化する貿易金融電子化サービスの日本版TEDIやEU版Boleroは、あまり普及しなかった。**国際銀行間通信協会**（Society for Worldwide Interbank Financial Telecommunication＝SWIFT）の**TSU-BPOシステム**による支払が登場した。**TSU**（Trade Service Utility）とは、輸入者と輸出者の銀行が取引書類を入力したデータを電子的にマッチングして決裁を行う仕組みであり、**BPO**（Bank Payment Obligation）により、輸入者の銀行がその支払いを輸出者の銀行に保証するものであった。しかし、TSU-BPOは普及に行き詰まり、2020年12月をもってサービス提供を終了し、ブロックチェーン技術等を活用した新たな貿易代金決済システムへの移行が模索されている。

　さらに、資金決済を確保するには、**銀行保証状**、**貿易保険**（165頁参照）、**回収期限の早期設定**、**エスクローの利用**（162頁参照）、**ネッティング契約**（相互反復して多数行われる取引の債権債務の差引計算による決済）、**相殺（set off）の許容**、**信用を補完するための保証**（guarantee）、**担保**（security）や**動産質**（pledge）に

関する条項を設けること等も考えられる。それらの支払担保の方法は、いずれ
か1つよりも、複数の組合せがより望ましい。

国際ビジネス・ケーススタディ〜ニセ信用状に係る不法行為

　X信用金庫が、Y会社（輸出者）から信用状付き輸出手形2通を買い取ったと
ころ、その後に信用状が偽造されたものであることが判明したため、Y会社に対
し、信用金庫取引契約及び外国向為替取引契約に基づき、輸出手形の買戻代金等
の支払を求めるとともに、当該信用状の真偽の確認ができない旨の注記をしな
かった信用状通知銀行であるY₂都市銀行に対し、架空の銀行名義のニセ信用状
に係る不法行為に基づき、損害賠償を請求した。

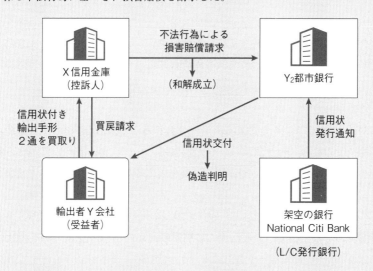

【裁判所の判断】　本件輸出手形に付された本件信用状に価値の裏づけが全くない
ものであった以上、X信用金庫に落ち度があるからといって、Y会社が本件輸出
手形の買取りによって得た利益をその一部でも保持しうると解すべき理由はなく、
買戻しに応じる義務があるとしてX信用金庫の請求を認容した（大阪高判平成
18・2・1〔確定〕金法1798号45頁）。ただ、控訴審係属中にY₂都市銀行との間
では和解が成立した。

❖外国通貨による決済❖　国際取引では、外国通貨で決済されることもある。
その場合、自国の通貨に交換する為替レートは日々変動する。この為替変動の
ために、売買の利益がなくなってしまうこともある。そこで、契約書にそのリ

スクを織り込んで、どの通貨によって弁済するかを明記するなど、為替予約等の方策を講じておくべきだろう。

　日本では、債権の目的物が金銭である場合、債務者は、その選択に従い、各種の通貨で弁済をすることができる（民法402条1項）。ただし、特定の種類の通貨の給付を債権の目的としたときは、その合意に拘束される。また、債権の目的物である特定の種類の通貨が弁済期に強制通用の効力を失っている場合、債務者は、他の通貨で弁済をしなければならない（同条2項）。こうしたルールは、外国の通貨の給付を債権の目的とした場合についても同様に適用される（同条3項）。また、外国の通貨で債権額を指定したときは、債務者は、履行地における為替相場により、日本の通貨で弁済をすることができる（同法403条）。これを代用給付権というが、反対に債権者が外国通貨債権について日本の円通貨での弁済を請求することができる代用給付請求権があるかという問題がある。これらの点に関して、債権準拠法によるのか、履行地法によるべきか等も検討する必要があろう。

　なお、近時、電子マネーによる決済が使われることもある。このうち前払式支払手段によるものは資金決済法で規律されており、現実の貨幣に裏づけられた価値がある。これに対して、国際間の決済を安価で行うという狙いから始まった仮想通貨は、令和2年5月1日施行の資金決済法の改正により**暗号資産**へ呼称変更され、日本国内で暗号資産と法定通貨との交換サービスを行うには暗号資産交換業の登録が必要とされる等の規制が整備された。ただ、暗号資産は法定通貨ではなく、価格が時として激しく変動し、詐欺的なコインや悪質業者も跋扈する状況であり、分散管理型の暗号資産は資金洗浄等に悪用されるリスクが高く、電気代その他のコストも不透明である。現状では法執行の及ばない治外法権のような形となるおそれもあり、その信用度が低い点に問題がある。Fintechやブロックチェーンの技術は注目されているが、今後の動向は未知数である。

7 信用状の仕組み
——独立抽象性の原則や書類取引の原則等によって支払確保

❖**信用状統一規則**❖　信用状（L/C）に関しては、ICCが「**信用状統一規則**」

を制定している。現在の信用状は、ほとんど「**荷為替信用状に関する統一規則及び慣例2007年改訂版**」（Uniform Customs And Practice For Documentary Credits, 2007 Revision, ICC Publication No.600＝UCP600）に準拠している。かつては**取消不能信用状**（Irrevocable L/C）と**取消可能信用状**（Revocable L/C）があったが、UCP600では、信用状が全てIRREVOCABLE（取消不能）とされ、都度IRREVOCABLEと定める必要はない。UCPは法律ではないが、通常、信用状にUCPに基づく発行であることが明示されることで、そのUCPが信用状の一部を構成すると考えられ、これに準拠していない信用状は銀行が買い取ってくれない。この解釈準則として、ISBP（International Standard Banking Practices）等が設けられている。

❖**信用状の仕組み**❖　信用状とは、一定の条件を満たした場合に金銭を支払うことを確約する銀行の発行文書である。これが**荷為替信用状**として機能するしくみを説明する（以下、【図表45】中の番号を付す）と、まず、①売主と買主の売買契約で荷為替信用状によって決済することを合意する。この合意を受けて、②商品を輸入する買主が、信用状の発行依頼人（Applicant）となって、取引銀行に信用状の発行を依頼して、その支払を委託する。③これを受けて、その取引銀行は、発行銀行（Issuing Bank＝Opening Bank）として、信用状を発行する。

　一方、売主は、**信用状受益者**（Beneficiary）となり、信用状を受け取り、支払の確約を受ける。輸出者はL/Cを受け取った場合には、直ちにL/Cの記載内容を厳格にチェックする必要がある。L/Cを受け取っただけで安心してチェックを怠り、いざ船積書類を揃える時に、L/Cの記載内容に不都合な個所を発見したら、輸入者（買主）に訂正か信用状の条件変更を要求する必要がある。④発行銀行は売主の所在地国にある銀行（通知銀行）に対して、売主（受益者）へのL/Cの通知を依頼する。⑤輸出通知銀行（Advising Bank）は、信用状を信用状受益者に通知する。通常、輸出者は、あらかじめ自分の取引銀行を通知銀行として指定しており、売主であるApplicant（信用状開設依頼人）に連絡しておけば、スムーズに信用状を受け取ることができる。

　信用状に支払銀行が指定される場合、指定銀行（Nominated Bank）を利用しなければならないが、どこの銀行でも買取り可能なL/C（Freely Negotiable L/

C）であれば、どこの銀行でも指定銀行となれる。指定銀行が多くの場合は買取銀行（Negotiating Bank）になる。⑥輸出者（受益者）はL/Cに記載された条件（信用状条件）を満たす船積を行い、運送人から船荷証券を受領する。⑦受益者は信用状条件を満たす荷為替手形やインボイス等を作成し、⑧受益者は、L/C及び信用状条件を満たす書類を自己の取引銀行に持ち込み、荷為替手形の買取りを依頼すると、取引銀行が手数料等を控除した金額を受益者に支払って、受益者から提示された船積書類を信用状条項と合致していることをチェックして荷為替手形の買取りに応じる。

　信用状に基づく支払が一覧払いの手形によるもの（サイトL/C）か、**ユーザンス手形**（ユーザンスL/C）による支払によるものかの違いがある。一覧払いの手形であれば、すぐ支払ってもらえるが、ユーザンスとは、支払を一定期間猶予することで、ユーザンス手形の場合には、所定の期間経過後に支払ってもらえる。

　なお、⑤の通知の際に、確認信用状の場合には、発行銀行に代わって支払を

【図表45】信用状の仕組み

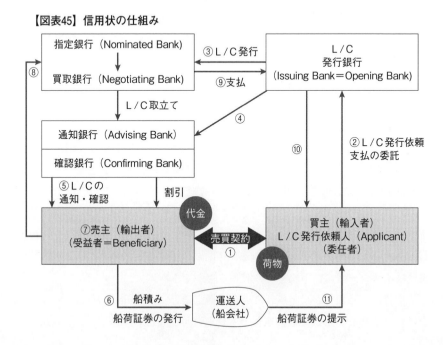

保証するのが確認銀行（Confirming Bank）で、通常は通知銀行がなる。確認信用状（Confirmed L/C）とは、発行銀行の信用度が低い場合に、信用度の高い銀行に確認をもらう信用状のことである。

次に、⑨買取銀行は、荷為替手形を発行銀行又はL/Cで指定された銀行に呈示し、当該書類が信用状条件を充足していれば支払がなされる。⑩発行銀行が輸入者に対して、その荷為替手形を提示し、手形金の支払又は引き受けを求めると、輸入者は、荷為替手形の支払人であり、発行銀行の支払金について償還義務を負うので、この債務を履行して船荷証券等の書類を受領する。⑪買主は、運送人に船荷証券を呈示して商品の引渡しを受ける。

国際ビジネス・ケーススタディ〜通知銀行による信用状条件変更の通知遅延

　信用状の通知銀行Yが船積期限を変更する旨の条件変更の通知を遅滞した。これによって損害を被った売主Xは、Y銀行に対して損害賠償を求めた。
【裁判所の判断】　売買代金の決済方法として信用状を用いることが合意された場合、売主は、特約がない限り、信用状の通知を受けるまでは船積みの履行を拒絶でき、信用状の条件変更がされたら、その通知を受け、これを承諾するまでは、条件変更に係る債務の履行を拒めるから、Yが本件条件変更を通知しなかった行為とXが被った損害との間に相当因果関係はないと判断した（最判平成15・3・27金商1169号39頁）。

❖**信用状取引における原則**❖　信用状取引において、発行銀行は、受益者に対して主たる債務者として義務を負担し、信用状に売買契約への何らかの言及が含まれている場合でも、信用状取引は売買契約とは別個の取引であり、銀行は売買契約と何の関係もなく、これによって何の拘束も受けない（**独立抽象性の原則**）。

　また、顧客の依頼に基づき輸出手形を買い取ることで売買代金決済の一部に関与するにすぎない買取銀行は、書類の真否や内容の真実性について調査、確認することは実際上不可能である。このため、買取銀行は、書類が真正に成立したものであること及びこれに表示されている物品の品質・数量・実在等については何らの責任も負わない。すべての関係当事者は書類の取引を行うものであって、物品の取引を行うものではなく、信用状の発行銀行は、信用状に明記

された条件と文面上一致している書類と引換えに輸出手形を買い取った銀行（買取銀行）に対し、その支払、引受け等をすべき義務を負うだけである。つまり、銀行は書類のみを取り扱い、信用状条件を満たすかどうかを外見上形式的に点検すれば十分であって、その書類が関係する物品、サービス又は履行を取り扱うことはない（**書類取引の原則または信用状条件の厳格一致の原則**）。

国際ビジネス・ケーススタディ～銀行の書類点検義務

　外国為替公認銀行が、インボイスと輸出申告書との船積商品の表示の差異を看過して、信用状付輸出手形の買取りをした。このため、契約通りの商品が船積みされなかったとして、買主が買取銀行に対して不法行為による損害賠償を求めた。
【裁判所の判断】　信用状統一規則によれば、買取銀行は、信用状に明記された条件と文面上一致する書類が添付されていることのみを点検、確認すれば足り、その点検、確認をしている限り、その買取りは正当化され、売買契約上のクレームは専ら売主・買主間で解決されるべきものとされている。そうすると、輸出申告書の呈示が信用状条件として明記されていたとは認められない場合には、この観点からも、銀行に輸出申告書の点検確認義務は認められない。契約どおりの商品が船積みされなかったのに買主が輸出手形の決済を余儀なくされたとしても、銀行は特段の事情がない限り、買主に対して不法行為による損害賠償責任を負わないとして請求を棄却した（最判平成２・３・20金法1259号36頁）。

8　国際物品運送
——国境を越えて物品を運送する際に適用される各種の国際的規律

❖各種の運送手段❖　国際運送には、海上運送、航空運送、陸上運送等のほか、これらを結びつけた複合運送もある。複合運送では、運送方式ごとに異なった運送人の責任ルールがあるために、複雑な問題が生じうることも指摘されている。複合運送証券といったものもあるが、これは有価証券とは解されていない。複合運送の場合、それを直接に規律する法規制は少ないため、複合運送約款が重要になる。

　いずれも運送契約は請負契約であるが、国際売買において基本となるのは比較的安価で大量に運送できる海上運送である。物品の運送を依頼する側を荷主

【図表46】 国際海上物品運送契約の種類

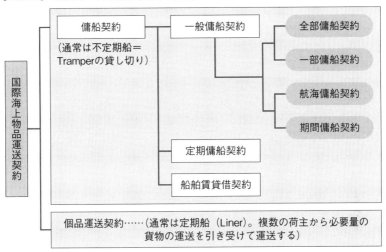

といい、海上運送で請負人となるのは原則として船会社である。ただ自社の所有船を使用する場合のほか、傭船を使用する場合もあり、国際海上物品運送契約を分類すると**【図表46】**の通りとなる。

　日本では、商法及び国際海上物品運送法の一部を改正する法律（平成30年法律第29号）が成立し、2019年4月1日から施行されている。これにより、航空運送及び複合運送に関する規定や、危険物についての荷送人の通知義務に関する規定が新設され、船舶の衝突、海難救助、船舶先取特権等に関する規定が整備された。運送品の滅失等についての運送人の責任は引渡しの日から1年以内に裁判上の請求がされないときは消滅するものとされ、また複合運送における運送人の損害賠償責任については、それぞれの運送において運送品の滅失等の原因が生じた場合に当該運送ごとに適用されることとなる我が国の法令又は我が国が締結した条約の規定に従うものとされている。

❖ヘーグ・ヴィスビー・ルールズとハンブルグ・ルールズ❖　国際海上運送は、世界中の海を走っているので、そのルールは世界的に統一する必要性が高い。これを各国のバラバラの法令に委ねていたのでは不都合だ。国際海上運送については長い歴史的経過でヘーグ・ルールの改正議定書、通称**ヘーグ・ヴィスビー・ルールズ**（the Hague-Visby Rules）が作られ、日本はこれに1992年に

署名・批准し、これに基づいた同年改正の**国際海上物品運送法**が1993年から施行されている。しかし、ヘーグ・ヴィスビー・ルールズに対しては、先進海運国を利する制度だとの批判があり、これに対抗する形で、UNCITRALは、1978年に「国際海上物品運送に関する国際連合条約」（通称「**ハンブルグ・ルールズ**」）を採択し、1992年に発効した。ただ、ハンブルグ・ルールズは、航海過失免責や船舶火災の免責を否定し、船の堪航性の確保は航海完了までの全期間を要求する等、船会社の責任が重くなっているため、主要海運国は締約国となっていない。このため、世界の海運はヘーグ・ヴィスビー・ルールズとハンブルグ・ルールズが並立する状況となっている。

❖**ロッテルダム・ルールズの登場**❖　UNCITRALは「全部又は一部が海上運送である国際物品運送契約に関する国連条約」（United Nations Convention on Contracts for the International Carriage of Goods Wholly or Partly by Sea）（New York, 2008）、通称**ロッテルダム・ルールズ**（Rotterdam Rules）を策定し、コンテナ輸送や電子化に対応した定めなどを盛り込んだが、ヘーグ・ヴィスビー・ルールズよりも運送人の責任が重くなっているため、批准が進んでいない。なお、「国際取引におけるターミナル・オペレーターの責任に関する国際連合条約」（1991年）も作られたが、批准が進まず、発効の見通しは立っていない。

❖**船荷証券の役割**❖　運送契約の証拠となるのが**船荷証券**（BILL OF LADING＝B/L）であり、日本の国際海上物品運送法等は、船荷証券の記載事項を定めている。ただ、それらは絶対的記載事項ではなく、一部の記載を欠いても船荷証券の本質を害しない限りは無効とされない。**B/L**は、海上運送人が運送品を受領・船積みした事実の**証拠証券**であるとともに、正当な所持人がそれと引き換えに指定港で貨物の引渡しを請求できる**権限証券**である（**B/Lの債権的効力**）。このため、B/Lは流通性を有し、荷揚地では運送品の引換証ともなり、その引渡が運送品自体の引渡しになるという**物権的効力**もある。また、運送人が運送品を滅失・毀損させた場合等には、B/L所持人が運送契約の債務不履行に基づく損害賠償請求権を有することになる。

　ところが、現実にはコンテナ船が早く到達するのに、銀行等の処理が遅いこと等から、B/Lの到着が遅れるため、一部では保証状で荷渡しをしてしまう実務が広がった。こうしたB/Lによる荷渡しのメカニズムに破綻が生じた現象は、

【図表47】船荷証券のサンプル

Date:	BILL OF LADING		Page _____
SHIP FROM		**Bill of Lading Number:** _____	
Name:			
Address:		BAR CODE SPACE	
City/State/Zip:			
SID#:	FOB: ☐		
SHIP TO		**CARRIER NAME:** _____	
Name:	Location #: _____	Trailer number:	
Address:		Seal number(s):	
City/State/Zip		SCAC:	
CID#:	FOB: ☐	Pro number:	
THIRD PARTY FREIGHT CHARGES BILL TO:		BAR CODE SPACE	
Name:			
Address:			
City/State/Zip:		**Freight Charge Terms:**	
SPECIAL INSTRUCTIONS:		Prepaid　　Collect　　3rd　Party	
		____　　_X___　　__	

「船荷証券の危機」と呼ばれる。そこで、こうした問題を回避するため、実務上、**海上運送状**（Sea waybill＝SWB）を用いることで対応することがある。ただ、これを使用するのは、買主が支店、現地法人、関係会社、永年の取引先等、支払に不安のない場合に限定される傾向がある。元来、**SWB**は航空運送で発行される**航空運送状**（Air waybill＝AWB）を模したもので、一部海上運送とパラレルに考えることのできる部分も多いが、異なるところもある。

　輸入者が貨物を引き取りたい場合に、船積地で回収された船荷証券（surrendered B/L）が用いられることもある。**サレンダードB/L**は、その名とは違って、法的にはB/Lではなく、船積地の船会社が船荷証券の全通を回収した時点で有価証券としてのB/Lの機能は失われ、ただ、その旨を輸入地の船会社またはその代理店等に連絡することで、輸入者が輸入地でオリジナルのB/Lがなくても貨物を引き取りうるようにする手段だ。しかし、海上運送状が日本の商法や信用状統一規則（UCP600）で規律されているのに対して、サレンダードB/Lには国際的なルールがなく、紛争解決にリスクを伴う等のデメリットが

多く、国連や一般財団法人日本貿易関係手続簡易化協会（JASTPRO）は、リスクを低減させ、電子化を促進するためにも海上運送状の利用を推奨している。

　このほか個別の取扱いは、国際運送における契約条件にもよるが、一般的には、輸出者側が輸出通関、積込の手続を行い、輸入者側が輸入通関手続を行う。近時、通関に関わる申請は、オンライン化が進みつつある。

国際ビジネス・ケーススタディ〜船荷証券の効力

　貨物運送業者Yに家電製品の運送を委託したXが、Yが船荷証券を所持していない訴外会社に対し前記家電製品を引き渡したため、代金の支払も家電製品の引渡しも受けられなくなったと主張し、Yに対して損害賠償を求めた。
【裁判所の判断】　海上運送人と船荷証券所持人との間に傭船契約が存在しない場合、両者の関係は、原則として、船荷証券によって証明される運送契約による。この場合の準拠法は、船荷証券の発行人である海上運送人の指定意思で決まるので、船荷証券の記載により日本法が準拠法である。船荷証券の約款の記載内容が明確で、かつ荷送人又は船荷証券所持人が不測の損害を被るおそれがないという特段の事情がない限り、1つの国際海上運送契約につき準拠法の分割指定は認めるべきでない。船荷証券の裏面約款上の条項は、履行地法を履行に関する準拠法と定めた規定ではなく、むしろ運送人が履行地の慣習・慣例に従って履行すれば、運送契約の準拠法である日本法でも免責されることを定めた規定と解される。
　船荷証券の効力発生時期は、運送人が船荷証券を発行し、荷送人に交付した時点である。運送品を受け取ることができる正当な船荷証券所持人には、裏書の連続した船荷証券の所持人のほか、裏書は連続していないが実質的権利を証明できる証券所持人も含まれる。運送人の現地代理店が、十分調査・確認を行うことなく船荷証券の正当な所持人以外の者に対し船荷証券喪失宣言書を発行したことにつき、運送人は船荷証券の正当な所持人に対する損害賠償責任を免れない。税関が荷揚港で貨物の引渡しに関与していたとしても、公権力による処分として運送人が免責されることはない。Yは、自己の使用する者の注意義務違反により訴外会社に対し、船荷証券喪失宣言書等を発行、交付したことにより、本件各貨物を滅失させ、その結果、本件各船荷証券の正当な所持人であるXらに損害を与えたということができ、その損害を賠償する義務がある（国際海上物品運送法4条参照。東京地判平成13・5・28〔控訴後和解〕判タ1093号174頁）。
　ただ、明確な形で準拠法を分割指定することは、禁止されているわけではなく、法律関係を複雑・不安定にしないようであれば、分割指定も認められる余地はあろう（166頁のケーススタディ参照）。

9 国際航空運送
——航空運送人の責任と国際裁判管轄に関する条約がある

❖**ワルソー条約とモントリオール条約**❖　国際民間航空条約（シカゴ条約）に基づいて1947年に発足した**国際民間航空機関**（International Civil Aviation Organization＝ICAO）が、国連の専門機関の一つとして、国際航空運送に関する国際基準、勧告、ガイドライン等の作成に尽力している。また、航空運送人の責任に関して、1929年と1999年に「**国際航空運送についてのある規則の統一に関する条約**」（Convention for the Unification of Certain Rules Relating to International Carriage by Air）が成立し、前者は**ワルソー条約**、後者は**モントリオール条約**と呼ばれ、日本はいずれも締約国となっている（https://www.mlit.go.jp/common/001321362.pdf参照）。これらの条約は、国際的な航空貨物、旅客の運送に関する航空運送人の責任等を定める万民法型の統一私法条約であり、出発地と到着地の双方が当事国である国際航空運送に適用される。

　ワルソー条約は、過失推定主義を採用して損害賠償責任の限度額を定め、旅客の死亡又は傷害の際の航空運送人の損害賠償限度額は約111万円（12万5千金フラン。ヘーグ議定書で約222万円（25万金フラン）に改定）にとどまり、近時の経済情勢の変化に対応できていない等の問題があった。近年の国際航空運送の発展を踏まえて、モントリオール条約は、一部の免責を認めつつも基本的に航空運送人の無過失責任とされ、旅客の死亡又は傷害の際の賠償限度額を無制限に引き上げる等、従来の条約内容が全面的に見直された。

　民間国際航空運送に関する紛争の国際裁判管轄についても、ワルソー条約は「いずれか一の締約国の領域において、運送人の住所地、運送人の主たる営業所の所在地若しくは運送人が契約を締結した営業所の所在地の裁判所又は到達地の裁判所」に限っていた。これに対して、モントリオール条約は、それらに加えて、旅客の死亡又は傷害の場合に、事故当時、旅客が主要かつ恒常的な居住地を有していた締約国の領域の管轄を認めた。

　もっとも、ワルソー条約の当事国中にはモントリオール条約を締結していない国もあり、そのような国を出発地又は到着地とする運送については引き続き

ワルソー条約が適用される。日本では、これらの条約に相当する国内法はなく、直接適用となっている（なお、国際海上物品運送法も本来ならば条約の直接適用にすべきだったかもしれないが、日本の国際海上物品運送法は、条約と一部異なった内容も含んでいる。国内法を制定する場合と制定しない場合の違いは、偶然の帰結にすぎず、それを理論的に説明することは困難である。）。

10 エスクロー
——金銭や取引の目的物等を条件付きで第三者に預けて契約の履行を担保

❖履行確保の重要な手段❖　エスクロー（escrow）とは、金銭等や取引の目的物等を一定の条件付きで第三者に預ける仕組みで、契約の履行を担保するために用いられる手段の１つである。国際取引や電子商取引等の場合、契約通りに債務が決済されないリスクを回避・軽減するためにエスクローを利用する場面が多い。また、欧米ではリスク・マネジメントの観点から、エスクローの利用が普及しており、国際取引でもしばしば登場する。

　エスクローを利用する場合、いわゆる「エスクロー契約」が締結される。この契約には、主たる契約の当事者とエスクロー業者が登場するので、少なくとも三者以上の当事者の間で締結される。その基本的な考え方を一般的な売買契約の場合で説明すると、①エスクロー業者が買主から金銭等を預かり、②売主が買主へ売買の目的物を引き渡し、③買主が売買の目的物を受領したことを確認し、これをエスクロー業者に通知すると、④エスクロー業者が手数料を差し引く等して、預かっていた金銭等を売主に渡すといった流れとなる。

　エスクロー契約は、不動産売買契約や企業買収取引等をはじめとして、様々な局面で利用される。例えば、株式等の売買契約等でも、株券等の引渡し日以前に締結されるエスクロー契約に従って、買収金額からエスクロー資金を留保させ、その資金をエスクロー業者に預託する方法が取られることがある。また、一定の売買代金のうち、何らかの保証のためにエスクロー預託することもある。

　同様に、**プロジェクト・ファイナンスやアセット・ベース・ファイナンス**（216頁参照）で、対象プロジェクトによる収益を修繕費用、元利金支払等の各種費用に確実に充当するため、エスクロー業者ないし銀行や信託銀行に信託勘

【図表48】エスクロー契約の仕組み

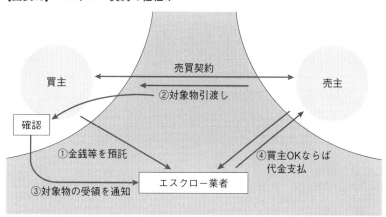

定を開設し、支払目的に応じた各種口座を設定して口座管理を行うための勘定を「エスクロー勘定」と呼ぶこともある。こうしたエスクロー口座は、預金者が自由に引き出せるものではなく、あらかじめ合意された一定の条件を満たした場合に限って資金を受領できる仕組みである。

❖**法規制の実情**❖　エスクロー業者に許認可を要する国もある。米国には、様々な領域でエスクローに言及する法令があり、取引によってはエスクローの利用を必要とする規制もあり、不動産取引、会員制で資金を集めるような取引、公的資金の取扱いに関する取引等で、エスクローの利用に関して州法による規制がある。

　一方、日本では、かつてエスクローの制度がなく、エスクロー勘定を日本で開設することの可否が議論されていた。しかし、金融機関や一般事業会社での決済手法が多様化する中で、エスクローを含む決済手段のニーズが高まった。資金決済法の下では、1回の送金額が100万円以下ならば、資金移動業者の登録をすることで、一般企業もエスクローサービスを取り扱える。また、資金移動業者の登録がなくとも、代金を預かるだけでなく、買主が代行業者に代金を支払った時点で決済を完了させる「代金決済代行サービス」が可能となっている。ただ、日本にはエスクローに関する法規制が確立しているわけではなく、そのスキームによっては銀行法や信託業法等の法令に抵触するリスクがある。

その法的な位置づけが曖昧な法域もあるので、いずれの準拠法の場合にも、それぞれの契約等において、できるだけ具体的に、どういう場合にどうなるかを定めておくべきだろう。法令上の根拠がある場合以外、法的な保護だけを頼りにするのは好ましくない。

11 国際取引における保険
── 国際取引における貨物運送のリスクから非常危険や信用危険も填補

❖**国際貨物保険**❖　国際物品売買においては、国内売買と比べて運送距離が長く、運送にも時間がかかるし、運送上の事故による貨物の変質や損傷等の損害が発生するリスクも高い。そこで、貨物や商品の海上・陸上輸送中における様々な危険をカバーする貨物保険が不可欠だ。

　貨物海上保険の分野では、**SGフォーム**（旧約款）や**MARフォーム**（新約款）が代表的な保険証券の標準書式となっており、日本の保険会社もこれをモデルとしている。ただ、その詳細は保険会社によって内容が異なる。

　保険で担保されるリスクを**担保危険**といい、保険者が填補責任を負う範囲を**填補範囲**という。この填補範囲は定型化されている。例えば、SGフォームでは**オールリスク担保**（All Risks＝A/R）、**分損担保**（With Average＝WA）、分損不担保（Free from Partcular Average＝FPA）といった種類に分けられる。分損不担保とは、全損、共同海損、費用損害及び特定の事故（火災、爆発、衝突等）による単独海損（船主や荷主が単独で負担するもの）のみが填補される条件であり、「全損のみ担保」とは異なる。また、分損担保は、沈没・座礁・大火災・衝突以外の事故による分損、貨物墜落による一個ごとの全損、共同海損による損害等のほか、損害防止費用や救助料等の費用損害や特定の事故によらない単独海損も填補するので、例えば荒天による浸水で貨物が損害を被った場合等もカバーされる。他方、オールリスク担保は分損・全損を問わないといっても、戦争危険とストライキ危険はオールリスク条件には含まれていない。そのため、戦争約款、ストライキ約款を付帯してカバーすることがある。

　ただ、インコタームズのCIFの売主による保険契約の義務は最小担保によるものとするとされ（売主の義務「A3運送および保険契約」）、分損不担保となっ

【図表49】貨物運送等のリスクに対処

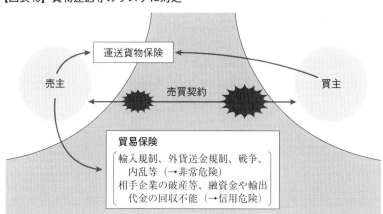

ていたが、インコタームズ2020では、CIP条件では売主の保険担保義務がオールリスク又はA約款に変更されており、伝統的なCIF条件と保険付保水準が異なる。

❖**貿易保険**❖　貿易保険とは、貨物保険等、通常の保険ではカバーされない貿易取引や海外投資で生じる取引上の危険を填補するものである。その填補範囲は、輸入規制、外貨送金規制、戦争・内乱等の**非常危険**や、取引先の倒産等、融資金や輸出代金の回収が不能になった場合等の**信用危険**等による損失に及ぶ。これによって、契約後に何らかの理由で仕向け国が輸入規制を始めたために貨物の船積みができなかった場合や、貨物引渡後に代金回収ができなかった場合に保険金が得られる。そこで、対外取引を行う場合には、事前に市場調査を行い、国際情勢や政治・経済情勢、社会動向等を把握し、リスクが高い国との取引については貿易保険でカバーする等の対応ができる。これによって、非常危険や信用危険等によるリスクも軽減でき、安心して対外取引を行えるだろう。

　世界各国は、貿易や投資を促進する政策の一環として、政府又は政府機関が貿易保険制度を運営している。日本では、貿易保険法の改正によって独立行政法人から特殊会社に移行した株式会社**日本貿易保険（NEXI）**等が日本企業の輸出入、海外投資・融資等の対外取引に伴うリスクをカバーする貿易保険を取り扱っている。

　このほか、**PL保険**（生産物賠償責任保険）等、国内ビジネスで用いられる各種賠償責任保険や、**表明保証保険**（254頁参照）、**訴訟費用保険**等の特殊な保険も、必要に応じて活用することを検討すべきだろう。

❖保険代位の取扱い❖　保険金が支払われた場合、被保険者が利益を得られるのではなく、その有する権利（損害賠償請求権等）は保険者に移転させる保険代位の制度が各国で認められている。保険代位の準拠法は、保険金支払いの基礎となる保険契約の準拠法によると解するのが我が国の通説であるが、代位の対象となる債権の準拠法を考慮するかについては見解が分かれる（多数説は消極的である。）。

国際ビジネス・ケーススタディ〜保険契約における準拠法の分割指定

　1つの契約の中で、いくつかの準拠法を分けて定めることができるか、という問題があり、いわゆる「分割指定」として議論されている。古美術の売買を業務とする株式会社Xが、所有するモネ作の絵画が英国で横領され、その返還を受けることができなくなったとして、貨物保険契約に基づき、保険会社Yに対して、約3年2カ月後に保険金の支払を求めた。ところが、保険会社Yは、英国法を準拠法として、Xの告知義務違反及び損害防止義務違反、また日本法を準拠法として保険金請求権の消滅時効を援用したのに対して、Xは告知義務違反には日本法、消滅時効期間は英国法の6年が適用されると主張した。

【裁判所の判断】　日本の保険者が発行する英文保険証券中の「この保険は、一切の請求に対する責任及びその決済に関しては、イングランドの法及び慣習に準拠するものであることを、了解し、かつ約束する」との条項により、保険者のてん補責任と保険金決済に関する限り英国法に準拠するが、それ以外の一切の事項・法律問題については、日本法に準拠すべきだとするものであり、いわゆる準拠法の分割指定を定めたものと解されると判断した。

　日本法の下では、損害保険契約の保険金支払債務は、履行期に関する特約のない限り、期限の定めのない債務として、保険金支払請求を受けた時から履行遅滞に陥るものと解され（民法412条3項）、英国1934年法律改正（雑則）法3条の適用下でも同様に考えられ、保険会社は保険金支払請求を受けた時から遅滞に陥ったものと認められる等として、Xの請求を一部認容した（東京地判平成14・2・26ウエストロー・ジャパン）。

（参考） 増田史子「分割指定」国際私法百選Ⅱ【34】70頁

12 基本契約と個別売買契約
―― 継続的に取引する場合は基本契約書を締結して
個別の取引を省力化

❖**基本契約の意義**❖　何度も同種の売買を繰り返す関係においては、あらかじめ基本的な事項について取り決めておくと、個別取引の度に同じ事柄を繰り返し交渉する手間が省ける。そこで締結されるのが売買基本契約書だ。基本契約書があっても、個別の取引で通常と異なった特別の合意ができなくなるわけではない。ただ、日常的な取引の基本となる契約書であり、それに拘束されるので、基本契約は極めて重要な意味を持つ。

　基本契約は、同じパターンの取引を効率的にすることが目的だが、どこまでが適用範囲なのかは注意すべきだ。本来は適用範囲から外れる取引も「当事者間の売買基本契約によるものとする」と契約してしまうと、基本契約の適用範囲に入ってしまう。

　契約期間に関しては、1年程度にして取引の実績を見るのが適切かもしれない。海外における市況はいつ変化するか予想が困難なことも多い。長期の契約関係の固定には様々なリスクがあるから、想定外の事態にも臨機応変に対応できるようにすべきだろう。外国が輸入国となる場合、日系企業からの製品輸入で打撃を受ける現地企業との間で貿易摩擦が生じることもある。

　継続的取引では、いずれかの当事者がその取引関係に依存することがあり、その場合に取引の中止に支障が生じ、トラブルとなることもある。市場の変化や競争業者との関係等によるトラブルに巻き込まれないようにするには、継続的な取引の終了についてどういう約束なのかを契約書上において明確にしておくことが重要だ（271頁参照）。その場合、片方はなるべく契約存続を希望し、他方はなるべく契約を解消しやすいように希望する場合があろう。

　ただ、契約交渉過程で話し合っておけば、相手方が契約存続についてどういう考え方をしているかがある程度わかるだろう。それだけでも、将来の事業の計画を立てる上で参考になろう。「ある時に突然に裏切られた」という主張は、裁判では有利な事情になるかもしれないが、事業が行き詰まったり、困難になったりしては何にもならない。こうした事業のリスクを十分に踏まえて契約

【図表50】個別売買契約の注文書例

```
Date                          Terms/Conditions _____

_____
Purchase Order # _____    Ship            Via _____

Requested By _____     Ship To _____
Date Needed By _____     _____
                              ―
Account Debited _____     _____
                              ―
```

Stock Control #	Description	Quantity	Price	Total
			Total	

_____
　　　　　Authorized Signature

交渉や取引活動をすべきだ。

❖**個別契約の申込と承諾**❖　基本契約を締結しただけでは、まだ売買契約は成立しておらず、具体的な売買契約は、目的物を特定した**注文**（order＝売買の**申込**）と**承諾**（acceptance）が合致することで成立する。ただ、申込書の裏面に買主の標準契約条件が記載され、承諾書の裏面に売主の標準契約条件が記載されていることがある。通常、自社の標準契約条件は自社に有利なように作成されており、その内容で契約を成立させようとするため、問題が生じた場合に、どちらの書式による規律に服するのかが問題となる（書式の戦い）。

❖**書式の戦い**❖　一般的には、申込み内容と承諾内容の一致によって契約が成立する（ミラー・イメージ・ルール）が、現実にはそれが正確に一致しているか否かが問題となることがある。「**書式の戦い**」（Battle of the Forms）とは、注文主（買主）の申込みに対して、承諾した売主が異なった条件を付けているので、買主と売主どちらの条件が優先するのかの争いのことである。

　日本の民法に書式の戦いを規律する明文の定めはない。一応の解釈をすれば、後で出した条件は、新たな反対申込みとなり、それが黙認されれば、それで契約成立が認められよう。この点について、CISG 19 条 1 項も、条件の変更を伴

う承諾は、申込みの拒絶であるとともに、反対申込みとなる旨を定める。

　しかし、同条 2 項では、申込みに対する承諾を意図する応答が異なる条件を含んでいても、それが申込みの内容を実質的に変更しないときは、その承諾をもって契約を成立させるものとし、申込者が不当に遅滞することなく、その相違について口頭で異議を述べ、又はその旨の通知を発すると、承諾とはならず、契約は成立しない。申込者が異議を述べないと、契約内容は、申込みの内容に承諾に含まれた変更を加えたものして契約が成立する（**ラストショット・ルール**）。ただし、同条 3 項は、特に、代金、支払、物品の品質若しくは数量、引渡しの場所若しくは時期、当事者の一方の相手方に対する責任の限度又は紛争解決に関するものは、申込みの内容を実質的に変更するものと解釈するものとしている。米国UCC第 2 - 207条も2003年改正前はラストショット・ルールを採用していた。

　これに対して、ユニドロワ2016第 2 . 1 .22条は「当事者双方が定型条項を使用し、これらの定型条項以外について合意に達した場合、契約はその合意された内容及び定型条項のうち内容的に共通する条項に基づいて締結されたものとする」と定めている。これは、実質的に変更のない部分に着眼して、契約を不成立とはせず、契約を認めようとするものだ（**ノックアウト・ルール**）。2003年改正後の米国UCC第 2 - 207条、ヨーロッパ契約法原則（ 2 ：209条）もノックアウト・ルールを採用したとされる。しかし、これだけでは不一致部分をどう取り扱うかは、必ずしも明らかではなく、現実に起きる微妙な見解の相違をどう解消するかは、困難な問題だ。理論的には、一致しない部分は準拠法の任意規定でカバーすることになろうが、必ずしも予測可能性は高くない。CISGを準拠法とする事案でも、ラストショット・ルールではなく、ノックアウト・ルールを採用した裁判例等が見られ、解釈が分かれている状況だ。

　ただ、この問題は、当初は契約の成立を争わなかった当事者が、自分に不利だとわかった契約上の義務を逃れようとして、申込みと承諾の間の些細な不一致を指摘して契約を不成立にしようとして争われる傾向にある。実務的には、惰性に流されず、こまめに条件をチェックして、離齬があったらすぐに指摘するといった姿勢が重要だろう。

📖 **column** 国際ビジネスにおける信頼関係と懐疑心

　国際ビジネスでも、国内取引と同様に相互の信頼関係が重要であることに変わりはない。国際取引契約では、国境を越えることによる取引の難しさが加わる。その特有の法律問題は、複雑であり、時として解決困難である。そうした問題をできるだけ回避し、好ましい関係を構築するためには、十分なコミュニケーションとフェアネスの精神が求められる。

　ただし、異文化の相手に対しては、常に懐疑心をもって接することも必要だ。特に、継続的取引契約では、より多くの取引を繰り返し、金額的にも大きくなりがちである。取引が長期になればなるほど、その取引による経済的なインパクトも大きくなる。双方が誠実に取引関係を発展させていく意欲があってこそ、ビジネスもうまくいく。相互の信頼関係を確実なものにするためにも、販売店等の指名等、相手方の選定は慎重に行わなければならない。

　契約書は、その内容を十分に吟味することが重要である。軽率に相手方作成の文書にサインをするのは禁物だ。早くビジネスを進めたい気持ちが強くても、慎重に判断する必要がある。友好的な関係を維持するためにハードな交渉を避けてしまうと、後日に認識の違いが顕在化して余計にやっかいなことになる。締結した契約をスムーズに運用するためにも、事前に様々なリスクを最小限度にすべく、契約書をしっかりとレビューすべきである（本書第3部参照）。

　国際ビジネスにおいては、十分な法的チェックに裏打ちされた、過信に陥らない適度な信頼関係と冷静にビジネスを遂行する健全な懐疑心のバランスが重要だ。

第3章
国際的な継続的取引

1 販売店契約
—— 他国で自社の製品を流通させるため対象製品を 売却して販売店が再販売する

❖双方のメリット❖　販売店契約は、メーカー等が他国で自社の製品を流通させるため、販売店（distributor）に対して対象製品を売り、販売店が再販売する形となる取引である。したがって、メーカー等が自社の製品を海外の業者に販売したら収益は確定し、それを海外の業者のリスクで再販売してもらうことになる。この場合、メーカー等は市場参入のコストやリスクの軽減を図ることができ、販売店に積極的な販売活動を期待できる。外国事業者が国内市場に参入するために活用されることも多い。販売店契約は、専ら本人として商品の仕入れをしてもらう形で、一定のテスト期間中に販売権を与える「トライアル販売店契約」とか、メーカー、商社、海外販売業者の三社間で販売を促進する「三社間販売店契約」といった応用形もある。販売店と代理店を区別し、各メリット・デメリットを踏まえて、販売店にするのが良いのか、代理店にするのが良いのか、その基本的な違いを比較すると【図表51】のようになろう。

　もっとも、販売店か代理店なのか明らかではないものに、「特約店契約」がある。特約店は、メーカー等から買い取った商品を転売する取引を行う、従属的な系列の販売業者として整理されるものもあるが、special agent、specified agentという意味で、代理商として使われることもある。このほか、業務を特定して、本人の代行をさせるのは、代理とは区別して、本人の法律行為の使者として使うような形態を「代行契約」と呼ぶことがある。さらに、「総販売店」、「総代理店」、「総販売代理店」等といった表現があり、「特約店」その他の呼称も含めて、統一的な見解がないため、その用法も様々な例が見られる。

　リスクとしては、代理店保護法等の規制にもよるが、一般的にはどちらの場

合にも販売網の確立等のために投資しているのであれば、それに見合った補償がないと契約関係の解消にはコストがかかりやすく、その意味では販売店の方がリスクが高いとも考えられる。ところが、現実には代理店の方が資金が少な

【図表51】販売店と代理店の違い

	販売店	代理店
契約の性質	自社の製品を海外の業者に販売して、それを海外の業者のリスクで再販売してもらう契約。	メーカー等が本人で、自らは取引の本人でなく、代理人として行動。商法の代理商となりうる。
収益の上げ方	利鞘を稼ぐことによる。	手数料（コミッション）による。
代金回収の可能性とリスク	契約の相手方となる販売店の信用度チェックだけで足りる。販売店の信用力だけに集中できる。	代理店がみつけてくる数多くの買主の信用度チェックをどうするかが問題となる。
販売店・代理店側の収益の可能性とリスク	販売店が独立して収益を得る可能性もあるが、在庫リスク等を負いがちで、販売店はハイリスク・ハイリターンになりやすい。	在庫リスクはなく、販売手数料を得られるだけなので、代理店はローリスク・ローリターンになりやすい。
独禁法リスク	販売店の活動に制約を加えるにも限界がある。特に再販売価格等にメーカー等が制約すると独禁法の問題が生じる。	メーカー等が販売方法等について指示を出しやすい。売先に示す価格は「再販売価格」でなく、再販価格拘束の問題性は低い。
契約解消の問題性	販売網確立のために多額の資金を投じ、解消の場合に抵抗が強くなりやすい。	零細中小企業も多く、弱者保護の観点から、資力ある販売店よりも代理店保護法制の方が強い。
瑕疵担保責任、製造物責任や知的財産権侵害等に伴う法的責任	自らもメーカー等とともに訴訟当事者とされる危険性が高い。	訴訟当事者とされる危険性が比較的低い。
不正行為の責任	販売店の独立性が高ければ責任は別個。	代理店の不正を指示していた疑いや監督責任の問題が生じる。
メーカー等が適切に製品を引き渡すか否かの問題	販売店との契約問題にすぎず、メーカー等と販売店の契約、販売店とそこからの買主の売買契約は別々の問題となり、それ自体は特別の問題ではない。	代理店が買主との間で行った約束等について、メーカー等、代理店、買主の三者間の問題を検討しなければならないので、複雑な法律問題が生じやすい。
国際税務	恒久的施設の問題が生じにくい。	恒久的施設の論点あり。

くてもできることから、代理店保護法の立法がされることがある。ただ、それらの基本的な違いは、その性質による一般論であり、個別の契約で、いかに修正するかが契約交渉や契約書作成の重要な課題になろう。

国際ビジネス・ケーススタディ〜更新拒絶に合理的理由はあるか

　日本の販売卸売業者Xが、米国の会社Yが輸入するカミソリ製品、化粧品及びその関連製品等につき、25年間にわたり更新しながら売買契約を継続してきたが、契約期間の満了時に、Yから契約の更新を拒絶されたので、XはYに対して損害賠償を求めた。

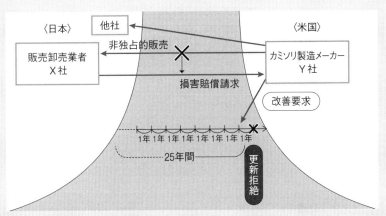

【裁判所の判断】　外国から製品の供給を受ける者が、契約の存在を前提として製品の販売のための人的・物的投資をしているときは、公平の原則ないし信義誠実の原則に照らして、製品を供給する者の契約の更新拒絶につき一定の制限を加え、継続的契約を期間満了によって解消させることについて合理的な理由を必要とすると解すべき場合がある。しかし、本件ではYが同契約の期間満了に際し、その更新を拒絶することは、XとYが対等の取引関係にあり、Xが本件契約の終了により多大の先行投資の回収ができなくなるとまでは認められず、XがYの供給する製品の販売に熱意がないと疑うに足りる事情があること等から、売主の更新拒絶は公平の原則、信義則に反するとはいえず、一応の合理性が認められ、製品の供給を停止したことに違法性はないとして、販売卸売業者による損害賠償請求が否定された（東京地判平成11・2・5〔確定〕判時1690号87頁）。

2 代理店契約
——他の事業者のために取引の代理又は媒介

❖手数料で稼ぐ❖　日本での本来的な「代理店契約」とは、専ら他の事業者の営業の部類に属する取引の代理又は媒介を業とする商人で、いわゆる「代理商」が一方当事者となるものだ（商法27条）。国内の代理商の例としては損害保険代理店が挙げられるが、代理商は商品販売でも利用できる。この場合、末端の顧客と直接の取引関係に立つのは、代理商ではなく、本人である商人である。即ち、代理店としての活動を行って顧客との間に取引が成立した場合、代金の支払及び製品の受渡しは、あくまでも顧客と本人との間で行われ、代理店は必ずしもこれに関与しない。通常の代理店契約では、代理店は権限を付与してくれた本人のために成果を上げることで手数料（コミッション）を受領するので、これが代理店の収益源となる。

　これに対して、英米法でのAgencyとは、日本法の代理商、問屋（同法551〜558条）、仲立人（同法543〜550条）等をすべて包含する概念なので、契約書の定めがAgencyであることをもって、直ちにその法的地位を確定することはできず、その取引の実体に即して判断しなければならない。Merriam-Webster Online Dictionary等の海外の法律用語事典でも、Agent、Agencyといえば、法律的には本人のために行為をすることにより、この行為の効果が本人に帰属する代理の考え方が含まれている。

❖日本の商法における規律❖　国際取引においては販売店契約と混同されがちで、契約書の名称だけからは即断すべきではない。ただ、日本の商法をあてはめると、代理店契約には、締約代理店と媒介代理店の区別がある。取引の代理をするのが締約代理商で、媒介をするのが媒介代理商だ。日本法では、物品の販売又はその媒介の委託を受けた代理商は、売買に関する通知を受ける権限を有し（同法29条）、取引の代理又は媒介をしたことで生じた債権の弁済期が到来していれば、その弁済を受けるまでは、原則として当該代理商が占有する物又は有価証券を留置する権限を有する（同法31条）。その代わり代理商が取引の代理又は媒介をしたときは、遅滞なく、本人に対して通知を要する（同法27条）とか、無断での競業行為が禁止される（同法28条）等の定めがある。

　締約代理商では、代理店が本人に代わって契約を締結する権限を有する。し
かし、代理店に契約締結権限を付与すると、その国での**恒久的施設**（Permanent
Establishment＝PE）を有する者として事業所得課税の対象となり、税務申告
をする義務が生じることになりやすいので、国際的な取引では不都合である。
それに対して、媒介代理商では、代理店といっても法律行為を行う代理権を有
しているわけではなく、専ら受注活動を行うものとされ、国際取引契約では契
約締結権限がないことが明記される。

　代理商の場合、実際に商品を引き渡すのは本人であることが予定されている。
これに対して、代理店に商品を寄託して、本人に代わってその商品を引き渡し
てもらうか販売してもらうこともあり、そこまでの委託をする形は「委託販売
契約」とも呼ばれる。媒介代理商にも委託販売があり、例えば業種としては損
害保険代理店や旅行業代理店業者等は、委託を受けた受託者が代理して第三者
と委託者の契約を媒介する形の媒介代理商として、委託販売を行うものといえ
よう。代理店契約を使うときは、このいずれの場合であるかを明確に整理して
おくことが必要だ。このほか、問屋という別の類型もある。「販売代理店契約」
は、代理店契約のような呼称だが、ケースによっては販売店にすぎず、「代理」
には何らの法的な意味もないことがある。

【図表52】　日本の代理商

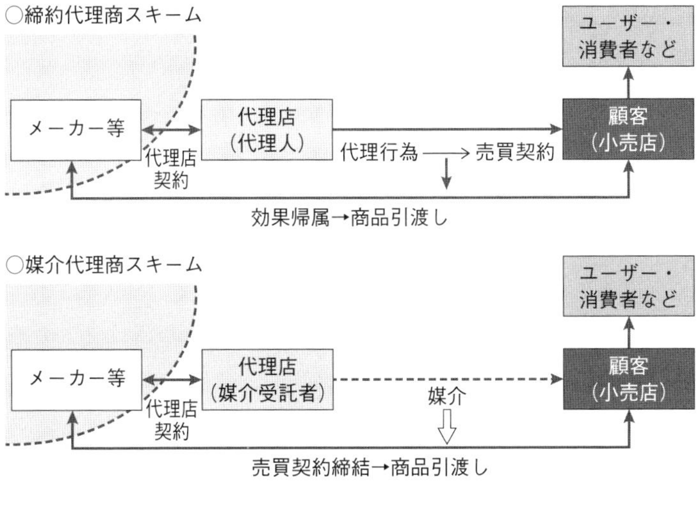

○締約代理商スキーム

○媒介代理商スキーム

国際ビジネス・ケーススタディ～元従業員の競業避止義務違反

　　外国メーカーＡ社はその日本の代理店（食品原料等の輸入・販売会社）である
Ｘ社に対する商品供給を停止し、Ｘ社の元従業員（Y₂）が在職中に新たに設立
した有限会社Ｙ社がＡ社の代理店となった。Ｘ社は、Y₂が商品の仕入先会社と
共謀し、Ｘ社に対する商品供給を停止し、Ｘ社と競業関係にあるＹ社を設立した
と主張し、Ｙ社の従業員Y₂の行為が雇用契約上の付随義務に違反したとして損
害賠償を求めた。

【裁判所の判断】　Ａ社の代理店であるＸ社の従業員Y₂が、Ａ社が日本国内にＹ
社を設立するのに協力し、その代表取締役になったことは、Y₂のＸ社に対する
債務不履行になる。しかし、Ａ社がＸ社に商品供給停止を通告してきた時点では、
Ｙ社はまだ設立中の会社として成立しておらず、Ａ社の行為及びこれに協力して
Ｙ社の代表取締役になったＸ社元従業員Y₂の行為が不法行為になるとしても、
その不法行為の効果はＹ社に帰属しない。Ａ社と、これに協力したY₂とＹ社は
法人格が異なる以上、Ｙ社はその成立前になされた商品供給停止によって反射的
に利益を得ているにすぎず、Ｙ社がＸ社の代理店契約上の権利を侵害したと評価
することはできない。しかし、在職中にＹ社を設立したY₂について、雇用契約
に付随する競業避止義務に反するとして、Ｘ社への損害賠償が命じられた（東京
地判平成11・5・28〔控訴後和解〕判時1727号108頁）。

3 独占的権利の付与
──所定の領域内で唯一の独占的・排他的な権利を取得する

❖**市場から締め出されるリスク**❖　　ある領域（Territory）での販売等を展開す
る場合、"sole and exclusive"等の表現によって、独占的・排他的な権利を付
与することによって、集中的・積極的な事業活動のインセンティブを高めよう
とすることがある。特にわざわざ唯一性を強調する場合には、本人の販売権や
他の製品についても第三者への販売権付与を認めないためであることがある。

　　もっとも、単にexclusiveと形容詞をつけるだけでは、どのような内容であ
るかが必ずしも一義的に明らかとはいえない。例えば、後述のライセンス契約
（180頁以下参照）の文脈で、exclusive licenseといえばライセンサー自身も当該

【図表53】独占的権利があるケース

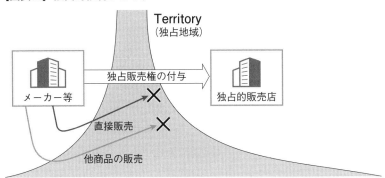

知的財産権を使用できない独占的ライセンスを意味し、sole licenseといえば、ライセンサー自身の使用が認められる準独占的ライセンスを意味すると理解する法域もある。この点の意義についての紛争を回避するため、独占的権利とは何を意味するのかについて具体的な内容を明記すべきだろう。

　独占権を付与する側は、相手方に対して必要以上の権限を付与することのないように、厳密に契約対象製品の範囲を定義して、当初は考えてもいなかったような商圏まで相手方に主張されることのないようにする必要がある。例えば、ある領域で「全製品」を販売する独占販売店に指名すると、一部製品について商談をしていたから、当然にそれだけの独占権だと思っていたのに、全製品に独占権を与えたことになり、その市場では他の製品を他の業者に販売させたり、自ら販売したりできなくなる。

　そこで、独占的な権利を付与する場合は、その製品の範囲、期間、場所等を限定し、更にどういう条件を付けるかを十分に検討する必要がある。一般的には、独占権を付与する場合には、その代わりに相手方には競合製品の取扱い等を禁止する**競業避止義務**や最低購入数量（ノルマ）をセットで考えることを原則とすべきだろう。ただ、競業避止義務や最低購入数量は、非独占的な取引にも付されることがある。また、独占権の付与に付随して設けられる販売先の指定、テリトリー制等の非価格制限行為が競争法と抵触しないかに注意すべきであり、例えば日本では公正取引委員会の「流通・取引慣行に関する独占禁止法上の指針」等にも留意する必要がある。

4 国際フランチャイズ契約
——強力なイメージ戦略の下にフランチャイザーの 指導・援助で事業展開

❖**特定のブランドを提供する継続的関係**❖　フランチャイズ契約は、米国で開発され、世界中に普及した手法だ。フランチャイズ契約と代理店契約や販売店契約との違いは相対的なものともいえる。代理店契約や販売店契約でも、同一のマーク、イメージを使って営業活動を行わせ、かなり規制を加えている場合には、フランチャイズ契約と似たような形になる。

　Franchisor（フランチャイザー）は、フランチャイズ・ビジネスを運営する企業として、フランチャイズの特権等を付与する「本部企業」だ。その相手が、Franchisee（フランチャイジー）であり、いわゆる加盟店・加盟者（社）として、それらの特権等を付与される者である。その特権等は所定の地域で独占的な場合と非独占的とされる場合がある。所定の地域で独占的にフランチャイジーを募集する権利を付与された当事者は、マスター・フランチャイジー又はエリア・ディベロッパーとも呼ばれ、その地域でのフランチャイザーとなる。

　フランチャイザーは、フランチャイジーに対して、①一定の商品やサービスを提供する権利、②経営上・営業上のノウハウ、③所定の商標、サービス・

【図表54】フランチャイズ契約の仕組み

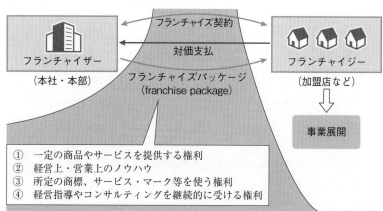

フランチャイザー（本社・本部）	フランチャイズ契約	フランチャイジー（加盟店など）
	対価支払	
	フランチャイズパッケージ（franchise package）	事業展開

① 　一定の商品やサービスを提供する権利
② 　経営上・営業上のノウハウ
③ 　所定の商標、サービス・マーク等を使う権利
④ 　経営指導やコンサルティングを継続的に受ける権利

マーク等を使う権利、④経営指導やコンサルティングを継続的に受ける権利等を付与する。これらは、**フランチャイズパッケージ**（franchise package）等とも呼ばれ、フランチャイズ契約の対象となる。

　この対価として、フランチャイジーはフランチャイザーに加盟店料やロイヤリティ（royalty）等を支払い、フランチャイザーのマニュアルを遵守する等、その指示・指導に従う義務を負う。フランチャイズ契約はフランチャイジーがフランチャイザーに従属するような形にも見えるが、双方はあくまでも独立した取引事業者である。通常の販売店・代理店の場合には、店舗運営や営業活動の方法に関する詳細な指示は少なく、継続的な指導もほとんどない場合が多いのに対して、フランチャイズの場合にはこの指示が多く、フランチャイジーがかなり拘束される点に特徴がある。

　フランチャイザーは、自分たちの営業所を設置運営するコストと危険を避けて、フランチャイジーに事業を行わせ、比較的リスクを低く抑えながら安定的な収益を期待できる。また、フランチャイザーは、大量仕入れ・大量生産によって、比較的質の高い商品を提供でき、広告・宣伝等では、フランチャイズ・ビジネスならではの大々的な販売促進活動を展開できる。フランチャイザーが得られる対価には、商品等の代金に加えて、ロイヤリティや加盟金や加盟手数料、保証金等が含まれる。こうした方法を通じて、効率的に広く末端顧客を獲得でき、広域展開ないし全国展開を目指すビジネスに適している。

❖**フランチャイズ契約の規制**❖　国によっては、フランチャイズ契約のあり方を規制する法律が整備されている。例えば米国では代理店保護規制の一環として、フランチャイズ契約でも各種の規制があることに注意する必要がある。米国のフランチャイズに関する規制は、証券規制と類似するような開示規制とフランチャイザーとフランチャイジーの実体的な関係の規制とからなり、連邦レベルと州法で規制されている。日本では、中小小売商業振興法の特定連鎖化事業に関する規制（同法11条等）のほか、公正取引委員会の「フランチャイズ・システムに関する独占禁止法上の考え方について」と題するガイドラインや日本フランチャイズチェーン協会による開示自主基準等に留意する必要がある。国際フランチャイズ契約でも、この種の規制に注意すべきだろう。

5 国際ライセンス契約
——知的財産権の効果的活用をめぐる利害対立を克服する国際的な取り組み

❖**属地主義と国際的保護の枠組み**❖　ライセンス契約（使用許諾契約）は、知的財産権の使用を許諾する契約で、取引される知的財産権には**【図表55】**のように多くの種類がある。ライセンス契約は、特許権、商標権等の産業財産権のほか、著作権やノウハウのように登録されていない知的財産権をも取引の対象とする。これらの知的財産権は、基本的に個々の国家が国内法で権利を創設・付与するので、ある国で認められた知的財産権が当然に外国で権利性を認められるとは限らない（**知的財産権の属地主義**）。

そこで、1883年に工業所有権の保護に関するパリ条約、1886年に文学・美術作品等の著作権の保護に関するベルヌ条約が成立し、その事務局を前身として**世界知的所有権機関**（World Intellectual Property Organization＝WIPO）が設立され、1974年に国連の専門機関となった。WTOでもTRIPS協定（10頁参照）を中心に、国際的な知的財産保護の枠組みが整備されてきた。WIPOは、知的財産権保護の国際的な促進のため、各国制度の調和等を目的とする条約の策定、技術協力を通じた途上国における保護水準の引上げ、情報化の推進のほか、知的財産権に関する条約、国際登録業務の管理・運営を行っており、その加盟国は193カ国に及んでいる（2020年12月現在）。近時、知的財産権の保護を強化する政策を採る国も増えており、知的財産紛争を専門的に取り扱う裁判所を整備する国もある。日本の知的財産高等裁判所等も、こうした世界的な潮流に沿うものだ。

海外との取引が活発化すると、海外で自社の技術や情報が盗まれるリスクも高まる。このため、知的財産権の侵害が顕在化した場合には、その救済を求めて、その実効性を確保する必要がある。そこで、外国でも知的財産権を活用したい当事者は、その国でも知的財産権として認められるようにする必要がある。著作権や不正競争防止法で保護される権利のように登録手続なしに成立するものもあるが、特許権等のように出願手続等を要するものについて多くの国で類似の手続を取るのは大変な作業だ。これを軽減するため、**特許協力条約**（Patent

【図表55】知的財産権の種類

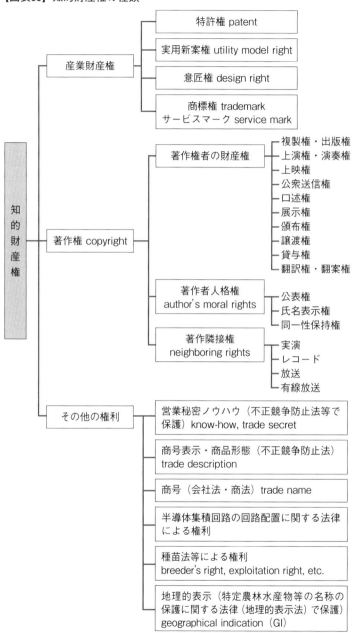

Cooperation Treaty）等があり、国際出願制度が整備されている。

国際ビジネス・ケーススタディ〜FM信号復調装置事件（カードリーダー事件）

　Xは、「FM信号復調装置」という米国特許権を有するが、日本で本件発明と同一の発明について特許権を有しない。Yはカードリーダーなる製品を日本で製造して米国に輸出し、Yの完全子会社（米国法人）が米国で輸入・販売していたので、XはYに対して、本件発明の技術的範囲に属するとして差し止め、Y製品の廃棄及び損害賠償等を求めた。

【裁判所の判断】　特許権についての属地主義の原則とは、各国の特許権が、その成立、移転、効力等につき当該国の法律によって定められ、特許権の効力が当該国の領域内においてのみ認められるとすることを意味する。米国で販売される米国特許権の侵害品を我が国から米国に輸出した者に対する、米国特許権の侵害を積極的に誘導したことを理由とする損害賠償請求について、法例11条1項（当時）にいう「原因タル事実ノ発生シタル地」は米国である。

　米国特許法271条(b)項は、特許権侵害を積極的に誘導する者は侵害者として責任を負う旨規定し、直接侵害行為が同国の領域内で行われる限りその領域外で積極的誘導が行われる場合をも含むものと解されている。また、同法283条は、特許権が侵害された場合には、裁判所は差止めを命ずることができる旨規定し、裁判所は侵害品の廃棄を命ずることができるものと解されている。したがって、同法271条(b)項、283条によれば、本件米国特許権の侵害を積極的に誘導する行為については、その行為が我が国においてされ、又は侵害品が我が国内にあるときでも、侵害行為に対する差止め及び侵害品の廃棄請求が認容される余地がある。

　しかし、我が国は、特許権について属地主義の原則を採用しており、これによれば、各国の特許権は当該国の領域内においてのみ効力を有するにもかかわらず、本件米国特許権に基づき我が国における行為の差止め等を認めることは、本件米国特許権の効力をその領域外である我が国に及ぼすと実質的に同一の結果を生ずることになって、属地主義に反するものであり、本件米国特許権侵害を積極的に誘導する行為を我が国で行ったことに米国特許法を適用した結果我が国内での行為の差止め又は我が国内にある物の廃棄を命ずることは、我が国の特許法秩序の基本理念と相いれないというべきである。したがって、米国特許法の上記各規定を適用してYに差止め又は廃棄を命ずることは我が国の公の秩序に反するものと解するのが相当であるから、米国特許法の上記各規定は適用しないとして、Xの請求は棄却された（最判平成14・9・26民集56巻7号1551頁、判時1802号19頁）。

(参考)　島並良「特許権の侵害」国際私法百選Ⅱ【51】104頁

❖**各種の類型**❖　知的財産権は様々な形で国際取引において問題となる。例えば、知的財産権を利用した商品の国際取引で、特許や商標等を使った商品が外国に輸出された場合に、その知的財産権がどのように保護されるかが問題となる。また、知的財産権そのものが取引の客体となるライセンス契約の有効性や解釈が問題となる。ライセンス契約について登録制度を設けている国もあり、多くの国は登録を成立要件とはしていないが、登録による何らかの法的効果を有する国も多く、法域によってライセンス契約の効力等についても様々な違いがあるので、当該法域の専門法律家の助言を受けるべきだろう。ライセンス契約には、特許権、商標権、著作権等の知的所有権又はノウハウ等の使用許諾契約等様々な類型がある。さらに、それらの複合したフランチャイズ契約、プラント輸出契約（199頁参照）や国際OEM契約（190頁参照）等がある。

　ライセンス契約には、一定の領域で独占的に付与されるものと、非独占的なライセンスの場合とがある。非独占的なライセンスの場合は、対象となる知的財産権を独占的に使用する権利までではない。ライセンス契約は、知的財産権が認められる国での権利の使用を許諾する取引のために締結される。ライセンスを受ける当事者（ライセンシー）の側からするとできるだけ利用範囲が広くなるようにしたいと考えるだろう。しかし、ライセンス契約には多くの場合、使用に条件が付けられ、勝手な使い方ができない。その使用を許諾する当事者（ライセンサー）の立場からすると、想定外の使用を禁止するためにできるだけ

【図表56】ライセンス契約

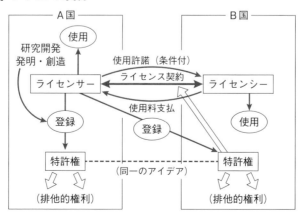

制限を設けようとする。想定外の方法で使われると、思わぬ危険を生じさせたり、本来の機能を発揮できなかったりするリスクが生じるからだ。

　ライセンシーは、他社の開発・取得した知的財産権に対してライセンス料を支払い、ライセンシーのリスクで製品を生産する。ライセンスの対価の支払方法は、そこで使用が許される知的財産権の性質や使用の仕方にもよるが、一定金額を払い切る形、期間等使用の数量に応じて払う形、使用に応じた収益（売上高）に応じて払う形等、いろいろと考えられる。基本ライセンス料と売上げに応じた一定率のライセンス使用料の二本立てがオーソドックスだ。一般的には独占的ライセンスの方が、非独占的な場合よりも対価は高くなる傾向がある。このほか、第三者の知的所有権を侵害した場合の取扱いについて細かく定める条項等が設けられることもある。

　いずれの場合にも、ライセンス契約においては知的財産権と独禁法ないし米国反トラスト法やEU競争法等の緊張関係が問題となりやすいので、例えば日本の公正取引委員会の指針（「知的財産の利用に関する独占禁止法上の指針」（平成28年1月21日改正）等を参照して適切な内容を目指すべきだろう。しばしば問題となる条項として、ライセンシーが使用許諾された知的財産権の有効性を争わないとする**不争義務**を負わせる条項、ライセンシーが取得することになる全部又は一部の権利をライセンサー等に対して行使しない**非係争義務**を負わせる条項、改良技術の実施をライセンサーに許諾する**グラントバック条項**、ライセンシーの開発した改良技術をライセンサーに譲渡させる**アサインバック条項**、改良技術を相互に使用許諾する**クロスライセンス条項**等がある。ライセンシーの側は、不当な条項を押しつけられないように粘り強く交渉することが重要だ。

国際ビジネス・ケーススタディ〜日立製作所職務発明事件

　会社の元従業員が、在職中にした職務発明について、日本の特許を受ける権利とともに外国の特許を受ける権利を会社に譲渡したことにつき、会社に対して特許法35条3項所定の相当対価の支払を求めた。

【裁判所の判断】 外国の特許を受ける権利の譲渡に伴って譲渡人が譲受人に対しその対価を請求できるかどうか、その対価の額はいくらであるかなどの特許を受ける権利の譲渡の対価に関する問題は、譲渡の当事者がどのような債権債務を有するかという問題にほかならず、譲渡当事者間における譲渡の原因関係である契

約その他の債権的法律行為の効力の問題であると解されるから、その準拠法は第一次的には当事者の意思に従って定められる。本件で会社と従業員の間には、当該譲渡契約の成立及び効力につきその準拠法を日本法とする旨の黙示の合意があるから、従業員が外国の特許を受ける権利を含めてその譲渡の対価を請求できるかどうか等、本件譲渡契約に基づく特許を受ける権利の譲渡の対価に関する問題については、日本法が準拠法となる。その雇用関係に基づいて特許法35条1項所定の職務発明に該当する本件各発明をし、それによって生じた米国、英国、フランス、オランダ等の各外国の特許を受ける権利とともに会社に譲渡したのだから、上記各外国の特許を受ける権利の譲渡に伴う対価請求については、同条3項及び4項が類推適用され、同条3項に基づく同条4項所定の基準に従って定められる相当の対価の支払を請求することができる（最判平成18・10・17民集60巻8号2853頁、判時1951号35頁）。

（参考） 横溝大「特許法上の職務発明」国際私法百選Ⅱ【52】106頁

❖**特許・ノウハウ等のライセンス**❖　特許・ノウハウ等のライセンス契約は、技術導入・移転契約といった色彩がある。その場合に使用が許諾されているのは、登録されている特許権だけではない。それ以上に重要なのが、**営業秘密**（trade secret）や非公開のノウハウであり、付随的な権利やノウハウ等の使用許諾が伴うことがある。このため、ライセンスの対象となる特許権が期間満了で消滅しても、ノウハウが価値のあるものとして存続していれば、そのライセンスが成立する。したがって、特許期間が満了してもライセンス契約が当然に消滅するわけではなく、その後の取扱いを明確に定めておくべきだろう。ただ、期間満了後の契約によるノウハウ等の使用の可否については、競争法に抵触しないかという点にも注意する必要がある。

　世界各国の営業秘密に関する法規制は、①不正競争防止法や営業秘密保護法といった個別法によるもの、②民事上の不法行為又は契約責任及び刑事責任によるもの、③主としてコモンローによるものなどに大別される（ただ、米国には企業秘密に関するモデル法典として、統一営業秘密法（Uniform Trade Secrets Act＝UTSA）が多くの州で採択されており、個別法による部分もある。）。営業秘密は、一部を除き、多くの国が①非公知性・秘密性、②価値性・実用性、③秘密管理性を要件とするので、情報の厳格な管理が求められよう。

❖ブランドのライセンス❖　商標や商号等のビジネスブランドのライセンスは、その顧客吸引力を活用するものだ。例えば、海外の有名ブランドやキャラクター商品の分野では、商標等を付した商品の生産・販売を一定の販売領域に限って許可することが考えられる。この場合、ライセンサーは商品のイメージ管理、品質管理を徹底する必要がある。独占的ライセンス契約を結んだライセンシーだけがその商標を使用でき使用許諾された商標やキャラクターを製品に付けることができ、商品を差別化して付加価値を上げることが期待できる。

　海賊品等が出た場合には、可能な限り知的財産権侵害に対して民事責任の追及をする必要があるものの、相手方の支払能力等の理由から実効性が期待できないこともある。経産省は、模倣品・海賊版による被害を受けた場合の法令等の照会、外国政府への働きかけ等の相談を受ける総合窓口を設けているが、これは入口にすぎない。侵害者の刑事責任追及のほか、WTOへの提訴、WIPOが作成する海賊版対策に対する成功事例集を参考にした対応等も考えられよう。

❖FRAND宣言❖　かつては特許権があれば当然に使用差止請求ができると考えられていたが、重要な技術では問題がある。各種の標準化団体において、参加企業の特許権等の知的財産権が標準規格に必須となる場合、標準規格に準拠した製品・サービスを提供するために不可欠の特許を「**標準必須特許**」（Standard-Essential Patent＝SEP）とし、権利者に開示義務を課して特許権等の開示を求め、その権利を**公正、合理的かつ非差別的**（Fair, Reasonable And Non-Discrimitory＝FRAND）な条件でライセンスをする宣言（FRAND宣言）が求められる。また、FRAND条項を理由として、特許権に基づく差止請求が認められない可能性がある。FRAND条項に同意しているのに特定の企業に対して差止めを行うのは競争法に抵触すると考えられるからだ。

国際ビジネス・ケーススタディ〜アップル対サムスン事件

　サムスンによる日本国内でのアイフォンの生産、譲渡、輸入等の行為は、アップルが有する「移動通信システムにおける予め設定された長さインジケータを用いてパケットデータを送受信する方法及び装置」とする特許権の侵害行為にならない等と主張して、サムスンがアップルに対して損害賠償債務不存在の確認を求めて提訴した。

【裁判所の判断】　特許権に基づく差止請求の準拠法は、当該特許権が登録された

国の法律であると解される（最判平成14・9・26民集56巻7号1551頁）から、本件には日本法が適用される。サムスンの各製品は、その一部が日本で取得されたアップルの特許発明の技術的範囲に属する。本件特許権には無効理由がなく、部品が譲渡されたことで完成品の特許権が消尽した旨の主張は排斥された。

　特許権者によるFRAND宣言はライセンス契約の申込みとは認められないから、当該FRAND宣言ではライセンス契約が成立しておらず、アップルは損害賠償を請求できる。すなわち、FRAND条件でのライセンス料相当額の範囲内の損害賠償請求、FRAND条件でのライセンス料相当額の範囲内での損害賠償請求は、必須宣言特許による場合でも制限されない。

　それに対して、FRAND条件でのライセンス料相当額を超える損害賠償請求やFRAND宣言をした特許権者が当該特許権に基づいてFRAND条件でのライセンス料相当額を超える損害賠償請求をする場合、その請求を受けた相手方（サムスン）は、特許権者がFRAND宣言をした事実を主張・立証をすれば、ライセンス料相当額を超える請求を拒むことができる。

　よって、アップルによる特許権に基づく損害賠償請求権の行使は、FRAND条件でのライセンス料相当額を超える部分では権利の濫用に当たるが、FRAND条件でのライセンス料相当額の範囲内では権利の濫用に当たらない。ただ、アップルの特許権に基づく差止請求権の行使は、権利の濫用に当たり許されない（iPhone大合議事件判決・決定、知財高判平成26・5・16判時2224号146頁、判タ1402号166頁及び知財高決平成26・5・16判時2224号89頁、判タ1402号226頁）。

❖並行輸入の取扱い❖　真正商品の並行輸入とは、知的財産権の権利者によって外国で適法に流通経路に置かれた真正商品が、当該権利者から許諾を得ていない第三者によって輸入されることをいう。権利者とすれば、こうした輸入を差し止めたいところだが、他方において自由な流通を阻害するおそれがあるものとして激しく争われてきた。基本的に真正商品の並行輸入は違法性がないものとして差止めは認められないことが多いが、特許権、商標権、著作権等の権利によって、その理由づけは異なる。ある知的財産権にかかる製品が譲渡されて使用料を取得したら、その製品については当該知的財産権が使い尽くされたものとして、その製品が外国に転売された場合でも、権利者が再度の権利行使を認めないという**国際消尽論**を認める領域は限られている。

　もっとも、並行輸入を止められないと、独占的な販売権を有する意味がなくなるのではないかとの疑問が湧くかもしれない。しかし、独占的に仕入れを確保

でき、メーカー等のバックアップに裏づけられた信用が高く評価できることもある。また、並行輸入を事実上回避するためには、主要国ごとにスペックを変えたり、直販方式を用いたりする等の方策が取られることがある。

【図表57】日本における並行輸入の取扱い

	国際消尽論	輸入差止めの可否
特許権	否定 （最判平成9・7・1、BBS並行輸入事件）	特許権者が留保を付さないまま特許製品を国外で譲渡した場合には、譲渡人の特許権の制限を受けないで当該製品を支配する権利を黙示的に授与したと解すべき。ただし、特許権者が国外での特許製品の譲渡に当たって日本での特許権行使の権利を留保することは許される。 →①特許権者が、譲受人との間で特許製品の販売先ないし使用地域から日本を除外する旨を合意し、②製品にこれを明確に表示した場合 →差止可能
商標権	否定 （最判平成15・2・27、フレッドペリー並行輸入事件）	真正商品の並行輸入は、商標の出所表示機能及び品質保証機能を害することがなく、商標の使用をする者の業務上の信用及び需要者の利益を損なわず、実質的に違法性がない。 →商標の①出所表示機能を害し、②品質保証機能を害するおそれがあれば、真正商品の並行輸入ではない。 →差止可能
著作権	著作権法で一部容認	著作権法26条の2、113条5項により、商業用レコードについて差止可能

国際ビジネス・ケーススタディ～BBS並行輸入事件

　日本とドイツで特許権を有するドイツ法人から日本法人に対してなされた真正商品の並行輸入及び販売等の差止め、並びに損害賠償の請求がなされた。

【裁判所の判断】　日本の特許権に関して、権利行使の対象とされている製品が当該特許権者等により国外で譲渡されたという事情を、特許権者による特許権の行使の可否の判断に当たってどのように考慮するかは、専ら日本の特許法の解釈の問題であり、パリ条約や属地主義の原則とは無関係であって、この点についてどのような解釈を採っても、パリ条約4条の2及び属地主義の原則に反しない。

　現代社会で国際経済取引が極めて広範囲かつ高度に進展しつつある状況に照ら

せば、日本の取引者が国外で販売された製品を日本に輸入して市場の流通に置く場合でも、輸入を含めた商品の流通の自由は最大限尊重すべきである。国外での経済取引でも、国内と同様に、譲受人は譲渡人の全ての権利を取得することを前提として、取引行為が行われる。特許権者が国外で特許製品を譲渡した場合でも、譲受人又は特許製品を譲り受けた第三者が、業としてこれを日本に輸入し、日本でこれを使用し他者に譲渡することは当然に予想される。この場合、特許権者は、譲受人に対しては、当該製品の販売先ないし使用地域から日本を除外する旨を譲受人との間で合意した場合を除き、譲受人から特許製品を譲り受けた第三者及びその後の転得者に対しては、当該製品について日本で特許権を行使できないとして、特許製品の並行輸入に対する製品の輸入・販売の差止め等を認めなかった（最判平成 9 ・ 7 ・ 1 民集51巻 6 号2299頁、判時1612号 3 頁）。

（参考）　駒田泰士「属地主義」国際私法百選Ⅱ【50】102頁

国際ビジネス・ケーススタディ～フレッドペリー並行輸入事件

　Y（輸入者）が輸入、販売するポロシャツが偽造品である旨のXの広告がYの営業を妨害し、又は信用を害するものであるとしてYがXに対して損害賠償等を請求したのに対し、XがYに対してYの行為が商標権を侵害すると主張して損害賠償等を請求した。

【裁判所の判断】　真正商品の並行輸入は、商標の機能である出所表示機能及び品質保証機能を害することがなく、商標の使用をする者の業務上の信用及び需要者の利益を損なわず、実質的に違法性がない。しかし、本件商品は、外国の商標権者の同意なく、契約地域外の工場に下請製造させたもので、許諾条項に定めた許諾の範囲を逸脱して製造され、本件標章が付されたもので、商標の出所表示機能を害し、製造国及び下請の制限条項は、商標権者が商品の品質を管理する上で重要であり、その条項に反する行為は、商標の品質保証機能を害するおそれがある。本件商品の輸入は、真正商品の並行輸入と認められず、実質的違法性を欠くということはできない。輸入業者は、輸入申告の際に輸入商品の製造地を明らかにする必要があるから、商標権者から使用許諾を受けた者が日本における登録商標と同一の商標を付した商品を輸入する場合では、少なくとも使用許諾契約上、被許諾者が製造国で当該商品を製造し当該商標を付しうる権原を有することを確認した上で当該商品を輸入すべきである（最判平成15・ 2 ・27民集57巻 2 号125頁、判時1817号33頁）。

（参考）　大友信秀「並行輸入」国際私法百選Ⅱ【53】108頁

6 国際OEM契約
──製品を企画して製造を委託して製品を買い取る生産業務提携契約

❖OEM契約の意義❖　OEM契約（Original Equipment Manufacturing/Manufacturer）の定義は、必ずしも国際的に確立しているわけではないが、一方当事者（発注者）が一定の製品を企画してその製造を相手（製造者）に委託し、その完成した製品を買い取るという生産業務提携契約の一種だ。

OEM供給には完成品供給と部品供給の2種類がある。その目的は、発注者が自社ブランドで販売するための製品を製造させる場合や、中小の製造企業が有名メーカーのブランドで委託生産をさせてもらう場合等、多彩である。東南アジアの安価な生産力を活用するため、日系企業が発注者となる国際OEM契約が典型的なものだ。

発注者にとってOEMは、新たな設備投資の節約や消費者ニーズへの柔軟な対応を可能にする。OEM契約では、発注者が製品の仕様から部品・原材料の種類・品質、数量・コスト・生産方法、納期・履行地その他の条件、商標管理等の重要事項を定め、ブランドイメージに沿った商品を製造・販売する必要が

【図表58】国際OEM契約のポイント

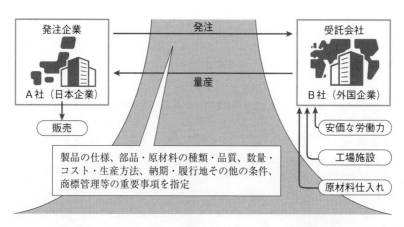

ある。OEM契約では、知的財産権のライセンサーが海外委託生産のできることが前提で、特許やノウハウ等を製造者にライセンスし、受注者によるブランドの無断使用・流用を厳禁する必要があろう。

　完成した製品の管理権及び所有権は、発注者に帰属させるのが通常だが、これを確保するため、製造者との間で仕様書、設計図、原材料、資材の供給及び製造上の機密情報に関する秘密保持が重要だ。また、発注者側は、OEM生産による製品供給に依存しがちなので、製造中止や供給拒絶ができる事由をできるだけ具体的に制限する必要がある。

　この取引を製造者側から見ると、同じ商品でデザインを少し変え、他社ブランドで売る分と自社で売る分を作ることで、量産効果によりコストダウンと売上高の増大が期待できる。しかし、往々にして一定の設備投資をする必要があるので、最低購入保証のほか、生産中止の場合の処理、契約期間の定め、終了時の措置等について特に注意する必要がある。最低限度は契約で保証されるベースで採算が合うようにすべきであり、採算が合わないようであれば、将来の話し合いに問題を先送りするのではなく、何らかのリスクの回避をしておくべきだろう。また、製造者はOEM受注だけでは、いつまでたっても自社ブランドを浸透できず、生産量が常に納入先に依存するという難点がある。

　国際OEMについては、商標、技術等知的財産権に関する規定や独禁法の規制等、法的に検討すべき多くのポイントがある。発注者は、製造物責任のリスクを負い、表に出ない製造者よりも被害者から責任追及される可能性が高い。そのため、発注者は被害者に支払った損害金を製造者に求償できるか否か、品質保証やクレーム処理等について、明確に定める必要がある。その他、国際売買契約と共通する事項をカバーする必要がある。

　なお、CISG3条は、発注者が製造又は生産に必要な材料の実質的な部分を供給することを引き受けない限り、物品を製造し、又は生産して供給する契約を売買と扱っているので、国際OEM契約にはCISGが適用される可能性がある。

7 国際業務提携契約
—— 自社だけでの限界を打破するためにリスクの分散と業務の拡大を狙いとする

❖**戦略的目標を明確に**❖　業務の提携には様々な形があり、研究・開発提携、生産提携から、販売提携まで、事業のあらゆる段階において提携の可能性がある。また、規格品質の統一協定や人事交流協定まで業務提携の一種と見られている。さらに、単なる紳士協定にすぎない程度のものから、かなり明確な義務を負わせる契約まである。資本提携を基礎に置いた業務提携等の拡大が、将来のM&Aを見据えた布石として行われることも少なくない。

　業務提携は、垂直型と水平型に分類されることがある。垂直型とは、完成品メーカーと部品メーカーとで共同開発等を行うもので、水平型とは同業種企業が新型製品開発のために共同するといったものだ。いずれも、事業提携は、将来的にどういう戦略的なメリットがあるのかを整理しておくことが不可欠だ。

　現実のビジネスでは、業務において必要とされる国際的な提携のあり方がどうあるべきかが、この種の契約の最も重要なポイントだ。それは各自の会社のそれぞれの事業環境によって異なり、正解があるわけではない。

❖**契約書作成のポイント**❖　業務提携のコンセプトないしアイデアが固まり、相手方との交渉で取引の内容を決めて、それを契約書の形に具体的に示すこと

【図表59】国際業務提携契約

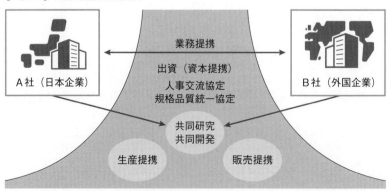

が契約書作成の作業となる。それは契約締結においては一番最後の仕事であるが、しっかりと正しいアイデアを反映させるようにしないと、せっかくの提携もうまい結果を出せなくなってしまう。

　契約書作成のチェックポイントとしては、それが相互に有益なもので、バランスの取れたものになっているかどうかが最も重要だ。業務提携契約の目的は千差万別なので、その内容についてはかなり自由に考えることもできるが、基本的には自社だけでの限界を打破するためにリスクの分散と業務の拡大を狙いとしている。このため、共同研究・開発が成功した場合も失敗した場合も、その費用負担や成果の分配について明確に定めておくことが重要だ。時として義務を負っているのは片方だけで、他方は何も権利がないアンバランスなものであったりすることがある。第三者と組む場合には様々なリスクも伴う。

　本来的に業務提携は対等な力関係を前提にしているはずであるから、交渉の余地も比較的大きいだろう。その意味で、一方において義務があれば、他方は何らかの権利か対価を得られるようにすることが重要だ。加えて、第三者への業務委託の可否や競業避止義務や秘密保持に関する定め等、付随的義務に関する条項を充実させるべきだろう。

　国際的な業務提携の場合には、国内の場合と同様に海外も含めて独禁法上の問題がないかを検討する必要がある。とりわけ競争を不当に制限する国際カルテル等のように独禁法に抵触するような契約と見られると厳しい制裁金を課されるリスクが生じるので、注意が必要である。

8 ジョイント・ベンチャー（共同事業契約）
―― 共同して事業をコントロールすることに伴うリスクを踏まえて運営

❖どちらが支配するか❖　自社だけで海外進出するよりも、現地の事業者と共同して事業を立ち上げるのが適切なケースがある。そのようなケースで採用される合弁事業（joint venture＝JV）は、合弁会社を使って事業を行う場合と組合形式で事業を行う場合に大別できる（56頁以下参照）。

　株式会社形態の合弁会社（JV）を設立する方式で行う合弁契約の中心となる出資者同士の契約は、**株主間契約**である。一般的な株主間契約だけであると、

合弁会社を直接に拘束することはできるとは限らない。しかし、**種類株式**を利用すると、その仕組みを定款に盛り込むことが確保できる。種類株式には、議決権の内容が異なる設計が可能なので、所定の重要事項について会社を法律的にも、直接的に拘束できる。

　日本企業は、追加の資金が必要になった場合、追加出資を銀行保証、親会社が保証する等といった内容を明確に定めることを嫌う傾向にある。そこで、「応分の負担をする」、「支援する」等と表現し、その人件費等のコストを「支援」等と定めることがある。しかし、これは紛争の種であり、出資について明確に定めた方がすっきりする。ただ、株主有限責任の原則からすると、追加出資義務はない。追加出資が必要か否かは、合意で決めることになるが、当初の約束としては、事業の途中で追加出資が必要となった場合に、相互の負担・持分比率を維持するか、やめる場合にはどうするか等を決めておくべきだろう。

　いずれの方式の場合も、片方が支配する形になると、他方当事者はコントロールできなくなる。JVをコントロールしたいのであれば、過半数又は特別決議を通す議決権を持つことが必要となる。会社経営のメカニズムでは50%でも普通決議さえできないからコントロールはできない。例えば、某社はインドの合弁事業で50%ずつの議決権として両者合意でトップを選ぶはずだったが、そのトップの選定について意見が対立し、仲裁にまで持ち込んだが、解決に至るまで何年も揉める結果となった。その後、日本側の某社が事業を買い取って

【図表60】ジョイント・ベンチャーの仕組み

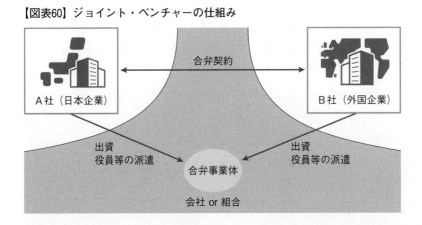

決着した。このように半々の投資は微妙なバランスの上に立っている。ただ、50：50の合弁は一方当事者による強引な運営が生じにくいとの指摘もあり、ヨーロッパの企業は相互に牽制するために半々のJVに前向きである。また、49：51と5：95の会社では、会社法では同じ結論でも、契約のあり方としては異なる内容となるべきだろう。

　合弁契約の準拠法は選択できることもあるが、中国で合弁会社を設立する合弁契約を締結する場合の準拠法は、当事者間でも中国法と定めなければならない。また、発展途上国では、外国企業にイニシアチブを取らせず、地元資本の優位を確保する政策を取っていることもある。

❖**合併事業をめぐるトラブル**❖　近時、海外製造拠点を中国、ベトナム、インド、ロシア等に展開するために、合弁事業を立ち上げるケースが多い。ただ、日本のメーカーの中には、合弁会社では利益を出さなくても良いという考えの会社もある。しかし、海外製造拠点をコストと考え、このコストを抑えつつ、税金を払わず、日本企業で儲けるという仕組みは、問題が生じやすい。というのも、合弁会社の事業活動があまり利益を上げないと、海外の出資者から出資金の返還等を求められることも少なくないからだ。現地の出資者とすれば配当金を期待していたのに、配当金が出ないと「裏切られた」という話になる。JVで利益が出ないことは、日本の企業ではデメリットがなくても、海外の出資者の中には、利益が出ていなくとも配当がほしいと主張する当事者もおり、法律論だけでは片づけられない状況が生じる。出資者の思惑が問題で、長期的な観点のメーカーと現地の出資者の思惑は異なり、使用料や材料の取引で利益があがれば良いが、配当しか利益がない場合には問題となりやすい。

❖**商号・商標等の知的財産権に関するリスク**❖　JVの定款変更が相手方の同意がないとできない場合には、自らが付与した商号使用権や商標等の知的財産権のライセンスを解消することが困難となる。多くの場合、定款に商号が定められているので、定款変更ができない限り、合弁を解消して自らが別途進出しても、自らの商号を使えなくなるといった事態を引き起こす。また、合弁事業で提供されたノウハウ等が流用されるリスクもある。

❖**合弁解消のための取決め**❖　合弁契約では契約解消における取決めを行うことが重要だ。揉めてしまうと身動きが取れなくなる。合弁事業から撤退する

場合の対応方法は、当初の合弁契約の内容に大きな影響を受ける。合弁契約では株式や持分の譲渡を禁止し、例外的に関連企業への譲渡のみを許容する場合もあれば、第三者への譲渡を許容しながら、他の合弁当事者に優先交渉権ないし先買権（First Refusal）を付与する定めを設けることがある。ただ、それだけでは、価格の算定をどうするかが大きな問題として残る。かかる合弁解消の場面で考えられるのが、**ロシアン・ルーレット（Russian Roulette）条項**だ。これは、まずデッドロックが生じた場合に、一方当事者が他方当事者に対し金額を定めて自己の株式の譲渡を申し入れ、申入れを受けた当事者は、①その金額で一方当事者の株式を買い取るか、又は②同額で自己の株式を当該申入れをした一方当事者に譲渡することを申し込むものとし、その申込みを受けた一方当事者は同額で他方当事者の株式を買い取る義務を負うというものだ。かかる条項も一長一短があり決定的なものではない。特に外資規制のために株式や持分が取得できるとは限らない国もあることには注意が必要である。JVでデッドロックになった場合に、これを解消するのは困難だ。議長や社長が決定する権限を有する形にするといった処理の方法もあるが、仲裁によって解決する旨を定めておくことが有力な選択肢となっている。

9 役務提供契約
—— 海外から専門的な能力・技能に裏づけられた各種の役務を提供してもらう

❖**サービスの貿易に関する一般協定**❖　WTOは、サービスを提供しようとする際の障害を少なくするために、「サービスの貿易に関する一般協定」（General Agreement on Trade in Services＝GATS）を設けた（9頁参照）。GATSが対象とするサービス産業には、運送、建設、金融、通信、流通等が含まれ、法務等も問題とされることがある。サービス産業の発展に伴い、近時、世界の貿易（輸出額）に占めるサービス貿易の割合は約2割以上にも達し、各国内でもサービス分野の比重が高まっている。特に、先進国では国民総生産や就労人口の約6割以上がサービス産業によるほどだ。

❖**役務提供契約の類型**❖　日本の民法は、役務提供契約について【図表61】のような典型契約を定めている。そのような法体系を採用する法域の準拠法が

適用される場合には、どの類型に属するかに注意して契約をする必要がある。日本には、雇用でも請負でもない役務提供契約を準委任に含める解釈があり、準委任と委任は同じ規律に服する（民法656条）。準委任とは、事務等を処理することを委託する契約であり、業務委託契約は一般に準委任に含まれよう。

【図表61】日本の民法における役務提供契約（寄託を除く）

役務提供契約	本質的特徴	役務提供者の裁量幅	対価	具体例
雇用契約	支配服従関係	狭い傾向	賃金	労働契約
請負契約	仕事の完成・結果に対して報酬を支払う		代金・料金（報酬）	建築契約、運送契約、造船契約、清掃契約
委任契約ないし準委任契約	一方当事者が法律行為や、「業務の委託」など、作業することを相手方に委託し、相手方に対して報酬が支払われる	広い傾向	報酬〔履行割合型〕〔成果報酬型〕	会社の役員等医師、弁護士、会計士、税理士等の顧問契約や業務委託契約

❖**国際コンサルタント契約**❖　各種のサービス（役務）は、企業が提供するものだけではなく、外国人個人が提供するものもあるが、いずれも国際的な取引に伴う慎重な考慮が必要だ。コンサルタント契約や役員任用契約等は、役務提

【図表62】海外のノウハウを取り入れる

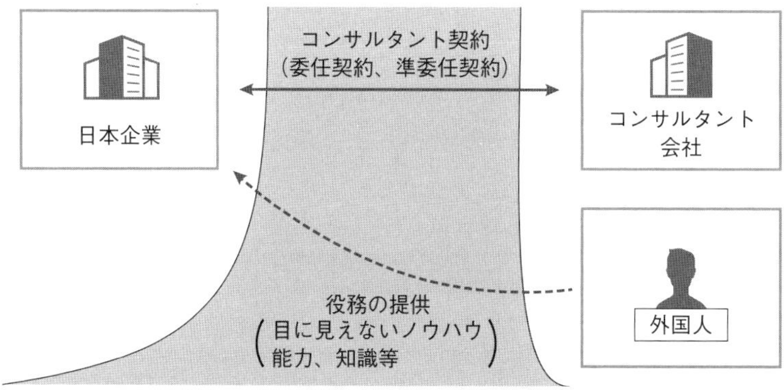

供契約の代表的なもので、外国人は日本人とは違う能力を発揮してくれることも多い。ただ、外部の知恵を利用するのは大いに結構だが、期待外れの場合もある。相手が何の専門家であるかにもよるが、意外と法的な配慮が不足していることも少なくない。コンサルタント等も、いったん見つけたお客さんはなるべく手放したくない。そのために一生懸命仕事をしてくれるならばいい。しかし、契約で縛ろうとするコンサルタントには要注意だ。悪徳コンサルタントにひっかからないように契約書も十分検討すべきだ。

　コンサルタント契約は、顧問契約と同様に何か具体的な目的があるとは限らず、目に見えないノウハウ、知識等に裏づけられた役務の提供が契約の対象となることも多い。この場合、何か特定の目的を達成することは必ずしも報酬支払の条件とされない。こうした契約でも、比較的長い期間が定められ、中途解約をする場合には高い解約金が規定されていることさえある。

　しかし、そういう約定は常に有効とは限らない。委任契約は、一般に当事者間の強い信頼関係を基礎とし、原則としていつでも委任契約を解除できるはずである。税理士顧問契約の解除について争われた事件で、日本の最高裁は、顧問税理士に解除の理由を知らせる必要さえないと判断した（最判昭和58・9・20判時1100号55頁、判タ513号151頁）。なぜなら、コンサルタント契約は、顧客の利益のみを目的とし、専門的知識、経験、能力を要する事務処理を内容とし、当事者間の信頼関係が重視されるからだ。こうした契約では顧客の解除権を保護すべき必要性が特に大きい。

　その準拠法が契約自由の原則を許容する限り、依頼側がその本質的な権利を自ら制限・放棄した場合には、期間や中途解約金の約定も有効となりうる。例えば、約定期間にわたって契約が継続しなければ委任の目的を果たせないとか、特別の事情から約定期間満了まで契約を継続させる合意があった等の場合には、顧客もその約定に拘束される可能性がある。基本的には、事業者間の契約は拘束力を有するので、十分に注意する必要がある。

国際ビジネス・ケーススタディ〜インターナショナル・エア・サービス事件

　日本国内に事務所を有する米国カリフォルニア州法人の会社と同会社に雇用され日本国内で勤務している米国人間の労働契約は、米国連邦法又は同国カリフォ

ルニア州法を準拠法として選択したものであった。しかし、日本国内に事務所を有する外国法人に雇用され、日本国内で勤務している外国人に対する解雇の効力は、労務の給付地である日本の労働法を適用して判断すべきであって、この点に関するかぎり法例7条（当時）の適用は排除されるものと解すべきであり、解雇が労働者の組合結成準備を嫌って行われたものであって、労働組合法7条1号にうかがわれる公序に反し無効であると判断された（東京地決昭和40・4・26判時408号14頁、判タ178号172頁）。

(参考)　山川隆一「労働法の適用」国際私法百選Ⅱ【15】32頁。本書98頁も参照。

❖**ソフトウエア開発委託契約**❖　発注者がソフトウエアの開発をベンダーに委託し、発注者が対象ソフトウエアを使用できるようにする場合には、対象ソフトウエアの著作権等の知的財産権のライセンスが必要となる。開発したソフトウエアの知的財産権の帰属と利用については、明確に定めておくことが重要であり、国際ライセンス契約と同様の問題をクリアしておかなければならない。さらに、ソフトウエア開発契約では、途中で仕様変更や追加の要望が出ることが少なくない。当初の仕様書が変更され、開発が遅れた場合、発注者の責任なのか、ベンダーの責任なのかが問題となるが、ベンダーのプロジェクトマネジメント義務とユーザー（発注者）の協力義務の範囲についてもできるだけ明確にすべきだろう。

❖**プラント輸出・建設契約**❖　建設会社等が海外の政府や公営・民間企業等から受注を受けて大規模な工場施設等を建築する契約として、プラント輸出・建設契約がある。かかる契約には、**コンソーシアム方式**と**JV方式**がある。コンソーシアムでは、施行部分が構成員ごとに責任を分担して受注するのに対して、JVでは共同事業体として担当する。建設したプラントがキーを回せば稼働できる状態となるように請け負う**ターンキー型**の契約は、近時**EPC契約**として再構成される動きがあり、完成後の管理まで請け負うものは**EPCM契約**と呼ばれ、プロジェクト・ファイナンスのプロジェクトでもしばしば登場する。ただ、完工遅延や性能未達があった場合や建設費用が増大した場合の取り扱い等、建設契約の内容には注意を要する。伝統的なプラント建設契約も含めて、その内容を整理すると【**図表63**】のようになる。

【図表63】プラント輸出・建設契約の類型

伝統的なプラント建設契約	施主が設計を行い、部品や部材も指定し、受注業者はその通りに施工する。		設計図通りに建設されている限り、原則としてプラント全体の性能の保証等までは行わない。（⇒問題が生じた場合に、その原因が不明確となる紛争リスクあり。）
ターンキー契約 ↓ EPC（Engineering, Procurement, Construction）契約（設計調達建設契約）	受注側が仕様書の作成、設計から機器、資材、人手の手配、建設から試運転、設備の完成状態までの工程を請け負う。	フルターンキー型（Full turnkey contract）	全工程について全面的に責任を負うので、土木・建築工事まで工場建設に必要なほぼ一切の資機材と役務を受注側が提供する。
		セミターンキー型（Semi turnkey contract）	一部工程を第三者が担当することにより、一部の責任が軽減される。例えば、土木・建築工事は発注側の範囲となる。
EPCM契約	EPC契約に建設管理（Management）を加えた契約		割高となるが、一定価格、一定納期、一定性能が保証される。

10 電子商取引からネットビジネスへの転換
── コストの削減と効率的な事業運営

❖**電子商取引**❖　近時、フランチャイズ・ビジネス等は店舗コストがかかるので、販売網をネット上に移す動きが現れている。フランチャイズから脱皮をして実店舗を減らし、ネット通販で直接に販売できれば、販売管理コストを大幅に節減できる。国際的な物流機能の強化と併せて、通信販売もネットを通してグローバルに展開されるようになり、より効率的な運営が模索されている。また、SNSやネット上のマッチング、シェアリング・エコノミーの考え方を活用して、直接にユーザーと取引させる新たな事業もグローバルに展開されるようになった。Amazon効果により、小売業者を通した物流は大きな変革の波にさらされている。サブスクリプション・モデルの台頭により、消費者相手のビ

ジネスモデルも変容し、国際的なビジネスのあり方ないし契約形態が変化して
きている。

　しかし、国境を越えたトラブル対応には十分に法的な手当が及んでおらず、
業者任せとなっている面がある。もっとも、ネット上の顧客勧誘に対しては、
各種の規制がかかっていることもある。日本では、不当景品及び不当表示防止
法、特定商取引法があるほか、**電子消費者契約に関する民法の特例に関する法
律**は、事業者がネット上の映像面を介して「その消費者の申込み若しくはその
承諾の意思表示を行う意思の有無について確認を求める措置を講じた場合」又
は「その消費者から当該事業者に対して当該措置を講ずる必要がない旨の意思
の表明があった場合」でなければ、消費者から契約に錯誤があったとの主張を
受けるような規律を設けている。

❖個人情報の保護❖　　英語で発信した販売活動に対しては、英語圏における
法令の適用を招くリスクもあるだろう。国境を越えた商品やサービスの取引に
おいて問題が生じた場合に、法的な規律がどのように機能するかの問題があり、
サイバー空間の法的規律はまだ課題が多い。

　ただ、個人情報保護の国際的な規制の枠組みは先行して取り組みが進んでい
る。この分野では、保護水準の高い欧米だけでなく、近時、アジア諸国でも個
人情報保護法制の整備が進んだ。日本でも2015年改正個人情報保護法で個人情
報の海外移転の制限や域外適用等に関する新たなルールが盛り込まれたが、そ
の背景には国際的な個人情報保護の要請に対応する必要があった。OECD等は、
個人情報の保護に関する情報交換や越境執行協力等を目的とした国際的な枠組
みを構築し、APECでも越境プライバシールール（Cross Border Privacy Rules
＝CBPR）のシステムを構築・運用している。日本では、個人情報保護委員会
で米国、EU等と相互の円滑な個人情報の越境移転を図る枠組みの構築が模索
されており、国際的な執行協力の枠組みであるGPEN（グローバルプライバシー
執行ネットワーク）、APPA（アジア太平洋プライバシー機関）フォーラムにも参
加している。EUは**一般データ保護規則**（General Data Protection Regulation＝
GDPR）により、EU域外の第三国へのデータ移転は、「十分なレベルの保護措
置」を確保している国以外には禁ずる等の規制を加えているので、これらの規
制を踏まえた事業活動が求められよう。

❖UNCITRALの取り組み❖　電子商取引に対するグローバルな法規制はまだまだ遅れているが、UNCITRALは、国際取引における電子通信の使用を容易にするため、「国際契約における電子通信の使用に関する国際連合条約」（国連電子通信条約、e-CC）を策定した（2005年11月に採択、2013年3月に発効し、2020年11月現在、14カ国が締約国となっているが、日本は署名・締結をしていない。）。

　また、UNCITRALは電子商取引に関する法統一に向けて、「UNCITRAL電子署名モデル法」（2001年）、「UNCITRAL電子譲渡可能記録モデル法」（2017年）等を策定し、「コンピュータ記録の法的価値に関する各国政府及び国際機関に対する勧告」（1985年）、「電子商取引の信頼の促進：電子認証及び電子署名の国際的利用についての法的諸問題」（2007年）等の勧告・説明文書も作成している。特に「**UNCITRAL電子商取引モデル法**」（1996年）は、既に多くの国々の電子商取引法の基礎となっており、法のハーモナイゼーションが進んでいる。これらの電子商取引法においては、①電子的であるとの理由だけで法的な効果、有効性、執行可能性を差別してはならないという**差別禁止の原則**（non-discrimination）、②機能的同等性があれば同じ法的効果が与えられるべきだとする**機能的同等性の原則**（functional equivalence）、③**技術的中立性の原則**（technological neutrality）④**私的自治の原則**（party autonomy）が4大原則となっている。

　(参考)　UNCITRALアジア太平洋地域センター（UNCITRAL-RCAP）グローバル私法フォーラム（GPLF）「これからの国際商取引法—UNCITRAL作成文書の条文対訳—」（2016年12月）参照。

 column　契約は終わる時が来る

　合弁事業が永続的に継続することが予定されている場合であっても、契約解消についてあらかじめ定めておくことは不要であるという考え方は誤りだ。契約を締結する当初の段階から、契約を解消しなければならない時が来ることを想定して、十分に考えておくことが必要である。現実には、必ずといっていいほど合弁契約は最終的には解消されるものであり、何ら

かの対立が原因となることが多い。このため、縁起が悪い等ということを口実にして、この難しい問題から逃げてはならない。

　また、販売店契約、総代理店契約、継続的供給契約等においても、世界的な市場構造の変化に伴って、販売戦略を変えなければならないこともある。こうした場合に、できる限り、うまく体制の立て直しが図れるようにするには、契約をいつでも解約できるように契約書を作るのが良いと思われるかもしれない。

　ところが、ビジネス関係は継続する安心感がインセンティブとなることもあり、関係が不安定では真剣に事業展開を図ってもらえないこともある。このため、解約条項を検討する場合にも、契約がなるべく解約され難いようにするのか、契約を解約しやすいようにするかという両者の利害の対立を考える必要がある。

　この問題は、契約を締結する前の交渉では必ずしも十分に意識していないかもしれないが、契約書を検討するに当たっては必ず検討すべき問題であり、いずれの立場から検討するかによって見方が異なる。契約を解約しやすくしたい立場からすれば、危険な相手につきまとわれないように解除の要件を緩めようとするだろう。ただ、その場合でも比較的弱い立場にある当事者を保護する法令等との関係には留意が必要だ。法域によっては、代理店保護法等の法令や判例によって一定の保護が認められる場合がある（販売店契約等の終了に関する各国の規制の傾向については、江頭憲治郎『商取引法〔第8版〕』（弘文堂、2018年）275頁、国谷史朗＝小林和弘編『国際法務概説』（有斐閣、2019年）57頁以下等を参照）。たとえ準拠法を都合よく選択しても、相手方の国の法令が強制的に適用される場合がある。

　そこで、解約条項を定めるにしても、そうした規制の枠内におさまるようにするやり方と、そうした規制によれば無効になる可能性があっても敢えて規定して相手方の出方を待つというやり方がある。後者の場合、一部の条項が無効になるわけだから、可分（分離）条項が有効でなければならず、そうでないと、契約全体の効力や解釈に重大な影響を及ぼすことにもなりかねない。

第**4**章

国際金融取引

1 間接金融の仕組み
―― 貸付金額が巨額となる場合に工夫された
シンジケートローン

❖間接金融と直接金融❖　金融取引とは、広く資金調達を目的とする取引や関連するお金の取引である。その国際取引には、居住者間の外貨建て取引や非居住者間の金融取引もあるが、国際的な資金調達方法としては居住者と非居住者の間で行われるクロスボーダー取引が中心的に論じられる。

　こうした国際金融取引は、日系企業が海外の金融機関から融資を受け、あるいは邦銀等が海外の企業に貸付けを行う**間接金融**と、海外企業が日本国内市場で、あるいは日本企業が海外市場等で社債等を発行して資金調達をする**キャピ**

【図表64】金融の全体像

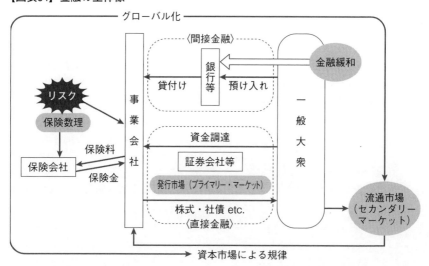

タル・マーケット取引（直接金融）が代表的なものだ。

❖シンジケートローン❖　間接金融の典型的なものが、銀行から資金を必要とする借入人に対するローン契約である。ただ、国際融資ではその貸付金額が巨額となることが多い。このため、個別の銀行が単独で融資をするのではなく、複数の銀行が協調融資団（シンジケート団）を組んでローンを実行する**シンジケートローン（協調融資）**が行われることがある。このうち、国籍の異なる銀行がシンジケート団を組成して行うローンは、「国際シンジケートローン」と呼ばれる。こうしたシンジケートローンの方法により、巨額の債務不履行による金融機関のリスクを分散できる。シンジケートローン契約においては、シンジケート団を組成する銀行が同一の条件で貸出しを行う。

　シンジケート団を組成するには、通常、まず借入人となる企業がメインバンク等の取引銀行に対して幹事の役割を担う**アレンジャー（幹事行）**を定める。アレンジャーは、借入企業との交渉を取りまとめ、シンジケート団を組成し、その融資目的、金利・期間等の主要条件、各銀行の分担融資額等を記載したターム・シートや借入人に関する情報を記載したインフォメーション・メモランダム等を作成・配布する。通常、アレンジャーは、貸付人にもなり、契約締結後は**エージェント**にもなって、各貸付人の代理人として、融資の実行から回収に至るまで貸付人側の協調的な行動を主導する。この契約条件は各貸付人同一だが、借受人との権利義務関係は貸付人ごとに別個であり、各貸付人が契約当事者となって借受人との間で個別に金銭消費貸借契約を締結する。エージェントは、貸出条件の確認、元利金の収受・分配等の管理業務、債務不履行への対応等、債権管理業務の事務を一括して行う。

❖パーティシペーション契約❖　ローン・パーティシペーション（loan participation）とは、貸付銀行が参加銀行とローン参加契約を締結し、借入人に対する貸付債権の権利義務関係を移転させずに、参加銀行へ当該貸付債権に対する経済的利益とその貸倒れリスクを移転し、その対価としてその貸付債権の現在価値に相当する代金や手数料を得る契約である。元となる債権に関する権利義務は、貸付銀行と借入人に残る点で、通常の債権譲渡とは異なり、サブパーティシペーションとも呼ばれる。債務者への通知なしに貸付債権の一部をオフバランス化できるので、金融機関の貸付債権流動化の手法として用いられ

ることがある。

国際ビジネス・ケーススタディ〜アレンジャーの情報提供義務

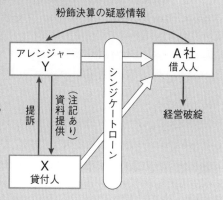

　借入人A社の委託を受けた金融機関Yがアレンジャーとなって、A社を借入人とするシンジケートローンが行われたが、1カ月も経たないうちにA社が他の金融機関から期限の利益喪失通知を受け、経営破綻した。そこで、シンジケートローンへの参加の招聘を受けた金融機関Xらが、アレンジャーとして適正な情報を控訴人ら参加金融機関に提供すべき義務を怠り、融資金の使途についてA社と共謀して虚偽の情報を伝え、融資当時A社に粉飾決算の疑惑があったことを開示しなかった等の債務不履行又は不法行為があったとして、融資金の回収不能の損害の賠償を求めた。

【裁判所の判断】　YからXらに交付された資料中に、「資料に含まれる情報の正確性・真実性についてYは一切の責任を負わず、招へい先金融機関で独自にAの信用力等の審査を行う必要がある」旨の記載があっても、Aの代表者がYの担当者に対してシンジケートローンの組成・実行手続の継続に係る判断を委ねる趣旨で、AのメインバンクがAに対し外部専門業者による最新の決算書の精査を強く指示した上、その旨をメインバンクがエージェントとなっていたシンジケートローンの参加金融機関にも周知させたという情報を告げた等の場合には、YはXらに対して、信義則上、シンジケートローン組成・実行前に上記情報を提供する義務を負うものとされ、賠償が命じられた（最判平成24・11・27判時2175号15頁、判タ1384号112頁）。

❖クレジットからデビットへ❖　クレジット取引とは、消費者が販売業者等と取引した場合に、クレジット会社が販売業者に代金を立て替えて支払い、消費者がその費用を後払いすることにより、代金債権を回収するもので、世界中で使える国際クレジットカードが普及している。近時、国境をまたぐ取引の増加に伴い、カード発行会社（issuer）と、クレジットカードの取引データを受

信して業者間システムに送信する金融機関である加盟店契約会社（acquirer＝アクワイアラー）との分離が進んでいる。しかし、この取引には、決済代行業者が包括加盟店契約の下に加盟店契約を締結する際にアクワイアラーが関与しないために加盟店審査が不十分で不良加盟店が発生するとか、決済代行業者が破綻すると、アクワイアラーが決済代行業者に支払った代金が加盟店に支払われない等のリスクがある。

　クレジットカードと似ているようで異なるものとして、顧客が商品等を購入する際、現金の支払に代えて、金融機関の発行したデビットカードで支払うことができる**デビットカード取引**がある。これは、取引時に銀行が消費者の預金口座から引落しを行い、加盟店の預金口座に振り込まれることが確定する即時決済を行うもので、直接回収でコストを抑えることができ、その効率性からデビットに移行する動きもある。国際デビットサービスの場合も、国際ブランドの下で、カード会社や金融機関、加盟店等を通信回線で結ぶネットワークによって即時決済を実現している。

【図表65】クレジットカード取引のしくみ

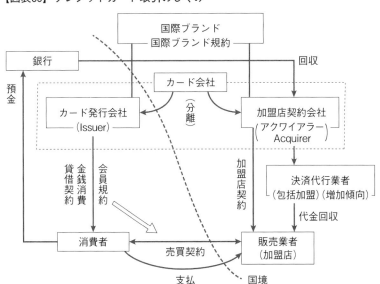

2 国際リース取引
──動産や売掛債権等を金融取引によって活用

❖**国際リース取引**❖　国際リース取引とは、航空機、船舶又は機械・設備等を利用する者が自ら購入する代わりに、海外のリース会社や投資家が売買契約によってそれを取得して所有者・貸主（Lessor＝Lender）となり、これを一定期間にわたってユーザーにリースして、ユーザーが借主（Lessee＝Borrower）となる取引である。

実質的には、国際リース取引では、ユーザー・借主が収受したリース料から貸主に対して、対象物件の購入資金等を返済していく形となり、国際金融取引の一種として重要な役割を果たしている。この対象物件には、当然のことながら担保権が設定される（Mortgaged Property）。国際リース契約は、資金の調達方法だけでなく、税務上のインパクトのほか為替管理等にも左右される。

国際リース取引には、**ファイナンス・リース**と**オペレーティング・リース**とがある。ファイナンス・リースは、当初からリース期間中のリース料総額と購入資金とが連動しており、中途解約が認められない。ただ、物品の修繕や保守は借主が行うものとされ、貸主は瑕疵担保責任を負わないのが通常である。

これに対して、オペレーティング・リースは、リース料総額と購入資金とが連動しておらず、中途解約も認められ、本質的には通常の物品の賃貸借と同じである。そのため、貸主が物件の賃貸市場の賃料変動リスクと処分時の中古市場のマーケット・リスクを受けることになる。

なお、国際ファイナンスリースに関するユニドロワ条約については、UNIDROITのWEBサイトのほか、高桑昭『新版国際商取引法』（東信堂、2019年）275頁等参照。

【図表66】国際リース取引

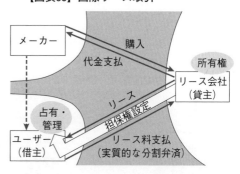

メーカー
購入
代金支払
所有権
リース会社
（貸主）
リース
占有・管理
担保権設定
ユーザー
（借主）
リース料支払
（実質的な分割弁済）

3 国際ファクタリング取引
—— 売掛債権の管理・回収や依頼企業への融資を行う

❖輸出ファクタリングと輸入ファクタリング❖　ファクタリングとは、依頼企業の売掛債権をファクターという機関に譲渡し、ファクターが依頼企業の取引先の信用調査や売掛債権の管理・回収や依頼企業への融資をする取引のことだ。古くから英国や米国で遠隔地の債務者に対する債権回収の方法として用いられてきたことに由来する。

　国際ファクタリング取引は、輸出ファクタリングと輸入ファクタリングに大別できる。いずれも輸出者が自己の売掛債権をファクターに債権譲渡することによって依頼企業となる。輸出ファクタリングが、輸出者が自国のファクターとファクタリング契約を結ぶものであるのに対して、輸入ファクタリングでは、輸出先の国のファクターとファクタリング契約を結ぶ。今日ではその手法が世界的に広がり、日本でも外為法改正や資産流動化法改正等によって国際ファクタリング取引が発達してきた。

　ただ、債権譲渡の対抗要件において債務者や第三者との関係がどうなるか、執行や倒産手続が必要となる場合の取扱い等の準拠法については、多くの国で必ずしも明らかであるとはいえない。日本の通則法23条は債権譲渡に関する準拠法に関して定めているが、その複雑な法律関係の取扱いには十分注意する必要がある。

　国際的な債権譲渡による資金調達（ファクタリングや債権譲渡担保等）にとっ

【図表67】国際ファクタリング取引

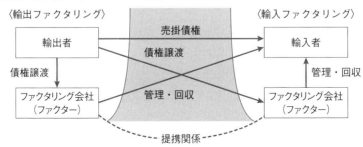

て、債権譲渡の優先順位の基準や、債権譲渡法の内容や準拠法決定ルールが国によって異なることに伴う不確実性は、大きな阻害要因となる。かかる法的障害を除去するため、債権譲渡を用いた低コストでの資金調達を可能にし、国際取引の発展を促進することを目的として、2001年に「**国際取引における債権譲渡に関する国際連合条約**」（国際債権譲渡条約、United Nations Convention on the Assignment of Receivables in International Trade）が採択された。これは、譲渡人と債務者が異なる国に所在する場合の「国際的な金銭債権」の譲渡、及び譲渡人と譲受人が異なる国に所在する場合の金銭債権の「国際的な譲渡」を対象として、譲渡人・譲受人・債務者間の法律関係を明確化し、競合する権利者間（譲受人や差押債権者）の優劣関係を決するための国際私法ルール（譲渡人所在地国法）を定め、附属書で優劣関係について締約国が任意で選択可能な実体ルールを定め、債権譲渡を用いた資金調達に統一的なルールを提供しているので、これらも参考に規律のあり方を検討していくことが期待される。

　なお、国際債権譲渡条約や国際ファクタリングに関するユニドロワ条約については、UNIDROITのWEBサイトのほか、高桑昭『新版国際商取引法』（東信堂、2019年）276頁以下等参照。

4 　金融デリバティブ取引
——変動相場制と金利の自由化によるリスクに対応するための国際金融

❖金融デリバティブ取引❖　近時、デリバティブ（金融派生商品）取引が急速に広がってきている。これは国際金融における変動相場制への移行や金利の自由化によって通貨や金利の変動リスクが高まったことが背景にある。すなわち、金融デリバティブ取引とは、国際金融取引において現代では不可避的に生じる外国為替や貸付金利の変動リスクをヘッジするために、**先渡し**、**先物**、**スワップ**、**オプション**の4つの手法とその組合せによって、金銭等を取引するものだ。このうち、通貨や金利を交換する為替スワップや金利スワップ、為替予約等のオプション取引がその代表的なものであろう。これによって、借入金の返済や利益分配の予見可能性を高めることが期待できる。

　それらの取引は、国際スワップ・デリバティブ協会（International Swaps

and Derivatives Association＝ISDA）が定める標準契約書（Master Agreement）によって行われるのが通常である。しかし、これは投機的取引や損失先送り等のスキームのためにも用いられることがあり、企業不祥事をめぐって登場することもあるので注意を要する。

【図表68】金融デリバティブ取引

	取引所取引	相対（店頭）取引
先渡し（forward＝将来の一定時点で、通貨又は金利や為替相場に基づいて計算される金銭を、あらかじめ定めた金額で授受する取引）	—	為替予約 直物為替先渡
先物（future＝あらかじめ定めた数量・価格で、売買することを保証する取引）	TOPIX先物 金利先物 通貨先物 債券先物 現物商品先物	FRA（金利先渡） FXA（通貨先渡）
スワップ（swap＝あらかじめ定めた条件に基づいて将来の一定期間、キャッシュ・フローを交換する取引）	—	金利スワップ 通貨スワップ クーポン・スワップ
オプション（option＝あらかじめ定めた将来の一定日又は期間に一定のレート又は価格（行使レート、行使価格）で取引する権利を売買する取引）	株価指数オプション	金利オプション 通貨オプション 債権オプション スワップション

（注）　上記分類の説明は、おおまかな目安による整理の一方法にすぎない。

5 スタンドバイ信用状
——債務不履行があった場合に備えて履行保証のために使われる信用状

❖**利用方法**❖　スタンドバイ信用状（Standby Letter of Credit）とは、商品の代金決済に使われるL/Cとは異なり、不履行があった場合に備えて債務保証のために使われるものだ。これは保証状ではなく、信用状の形式を取るもので、

その準拠ルールとして、独立保証状及びスタンドバイ信用状に関する国連条約（1995年作成、2000年発効。ただし、日本は未批准）もあるが、通常のL/Cに適用されるUCP 600ないしICCスタンドバイ規則（ISP 98）が指定されるのが通常である。このため、独立抽象性の原則と書類取引の原則が適用される。支払条件として、一定の書類の呈示を必要とする書類付信用状と、その必要のないクリーン信用状がある。スタンドバイ信用状の代表的なものとしては、入札保証、契約履行保証、前金返還保証、海外子会社・支店の現地借入保証等がある。このほか、荷為替信用状（153頁以下参照）の代わりに利用されることもある。

　入札保証（Bid Bond）のスタンドバイ信用状とは、プラント輸出等の国際入札で、入札保証の提出の代わりに入札参加者に求められる発注者を受益者とする信用状だ。これは、入札参加者が後日になって入札を撤回したり、落札後に受注を辞退したりするおそれがあるので、その場合に発注者への損害を担保するために用いられる。

　また、国際入札で落札されると入札保証は解除されるが、その際の落札者や他の輸出者等が発注者や輸入者から契約の確実な債務履行の保証を得るために、**契約履行保証**（Performance Bond）のための信用状が発行されることがある。さらに、**前受金返還保証**（Refundment Bond）とは、プラント等の輸出者が債務を履行しなかった場合に、その前受金の返還を請求できる輸入者を受益者と

【図表69】スタンドバイ信用状の役割

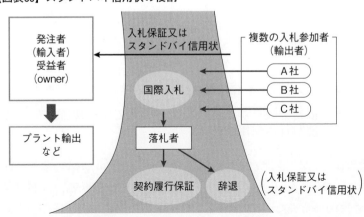

して信用状を発行するものだ。

　一方、**現地借入保証**とは、日系企業の海外子会社や海外支店が現地の金融機関から借入れをする場合に、日本の銀行が日系企業の依頼に基づいて現地金融機関に対する返済を補償するために現地金融機関を受益者としたスタンドバイ信用状を発行するものだ。

国際ビジネス・ケーススタディ〜信用状の機能

　有効期限（失効すべき期日）の記載はあるが、その時を定めるべき場所（有効期限に関する場所）の記載がないスタンドバイ信用状が発行された。その有効期限は、受益者が発行銀行に対して必要書類を発送すべき期限を意味し、必要書類に付された日時又はその発行銀行への到達日時からみて必要書類の発送が期限内であると認められる場合、発行銀行は、受益者が期限を遵守したものとして、その支払に応ずべきであると解される。けだし、有効期限に関する場所の記載がないスタンドバイ信用状について、期限をもって発行銀行に対して必要書類を呈示すべき期限の意味に解するときは、発行銀行と受益者たる銀行とが通常互いに遠隔地にあることに照らすと、受益者たる銀行をして書類送付に要する期間を見越して与信期間を短く設定することを余儀なくさせ、信用状の機能を弱め、ひいてはその開設を依頼した趣旨にも反する結果になるからである（最判平成3・11・19金商901号3頁）。

（参考）　大西武士「スタンドバイ信用状の解釈と発行銀行の注意義務」判タ833号57〜61頁

6 ｜ 外国債券
──海外の事業体が資金調達をする直接金融の手法

❖日本国内で発行される債券❖　債券等を発行することによって投資家から直接に資金を調達する手段は、直接金融の代表的なものだ。これは国境をまたいで行われ、貸倒れリスクが移転していく点でローンパーティシペーションに似たような機能を果たしている。日本の企業は、戦後長く間接金融に頼りがちだったが、グローバルな資本市場の発達や資金調達手段の高度化に伴い、直接金融がより注目を浴びつつある。日本の企業も海外で資金調達を図り、海外企業等は日本でも資金調達をしている。後者の例が、サムライ債とショーグン債

である。

　サムライ債とは、海外の事業体が日本国内において円建てで発行する債券のことだ。当初は外国国家や公共事業体等公的機関が多かったが、民間企業も発行主体になっており、様々な形態のサムライ債が登場している。これに対して、海外の事業体が日本国内において外貨建てで発行する債券は**ショーグン債**と呼ばれる。こちらは、外貨建て外債になるから、元本の払込み、利払い、償還はすべて外貨による。

　こうした債券に類似する愛称のついた主要な債券として、世界には【図表70】のようなものがある。日本の銀行等が海外で外貨を調達する手段として発行されるケースもある。ユーロ市場で円建てで発行されるユーロ円債は、必ずしもユーロが関連するものではない。いずれも低金利の預金よりも利回りが良いことに加えて、投資を分散するニーズもあり、多様な債券への投資は幅広く行われている。アジアでも、アジア開発銀行（ADB）など優良発行体のほか、多数

【図表70】愛称のついた主要な債券

通称	発行体	発行地域	通　貨
サムライ債	日本外	日本国内	円建て
ショーグン債	日本外	日本国内	外貨建て
ヤンキー債	米国外	米国内	米ドル建て
ブルドッグ債	英国外	英国内	英ポンド建て
メープル債	カナダ外	カナダ国内	カナダドル建て
カンガルー債	豪州外	豪州内	豪ドル建て
ドラゴン債	中国外	香港、シンガポール、台湾等（インドネシア、マレーシア、中国、フィリピン、韓国、タイの投資需要もある。）	ドル建てや円建て等の外貨建て
パンダ債	中国外	中国本土	人民元建て
点心債（ディムサム・ボンド）	中国外	中国本土以外（主に香港）	人民元建て
キムチ債	韓国外	韓国内	外貨建て
アリラン債	韓国外	韓国内	韓国ウォン建て

のアジア企業や銀行が起債する等して活発な資金調達が行われている。

　このほか、複数の市場で同時に発行される**グローバル債**や元本の払込みや利払い・償還を異なる通貨で行う**デュアルカレンシー債**といったものもある。

❖ソブリンによるデフォルト❖　各国の政府や政府機関等（sovereign）が発行する債券を**ソブリン債**という。代表例が国債で、これを指すことも多いが、政府並みの信用力のある国際機関の発行する債券もソブリン債に含まれよう。こうしたソブリン債でも、その支払がされずにデフォルト（不履行）に陥ることがある。国家が発行するものだから信用できるようでありながら、理論上も、また過去の経験からしても、法的な保護は必ずしも十分ではない。

　アルゼンチン債が不履行を起こしたケースでは、アルゼンチン政府が一方的に債務整理案を発表し、米国ではSECに債券交換案を発表し、サムライ債向けについても同様の提案をしたケースがあった。そのオプションとして、元本を維持した35年債や元本を削減した中期債を公募して旧債券と交換する手法も用いられた。これに対して、2001年発行のウルグアイ政府のサムライ債では、デフォルト回避のための債権者集会が開催されて、5年間の期限延長、分割返済、利率引上げ等を盛り込んだ契約変更案が承認されて解決された。

【図表71】ソブリン債には主権免除放棄の問題も

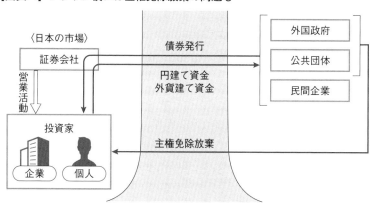

国際ビジネス・ケーススタディ～ナウル共和国事件

　ナウル共和国の保証の下にナウル共和国金融公社が発行した円貨債券について、これを取得した英国法人がその償還等を日本の裁判所に求めた事件があった。この債券発行において、ナウル共和国政府が保証をしていたが、その保証は経済活動に属する性質の行為だと考えられ、その債券等の書面に記載された約束の条項には、債券発行主体の属する国家以外の他国の裁判所を管轄裁判所とし、その裁判管轄権からの主権免除を放棄する意思が明示的に表示されていた。

【裁判所の判断】　東京高裁は、ナウル共和国については主権免除による裁判権の免除を認めたが、ナウル共和国金融公社に対しては、主権免除の抗弁を認めなかった（東京高判平成14・3・29。ジュリスト2004年2月1日号184頁（森下哲朗評釈）。ただ、その後、日本の最高裁も制限免除主義を取ることを明らかにしたと考えられるので、今後は国家についても主権免除の放棄が認められるだろう（54頁参照）。）。

7 プロジェクト・ファイナンス
──資金調達対象である一定の事業からの収益で返済していく大型スキーム

❖**ストラクチャード・ファイナンス**❖　近時、間接金融と直接金融の複合形態として、資本市場から一部の資金を調達し、残りの資金を金融機関から借り入れて、資金調達対象である一定の事業からの収益で返済していくといった**ストラクチャード・ファイナンス取引**（Structured Finance＝仕組み金融取引）も登場して重要性を増している。プロジェクト・ファイナンス等の大きな資産を担保とした**アセット・ベース・ファイナンス**（Asset Based Finance）や資産の**流動化・証券化**（Securitization）は、その典型的なスキームだ。

❖**アセット・ベース・ファイナンス**❖　プロジェクト・ファイナンスには確立した定義があるわけではないが、巨額の資金を要する特定のプロジェクトのための融資であり、その利払いと返済の原資を、そのプロジェクトから生み出される収益に限定し、その担保を専ら対象プロジェクトの資産に依存する形態だといえよう。巨額の資金を要する石油プラントや製鉄所等の大型プラント建設、発電所や高速道路等のインフラ整備等の事業で、海外金融機関も融資に参

加する大型プロジェクトに利用されている。こうしたプロジェクトは、新規事業であり、リスクも決して低くはない。そのため、有限責任のプロジェクト会社を通じて金融機関から融資を受ける方式が取られる。このプロジェクト会社は、他の事業を行わない**特別目的会社**（Special Purpose Company＝SPC又はSpecial Purpose Vehicle＝SPV）であり、**倒産隔離**（Bankruptcy Remote）によって倒産等による不測の事態が生じにくくする工夫が凝らされる。倒産隔離とは、証券化を行う場合に資産の所有権者とSPVの倒産リスクを切り離すことである。例えば、証券化の対象となる対象資産を倒産隔離された特別目的会社（SPV）に真正譲渡することが試みられる。SPVには、株式会社やケイマン諸島等を設立準拠法とする特別目的会社や米国デラウェア州LLC（Limited Liability Company）等の外国会社のほか、信託、資産流動化法に基づいて設立される特定目的会社、中間法人等が用いられ、税務をはじめとして様々な技巧が凝らされることもある。

　金融機関は、事業のスポンサーからの要請に応じて、ノン・リコース・ファイナンス又はリミテッド・リコース・ファイナンスとすることで、事業不成功の場合の回収リスクを取る。**ノン・リコース・ファイナンス**とは、債務弁済の

【図表72】プロジェクト・ファイナンスの仕組み

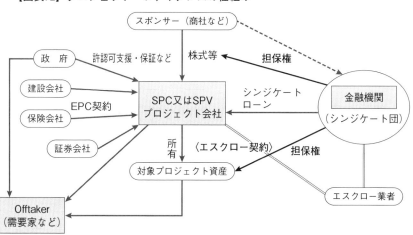

責任財産を所定の財産に限定してしまうファイナンスであって、プロジェクト・ファイナンスの場合には、その対象プロジェクト資産が担保となるだけである。これに対して、**リミテッド・リコース・ファイナンス**の場合には、スポンサーや借入人らも一部の責任を負うことになる。その意味で、これらは資産をベースに融資を行うアセット・ベース・ファイナンスである。

その代わり、金融機関は、その事業収益によって長期かつ固定的な安定的キャッシュ・フローを期待できるように詳細な取り決めを行い、SPVの所有する対象プロジェクト資産とキャッシュ・フローについても第一順位の担保権を得るほか、SPVの株式等にも担保権を設定する。ただ、このSPVの株式等に対する担保権は、その返済能力が十分でなければ経済的価値は期待できないので、その交換価値を把握するためというよりも、事業が不成功となった場合に、プロジェクトの主体を変更しやすくするためだと考えられる。これにより、巨額プロジェクトのリスクは、スポンサーや金融機関側にも分散される。

対象プロジェクト資産は最終的に**Offtaker**が引き取ることになると説明されることもある。Offtakerから支払われる対価が融資に対する最終的な返済原資となるので、その信用力はプロジェクト・ファイナンスの信用性判断の重要な要素となる。政府や公営企業が引き取ることもあるが、電力会社等の民間企業が引き取るとか、施設を利用する一般市民がOfftakerに位置づけられることもある。

第**5**章

国際的な事業再編とグローバル企業の事業展開

1 国際M&A
──シナジー効果を発揮させるための事業再編の活発化

❖**事業の選択と集中**❖　かつての日本社会では、会社そのものをモノのように扱って取引することに抵抗感があった。しかし、経済のグローバル化は日本の企業にも**事業の選択と集中**を求め、その選択肢としてM&Aを活用した事業再編が日常的な経営の選択肢となっている。今や、日系企業が海外の企業を取得することも、外資系企業が日本の企業を取得することも、活発に行われるようになっている。むしろ何をもって日系企業、外資系企業と呼ぶのかについても境界線が引きにくくなるほど経済の一体化が進んでいる。

　M&A（Mergers and Acquisitions）は「合併と買収」とも訳されるが、広く事業再編を意味する。事業再編の手法には、会社そのものを合併・分割する方法のほか、株式の買占め等によって会社の支配権を変える方法がある。このうち、会社法が対象とするのは、主として組織再編行為や事業譲渡等であり、株式の買占め等に関しては公開買付等について金融商品取引法の規制が加わる。

❖**吸収型と新設型**❖　日本の会社法は、M&Aを活発に行うための仕組みを一通り整備した。純粋持株会社が解禁され、完全子会社の形に移行しやすくする株式交換・株式移転制度も整備された。会社分割法制や簡易・略式組織再編、キャッシュ・アウト等の制度のほか、資金調達方法の規制緩和に加え、最低資本金制度の廃止で事業再編は一層容易なものになっている。海外においても類似の法制が整備されていることもあるが、その内容は各国の会社法によって異なり、国際M&Aでは、国内の場合とは異なる複雑な問題も生じる。

　日本の会社法における主な組織再編法制は、吸収型と新設型に分けられる。すなわち、吸収型再編とは、吸収合併、吸収分割、株式交換で、①吸収合併存

【図表73】 日本法における事業再編のバリエーション

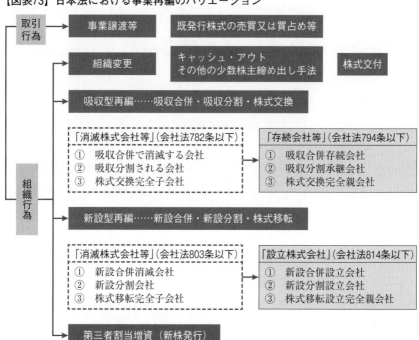

続会社、②吸収分割承継会社、③株式交換完全親会社といった「存続会社等」
の手続と、①吸収合併で消滅する会社、②吸収分割される会社、③株式交換完
全子会社といった「消滅株式会社等」で、各会社の手続が必要となる。これに
対し、新設型再編とは、新設合併、新設分割、株式移転をいう。

　会社分割等の包括承継の場合、日本国内では契約の地位も当然に移転するが、
海外においては必ずしも移転しないことがある。このため、労働者の処遇や知
的財産権や各種の契約関係がどうなるか、各国における法制度、契約法のルー
ルを十分にチェックして、そのクロージングにおいて必要な手続が十分にでき
るように準備する必要がある。

　しかし、国際M&Aがあっても、すぐに期待通りの成果が上がるわけではな
い。M&Aによるシナジー効果は徐々に現れる。M&Aによって企業価値を向
上させるためには、M&A後の統合の成功が不可欠だ。統合に失敗すれば、シ

ナジー効果が発揮できないだけではなく、負のシナジー（ディスシナジー）の発生のため、M&Aをしない方が良かったなどということにもなりかねない。M&Aそのものが目的なのではなく、その先にある事業展開をどうするかを十分に考慮に入れた取引をすることが重要である。これまでの経験を踏まえた経済産業省「我が国企業による海外M&A研究会」報告書（平成30年3月）も参考になるだろう。

　買収資金を借入れ等に頼ることも多く、株式等の買収のための資金を金融機関から借り入れる際の担保として買収株式等を提供する手法は、少額の資金しかない者が巨額の資金を借り入れる形が梃子のようなので、レバレッジド・バイアウト（Leveraged Buyout＝LBO）とも呼ばれる。ただ、この有利子負債を上回る収益が確保できなければ、買収企業を保持することが困難となる。

　日系企業による外国企業のM&Aは90％以上失敗だとの指摘もある。例えば、買収側の高値掴みが起きる原因としては、M&Aコンサルタント等のインセンティブを適切にコントロールしていないために、資産の減損リスクを徹底的に洗い出すことができず、デューディリジェンス（253頁参照）や最終契約における表明保証条項等の詰めが甘いことが考えられる。また買収後に有能な経営陣を送り込み、経営改革を断行することによって収益を向上させるといった戦略を欠き、買収後に有能な従業員に逃げられるなどして投資有価証券を減損処理して終わるといったことも、十分な対策の欠如が原因であろう。

　M&A後の統合プロセスはPost Merger Integration（PMI）と呼ばれ、早期の段階から、これをどう立案し、実行するかが重要な検討課題として意識されるようになってきている。事業拡大に向けたM&A等に関しては様々な法的問題を孕んだ経営判断を要するが、これが的確になされないと後になってから問題が顕在化しやすい。

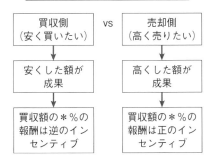

【図表74】 M&Aコンサルタントのインセンティブ

〈基準のスタート値を基準にして〉

買収側 （安く買いたい）	vs	売却側 （高く売りたい）
安くした額が成果		高くした額が成果
買収額の＊％の報酬は逆のインセンティブ		買収額の＊％の報酬は正のインセンティブ

　なお、日本でM&Aアドバイザーが金融商品取引業者の規制を受けるかという法的論点があるが、結論的にはM&A専門業者には許可制・免許制等、業界に対する特別な法規制はなく、当面は自己責任の世界であると考えられよう。

2　三角合併・三角株式交換
——外国の親会社が日本で設立した完全子会社に親会社株式を移動させる組織再編

❖**対価の柔軟化**❖　日本の会社法でも、吸収型の組織再編では、その「**対価の柔軟化**」が認められ、海外の企業も関与する三角合併等が可能となっている。例えば、吸収合併の場合では、消滅会社等の株主等に対して、存続会社の株式を交付せず、金銭その他の財産を対価とすることが認められる。同様に、吸収分割の場合にも、分割会社やその株主に対して、承継会社の株式を交付せず、金銭その他の財産を交付できる。さらに、株式交換の場合にも、完全子会社となる会社の株主に対して、完全親会社となる会社の株式を交付せず、金銭その他の財産を交付することができる。いずれの場合にも、再編時の対価として、新たに外国会社株式を含めた親会社株式や現金、債券等を渡すことなどが認められる。これらは吸収型の組織再編における「対価の柔軟化」と呼ばれる。

　外国の会社と日本の会社は、設立準拠法が違うので、直接に合併等の組織再編ができない。しかし、外国の会社は、日本に会社を設立して、その全部の株式を握ることは可能なので、この完全子会社を利用することができる。すなわち、日本の完全子会社と日本のターゲットの会社とであれば、日本の会社同士で、合併等の組織再編ができる。

　外国の親会社が日本で設立した子会社に親会社株式を移動すれば、その親会社株式を対価として、日本子会社を別の日本法人と合併させる「三角合併」が可能となる。これにより、時価総額が大きい企業の合併や買収も容易になる。例えば、外国企業X社が日本に100％子会社のB社を保有しているとする。B社は日本の会社だから、他の日本の会社A社を吸収合併できる。この際、B社は、A社の株主に、親会社X社の株式を交付することが認められる。この場合、X社は、キャッシュがなくとも、A社を吸収合併によって飲み込んでしまうことができる。このスキームが、3つの会社が関係するところから、三角合併と

呼ばれる。

【図表75】対価の柔軟化（A社株主が「消滅会社の株主等」）

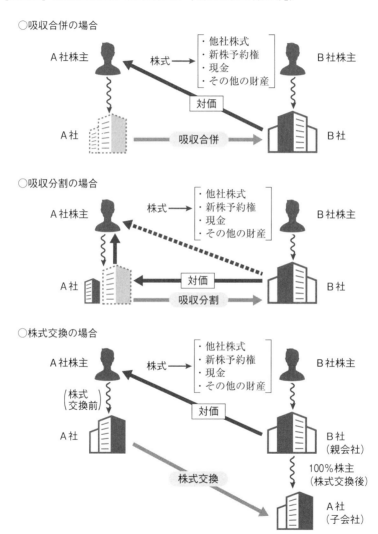

国際ビジネス・ケーススタディ～日本における三角株式交換第1号

　2007年、シティグループ（以下、「シティ」という。）の子会社が受け皿になって、株式交換をすることで、親会社のシティ及び日本の子会社と、吸収される格好になる日興コーディアルグループとで、三角株式交換が成立した。この場合、それまでの日興コーディアルの株主には、親会社のシティの株式が割り当てられこの企業統合で巨額のキャッシュを払う必要がない点がシティにとっての大きなメリットだったが、その後のリーマンショックでシティの株価が暴落したことから、株式を割り当てられた株主には気の毒な状況となった。

3　海外子会社の運営
── 重要な海外子会社等は企業集団内部統制の管理・モニタリングの対象

❖**内部統制の構築**❖　海外の設立準拠法に従って会社を設立したり、M&Aによって海外の企業を買収したりすることにより、海外に子会社を持つ日本企業が増えている。親会社が子会社の株主として株式を保有するだけで子会社の経営陣に経営を任せきりにしておくのでは危ない。

　海外子会社をどのように運営していくかは、その企業戦略にかかっている。

【図表76】　海外子会社の経営を誰に任せるか

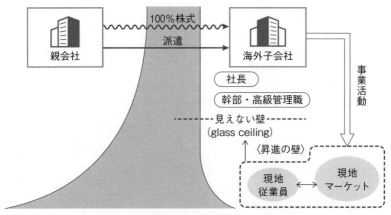

従前は日本国内で製造していたものを、海外子会社で製造することで生産拠点をシフトするなどといったことが戦略的に推進されるようになっている。

　しかし、本社のガバナンスを子会社にどのように及ぼしていくかについては様々な議論がある。子会社の業績が親会社の資産である子会社株式の評価如何に大きな影響を与えることもあり、親会社は子会社を実質的に支配する（日本の会社法施行規則3条）。日本の会社法は、自社だけでなく、その親会社及び子会社から成る企業集団における業務の適正を確保するための内部体制の構築を求めている。この子会社には海外子会社も含まれる。また、後述の米国SOX法（226頁参照）の影響を受けた金融商品取引法による内部統制の実施基準でも、「在外子会社等についても、評価範囲を決定する際の対象に含まれる」として海外子会社の内部統制を求めている。

　このため、親会社は、重要な海外子会社等が企業集団内部統制の管理・モニタリングの対象から除外されていないかもチェックするなど、海外子会社の事業活動を監査する必要がある。また、上場会社の場合には海外子会社の内部統制についても国内と同じように評価・報告することが必要だ。ただ、海外子会社といっても、その規模、リスクの度合いや重要性は異なり、どの程度のチェックを、どのような方法で行うかは、個別に判断されよう。法制によっては子会社の側において親会社の監査権限に服する義務があるとは限らないので、法的にはどこまでの権限を強制できるかは議論もありうる。親会社は、子会社取締役等を説得することにより、できる限りの監査を行う必要がある。

　誰に海外子会社の経営を任せるのか、現地の契約をどのようにチェックするかも重要な問題である。日本から派遣したトップを置くケースも多いが、現地従業員のインセンティブを高めるには、徐々に現地のトップに替えていくべきだろう。そうしなければ差別の問題で訴えられるリスクがあり、米国では訴訟問題に発展した事例も多かった。

　ただ、現地化を進めるにしても、経理担当責任者は日本から派遣するのが無難なことが多いとの指摘もある。人材育成を子会社任せにしておいても成功は覚束ない。例えば、欧米企業では個人に大きな職務権限を与えるが、重大なミスがあれば即刻解雇するといった規律が統制を効かせることも多々ある。伝統的な日本企業が用いているような稟議による責任の所在が不明確な運営では問

題があり、組織における責任の所在を明確にすることが重要である。

4 多国籍企業の事業展開
——欧米流の経営手法によるグローバルな戦略の導入と発展

❖**パフォーマンスとコンプライアンス**❖　欧米でもコーポレート・ガバナンス（企業統治）の議論は活発だ。1990年代以降、日本でも、欧米にならう形でコーポレート・ガバナンスに関する議論が活発になった。ただ、その意味は、必ずしも明確ではない。論者によって様々な捉え方がされている。特に、企業不祥事を契機として、コンプライアンス経営の重要性が叫ばれてきている（浜辺陽一郎『図解コンプライアンス経営〔第4版〕』（東洋経済新報社、2016年）参照）。加えて、グローバル経済の進展によって競争が激化したことに伴い、迅速かつ機動的な企業の意思決定や稼ぐ力の強化（攻めのガバナンス）も要請されている。そこで、企業統治の問題は、経営の効率性・業績の向上（＝パフォーマンス）を確保するための議論と、会社経営の適法性・適正さ（＝コンプライアンス）を確保するための議論とに分けられよう。

❖**SOX法とJ-SOX法**❖　米国では、1970年代頃から内部統制が制度化され、不正な財務報告に関する国家委員会（通称「トレッドウェイ委員会報告書」）を支援する組織であるトレッドウェイ委員会支援組織委員会（The Committee of Sponsoring Organizations of the Treadway Commission＝通称COSO）が提示した

【図表77】海外展開でも求められるコンプライアンス

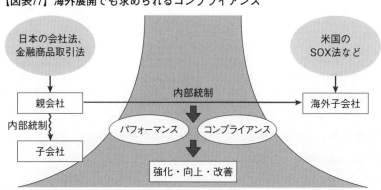

一連の考え方が「COSOフレームワーク」として、世界各国の会計・監査における事実上の基準として大きな影響を及ぼした。その後、エンロン事件等による企業会計不信を契機として成立した**サーベンス・オクスリー法**（Sarbanes-Oxley Act＝SOX法）により、内部統制報告制度が登場した。SOX法の正式名称は、**Public Company Accounting Reform and Investor Protection Act of 2002**（上場企業会計改革及び投資家保護法）で、企業会計や財務報告の透明性・正確性を高め、コーポレート・ガバナンスの抜本的な改革を求めるものであった。SOX法により、企業の財務報告に係る内部統制の有効性が毎年評価され、情報開示の信頼性の確保を図っている（49頁参照）。COSOは、当初フレームワークを廃止し、2013年の新フレームワークを使うことを求め、全社的リスクマネジメント―統合フレームワーク（Enterprise Risk Management―Integrated Framework、2017年に改訂）を策定し、全社最適・継続的改善に力点をおいた組織全体のリスク管理の仕組みによって経営・事業目的達成を促している。

　その規制のあり方は、日本の金融商品取引法における内部統制報告制度（J-SOX法）等に見られるように、他の先進諸国にも大きな影響を与え、類似の法規制が現れている。これを反映するように、多国籍企業においてはグローバルなコンプライアンス・プログラムを策定しているケースも現れている。

❖リーガルリスク・マネジメント❖　リスク・マネジメントの概念に定説はないが、一般に様々なリスクについての事前の予知・予防と、事後の対応の管理とに分けられる。リスクが特に著しい損害をもたらすものに関しては「クライシス・マネジメント」（危機管理）とも呼ばれる。リスクには様々なものがあり、リーガルリスク・マネジメントの手法はコンプライアンス・プログラムを形作る基礎ともなる。内部統制の実践においても、国際的にも通用するリスク・マネジメントの手法を活用して、水準を向上させる必要がある。

❖海外スタッフとの協働❖　多国籍企業となれば、グローバルなコンプライアンス行動規範を策定し、世界的に規律の取れた事業活動を目指すべきだ。グローバルなレベルでコンプライアンス教育・モニタリング等の年度計画・実施結果を確認・承認するプロセスを盛り込む企業も増えつつある。その基本方針が各国・地域で働く関係者にも浸透するように、各地域の言語に翻訳し、海外

のグループ企業と認識を共有するための研修活動も重要だ。それによって、海外のスタッフとも円滑なコミュニケーションを取って全体のレベルアップが図られる。ただ、それぞれの法環境や文化の違い等から、その趣旨が容易に伝わるとは限らない。地道な努力の継続が必要とされ、即効的な成果は期待しにくい。広いマーケットにおける支持を獲得し、持続的発展を確保するためにも、こうした活動の重要性はますます高まろう。

5　敵対的買収の脅威
── 市場による上場企業に対するコントロールの功罪

❖公開買付による買収❖　上場会社の株式は、誰でも取得することができ、これについて外資規制がない限り、外国企業であっても市場において株式を買い占め、公開買付規制のルールに従って日本の上場会社の支配株式を取得することが可能だ。

　これに対して、国内の企業は各種の買収防衛策を取ることがある。ただ、買収者が株を買い進めても、経営者の保身目的の買収防衛策が許容されてしまうと、無能な経営者を保護する結果となり、株主の利益を害する結果にもなるから、無制限には認められない。また、買収防衛策が発動されると、株主が公開買付に応じることによって利益を得る機会を失うので、買収者に金銭を交付する場合は、その矛盾が一層大きくなる。日本では、企業買収に対する過剰防衛を防止し、公正なルールの形成を促すため、経済産業省及び法務省は、2005年5月に「企業価値・株主共同の利益の確保又は向上のための買収防衛策に関する指針」を策定した（その後の経済産業省の企業価値研究会の「近時の諸環境の変化を踏まえた買収防衛策の在り方」（平成20年6月30日）等も参照）。

❖対内直接投資等の規制❖　取引活動の自由化は、民生における高度な技術が軍事目的に転用されるリスクを高め、安全保障上の懸念が増す。このため、様々な貿易や投資等に対する規制を強める動きがある。例えば、米国では**2018年外国投資リスク審査現代化法**（Foreign Investment Risk Review Modernization Act＝FIRRMA）が成立し、**対米外国投資委員会**（Committee on Foreign Investment in the United States＝CFIUS）は、国家安全保障の観点から、大統領に対して、クロスボーダーM&A等の対象取引の中止、禁止、又は取消しを命じる

ことを勧告でき、大統領はこの勧告を受けて、当事者に対して命令を発出できるようになっている。このため、外国企業による米国企業の買収の断念や見直しを迫られる事例が増えている。例えば、2018年、CFIUSが、BroadcomによるQualcommの買収を阻止し、注目された。権限が強化されたCFIUSの動向は、対米投資を検討する企業にとっては注意が必要であり、CFIUSのクリアランスをクロージングの前提条件とする対応等が考えられよう。EUでも同様の趣旨から加盟国レベルでの外資規制強化や対内直接投資に関する審査を強化する協力体制・情報共有体制にかかるEU規則が制定された。

　日本では外為法と個別業法（航空法、電波法、放送法等）による規制があり、対内直接投資等に係る内容に対して変更又は中止を命じる制度がある。近時の外為法の改正では、健全な対内直接投資については投資家の負担を軽減するべく事前届出免除制度を導入する代わりに、規制対象業種を拡大する等、メリハリをつけた外国資本による投資規制の強化を図っている。

　現代のマーケットでは内資と外資の区別も難しくなっている。各法域における外資規制に対しては、外資を不当に差別的に取り扱い、資本市場が閉鎖的にならないように注視する必要がある。

【図表78】買収防衛策に対する議論は多い

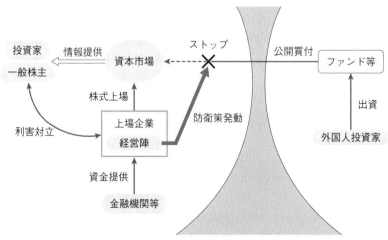

国際ビジネス・ケーススタディ～LIXILの中国企業への子会社売却失敗

　2018年、LIXILグループが、業績不振であったイタリアの建材子会社を中国企業へ売却しようとしたところ、同伊子会社では米国売上高が約4割を占めていたため、米国CFIUSの承認を得られず、契約を解消せざるをえなくなったと発表した。これにより、計上済みの子会社売却に伴う利益を差し戻す会計処理を強いられ、大きな減益要因となった。米中貿易摩擦が日本企業のM&A戦略に直接的な影響を及ぼした事例として注目された。

❖**三角合併等解禁の影響**❖　日本でも三角合併等（222頁以下参照）が可能になると、外資が日本企業を買い漁るのではないかといった懸念を抱く向きもあった。しかし、そもそも会社の組織再編には原則として株主総会で3分の2以上の賛成が必要なので、株主総会や取締役会の意向に反して合併等の組織再編はできない。三角合併の対象となる会社も同様であり、取締役会や株主総会の多数派の意向は無視できない。対価の柔軟化といっても、現経営陣が賛成する友好的な買収を行う際の選択肢が増えたにすぎない。

　もっとも、3分の2以上の株主を支配できれば、少数株主に親会社株式あるいは金銭を渡すことによって、合併等に持ち込み、完全に傘下に置くというシナリオを描ける。その意味で、三角合併ができることは、外資による敵対的買収の呼び水になる可能性はある。例えば、公開買付等によって敵対的買収を実現した後に、対価の柔軟化等による組織再編がやりやすくなるので、間接的に買収を促進する効果はあるだろう。

　ただ、少数株主が親会社株式をもらえるといっても、その内容・評価に満足できなければ反対株主として株式買取請求をして金銭で解決する必要がある。その場合、会社法では「公正な価額」で株式を買い取ってもらえるはずだが、会社と価額をめぐって意見が対立した場合にどうなるかは困難な問題だ。会社法では裁判所に価格を決めてもらうことが可能だが、一般の個人投資家が現実にどこまでやれるのかは問題である。

第3部

実 務 編

━━━ 第 1 章 ━━━

国際取引の一般的な契約手法

1 契約書の重要性
—— 自由だからこそ自己責任の原則に留意

❖契約自由の原則❖　国際ビジネスの分野では、公法的規律の枠内で自由な取引が奨励されており、多くの国々では契約自由の原則が基本となる。契約書をめぐって細心の注意を払うのも、契約書に定めた合意が尊重され、当事者を拘束するのが原則となるからである。

　しかし、「契約自由」だからといって、あまり自己に有利な条件を得ようとして一方的すぎる条項を作ったりすると、何も得をしないどころか、紛争に巻き込まれ、かえって自分たちを不利な状況に追い込んでしまうこともある、ということを肝に銘じておくべきだろう。法的に有効な契約の成立を目指すだけではなく、実質的な内容の妥当性も重要である。

　また、例外的に契約で定めた通りの効力が法的に認められないこともある。これが契約自由の原則の例外であり、日本でも公序良俗に反する約束は無効とされる（民法90条）。また、海外でも、政治的な理由や各種の公法的な規制等によって効力が否定される可能性がある。

　国内取引の契約書とは異なり、国際的性格にも配慮しなければならない。そのため、勢い契約書も長文になりがちだ。しかし、これは海外の弁護士の顔を立てるためではない。実務的に契約書で守られるのは、「利益の確保」と「リスクの回避」だ。つまり、いかなる利益が得られるのかを明確にすると同時に、予想されるリスクを抑制することが契約書作成の目的だ。国際ビジネスにおける厳しいリスクを考えて必要な事項を盛り込むことは、後日における意見の対立を回避し、紛争を抑制するためにも極めて重要だ。

　契約書に責任を軽減するための定めを設けることも少なくない。例えば、責任をできる限り軽減するテクニックとして、契約条項に「知る限り」と記載す

ることがあるが、「知る限り」の意味を厳密に定義して、更に責任を軽減しようとすることもできる。リスク軽減のためにも、様々な工夫が考えられる。

❖口頭証拠排除原則❖　日本では、契約書に細々とした事項まで書き切らないことが多い。その背景には、書面にしておかなくても当事者間の合意がそれなりに法的にも尊重されることがある。これに対して、英米法には、最終的な契約書が作成された場合には、口頭・文書等の証拠で契約内容を追加、変更、否認することを許さないとのいわゆる「**口頭証拠排除原則**」（Parol Evidence Rule）がある（38頁参照）。また、「**明白な意味の原則**」（Plain Meaning Rule）も、契約書等の解釈において書面の意味が一見して明白な場合は、裁判所がそれ以外の証拠を考慮してはならないことを意味する。

　こうした考え方の影響を強く受けて、国際ビジネスの現場で契約書の表現は極めて重要な意味を持つ。契約書に定めた以上、これに抵触するような主張は難しくなる。契約書に定めない事項については、後になって交渉する必要が生じる。しかし、利害対立が生じてから交渉を始めても、調整は難しく、深刻な問題になりがちだ。このため、懸案事項については早めに解決し、事前に契約書に盛り込んでおくことが好ましい。

　もっとも、**ユニドロワ2016**は、4.1条から4.8条にかけて、契約の解釈は契約の性質や目的だけでなく、当事者の意思、交渉態度等一切の状況を解釈で斟酌しうるものとしており、必ずしも書面重視の考え方を採用しているわけではない。また、上記2つの原則はいずれもCISGで適用されないという（CISG-AC意見3号）。ただ、事実上の影響は残るだろう。

【図表79】英米法原則にも留意

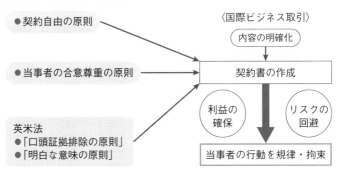

233

┃ 国際ビジネス・ケーススタディ〜ロイヤリティ・損害賠償請求控訴事件 ┃

　LAGearブランド商品に関する商標使用再許諾契約に基づき、Xがミニマムロイヤリティ等の支払を求めたのに対し、Yはその契約を締結する旨の意思表示は詐欺によるものであるから取り消す、要素の錯誤等により無効である等と主張して、既に支払ったロイヤリティの返還等を求めた。

【裁判所の判断】　Xが当該ブランドについてサブライセンス権限を有していなかったにもかかわらず、これがあるかのように装ってYを欺罔したとの事実を認めることはできない。Yは、英米法の口頭証拠排除の準則により、ライセンス権限の有無を判断する際には、両社が最終的かつ確定的に締結した米国和解契約書及び米国ライセンス契約書における諸規定の解釈のみに基づき判断されるべきであって、それ以外の証拠に基づく事実認定は許されないと主張するが、この契約は日本法を準拠法として、その契約の効力をめぐって我が国の裁判所の審理・判断が求められているから、その認定判断に際して我が国の裁判所が英米法の口頭証拠排除の準則に拘束されるいわれはなく、Yの主張は失当である等として、Xの請求を認容し、Yの請求を棄却した（知財高判平成22・9・29裁判所ウェブサイト。最決平成23・3・3（公刊物未登載）で上告棄却、上告不受理）。

2　国際取引契約書の仕組みと構造
——英米法の影響を受けた英文契約書に原型がある

❖**元来は1つの文章**❖　一般に、英文契約書の基本的なスタイルは、表題が付され、頭書、前文、本文、末尾文言、署名欄から構成される。これは、元来、頭書のThis Agreementが主語で、WITNESSETH（witnessの古語）が動詞となり、前文と本文を目的語とし、「この契約は、以下のこと（前文及び本文の内容）を証する」という意味であった。かつては、それで1つの文章になるとの理由で、途中にピリオドがない形式を踏襲するものもあったほどだ。

　しかし、今日では、古い形式を踏襲する契約書はほとんど見られなくなり、その形も自由化されつつある。ただ、英米法の約因理論（39頁参照）の名残からconsideration（約因）に言及した一文が入り、本文の条項を経て、末尾文言の IN WITNESS WHEREOFに、「上記の証として、代表者に本契約書を作成させた」と締めくくり、最後にその代表者に署名をさせるといった形は依然と

【図表80】英文契約書の体裁

This Agreement

This Agreement（"Agreement"）is made and entered into this ___ day of _____ , 20XX, by and between XXX and YYY. 〈頭書（Premise）〉

RECITALS 〈前文〉

WITNESSETH

WHEREAS, ～
WHEREAS, 〈説明条項〉

NOW, THEREFORE, in consideration of the foregoing recitals and the mutual promises contained below, it is agreed as follows: 〈約因文言〉

Article 1.（Definitions） 〈定義規定等、これ以下が本文
・ （Body）〉
・
・

IN WITNESS WHEREOF, the parties hereto have caused their duly authorized representatives to execute this Agreement the day and year first written above. 〈末尾文言（Execution Clause）〉

XXX Corporation　　YYY Corporation 〈署名欄（Signature）〉

BY _____　　BY _____

（Print Name and Title）（Print Name and Title）

〈別紙として、添付書類等（Attachment, Exhibit, Schedule）が付されることも多い。〉

して広く用いられている。こうした英文契約書のスタイルは、英米法の影響を受けているものにほかならない。

❖定義条項から一般条項まで❖　最初の頭書では、どういう当事者の間でどういう契約を締結したかが示される。その後に、説明条項として、契約の背景事情が説明されることがある。説明条項が必要であるかは議論のあるところだが、説明条項に書くべきではないことを避ければ、背景をわかりやすく表現することは、契約書をまとめるに当たっても意義があろう。

　契約本文では、最初に定義規定や解釈条項が置かれていることもあるが、ないこともある。また、主たる債権・債務については、その内容を明確に定めておく必要がある。その関連で特に重要なのは、表明保証条項で、これはデューディリジェンスと連動している。また、各種の条件（前提条件、停止条件、解除条件）や付随的義務、誓約、約定も主たる権利・義務と同様に重要である。このほか、知的財産権の取扱い、検査・監査権限、受入れ義務、コンプライアンス条項、エスクロー等に触れられることもある。

　さらに、契約違反の場合に備えて、その前提としての債務不履行事由を定めておく。契約終了をめぐる諸条項においては、これに併せて契約期間、有効期限と更新（あるいは、その条件）等を定めることも多い。期間が設けられる場合には、中途解約の可否や条件についても明確にする必要がある。さらに、即時解約と期間をおいた解約、当然終了等、終了後の処理についても定めておくことが望ましい。損害賠償の方法や範囲、補償の範囲、履行強制や弁護士費用等のコストについても定めておくべきだろう。

　日本国内の契約書ではあまり見かけないような一般条項が並べられることも多いが、それらの条項は形式的なものではなく、数多くの実質的な論点がある。本書で紹介するのは、その一部にすぎず、それぞれの契約における意味合いを十分に吟味して検討することが重要である（詳細は、浜辺陽一郎『ロースクール実務家教授による英文国際取引契約書の書き方〔第3版〕』（ILS出版、2012年）参照）。

3 英文国際契約書作成の基本姿勢
── 客観的に論理的かつ合理的な権利・義務内容を確実に盛り込む

❖明確な記載を心がける❖　英文契約書の記載は、あくまでも客観的に論理的かつ合理的であることが求められる。契約書は、契約締結後の当事者の行動を規律するものだ。契約関係において、どのような問題が生じるかを予測し、その対応やリスクの分配についてあらかじめ定めておく必要がある。リスクの発生は、立場によってプラスの効用をもたらすこともあるが、そのような場合にも紛争が起きるおそれもある。当事者の義務の内容を明確に定めておくことにより、当事者の権利内容も明確にすることができる。ユニドロワ2016第4.6条は起草者不利の原則を定めており、ドラフト（契約書草案）を提供する場合は特に注意を要する。

　また、契約書においては、同じような意味の言葉を繰り返し、難解な単語を用いるなど、わざと長く複雑になるような表現も見かけるが、これに対してはもっと平易な表現にすべきだという考え方に変わってきている。これは**Plain English Movement**とも呼ばれ、米国の一部の州ではPlain English Lawを制定して法文書の簡易化を目指す動きもあるほどだ。このため、契約書についても、より簡潔でわかりやすい文章を書くことが求められている。

　実質的にも形式的にも、契約書はあくまでも法的に効力がなければ、せっかくコストをかける意味もない。したがって、その作成においては、法的な観点から問題が生じないかをチェックすることが重要となる。例えば、本体の契約書とは別の文書で合意することもあるが、その法的効力をチェックする必要があり、特に完全合意条項（281頁参照）との関係には注意を要する。

　もっとも、合意内容によっては、わざと法的拘束力がないように定めるとか、努力義務にして効力を弱めるといった工夫をすることもある。また、何らかの法的拘束力があるにしても、議論の余地を残すために、「合理的な」（reasonable）、「重要な」（material）等といった形容詞を加えることもあるが、これはプラス・マイナスの両面があるので、注意する必要があろう。一般的には、具体的に書いて絞り込むことにより、より強固な権利となる。

❖**ネイティブ・チェックの意義**❖　最終的な契約条項の表現に誤りがないかを確認するためには、ネイティブの法律専門家にチェックしてもらう等、外弁等を利用するのが理想的ではある。しかし、コストもかかるものであり、取引の重要性や規模等を考慮して対応するのが現実的だ。

　日本人の場合、英文契約書を日本語に翻訳して理解しようとすることが多い。しかし、英語での法概念は必ずしも日本語の法概念に置き換えられないものもあり、英文のニュアンスは日本語では表現しにくいことも少なくない。したがって、英文契約書の内容は原文のまま理解できるようにすることが望ましい。

【図表81】明確な記載が必須

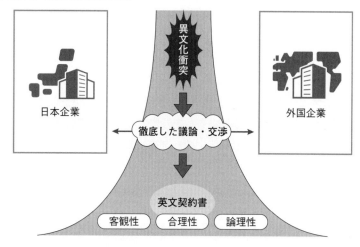

4 国際契約交渉の進め方
── 甘えの許されない真剣かつ徹底的な議論を通して
　　信頼関係を構築する

❖**契約当事者の信用調査から戦略的に対応**❖　契約交渉に入る前に第一にチェックすべきなのは、相手方が本当に取引しても良い信用のおける当事者かどうかという点である。こうした信用チェックは国内取引でも重要だが、国際取引ではそれ以上に重要だ。これが不安な相手方では、どんなに立派な交渉、

契約をしても無意味だ。海外の取引先も信頼できる紹介者や興信所等でチェックしたいところだ。

　国内取引の契約交渉でもそうだが、交渉で議論する順序で、簡単なものから片づけて、難しい項目を最後に残すのは、必ずしも得策ではない。交渉の無駄を防ぐには、まず最難関の事項を解決することが原則だろう。議論すべき項目が多く、交渉が長引きそうな場合は、ペンディング・リストを作成し、蒸し返しを防止するようにすべきだ。

　ドラフトは、あくまでも叩き台であって、それに拘束される必要はない。新しい条項を加えるべきこともあるし、削除すべきこともある。相手方も契約成立を期待しているはずであり、契約が不成立となれば、それまでの交渉が無駄になる。双方共に、できる限り交渉決裂は避けたいと考えている以上、できる限りの主張を交わすべきだろう。もちろん、相手方との交渉力のバランス次第で、受け入れられる保証があるわけではない。

　契約書の作成へ向けた実際の交渉段階では、相手方がどういう反応をするかを見ることによって、何を考えているか、どういう考え方をするかを知ることもできる。契約交渉の過程で相手方と真剣に議論することにより、その反応の傾向がわかると、予防法務にも役に立つ。国際取引においては、相互の文化が異なることを忘れるべきではなく、交渉においても先入観は禁物だ。解釈方法に関する一般的な考え方まで盛り込むことも考えられる。

　相互の理解を深めることで交渉が成功することもある。しばしば、契約書案の修正を求めて交渉すること自体が、波風を立て、トラブルの原因にならないかを心配する向きもある。しかし、ニコニコして大事なことを話し合わないでいても、「円満解決」が保証されるわけではない。むしろ自らが抱く懸念を率直に話し合うことが信頼関係構築のための第一歩だと認識すべきだろう。ハードな交渉が将来不利に働くのではといった心配も無用だ。相手方に足元を見られないようにするためにも積極的な交渉が重要だ。遠慮しても相手が忖度してくれることはなく、主張すべきことを伝えないと、相手にも妙なフラストレーションを感じさせるだけだ。

❖**どちらが叩き台を出すか**❖　叩き台のドラフトを出すと、自社が主導権を握ることができ、その後の交渉の基準を設定できる。自社で案を作るのが、契

約書の管理という点では望ましい。契約書のコントロールがしやすくなり、様々な取引におけるノウハウを蓄積し、それを統一的に利用できる。また、契約の土俵を自分たちの方で作ることができ、落とし穴のある条項を防止しやすい。もっとも、自社の用いている印刷された契約フォームで交渉を封じようとする当事者もいるが、それが本筋ではない。

　デメリットとしては、自社の手の内を明かしてしまうことになるのではないかとか、交渉でより有利に変えていくことは難しくなる面があるという見解もある。確かに、費用対効果との関係で、叩き台を出す側のエネルギーも馬鹿にならない。一般的には、取引実情と経験に照らして、類似取引を多くやっている側が叩き台のドラフトを出すのが合理的だろう。供給者側の交渉力が強く、同様の取引をたくさん取り扱っていることから、供給者側が原案を出すケースが多いようだ。

〈どちらが叩き台を出すか〉

自社が叩き台を出すメリット	相手方に叩き台を出させるメリット
自社が主導権を握ることができる。	自社から出すと、交渉でより有利に変えていくことは難しくなるだけ。相手方の叩き台を切り崩す方が確実である。
自社の用いている印刷された契約フォームで交渉を封じることもできる。	徹底的な交渉をすることによって、最初の案がそのまま通ることが認められるわけではない。
自社で案を作るのが、契約書の管理という点では望ましい。契約書のコントロールがしやすくなり、様々な取引におけるノウハウを蓄積し、それを統一的に利用できる。	費用対効果との関係で、叩き台を出す側のエネルギーも馬鹿にならない。取引の個別の特殊性を重視した対応が重要。
落とし穴のある条項を防止できる。	自社の手の内を明かしてしまうことを防止できる。
取引実情と経験に照らして、類似取引を多くやっている側が叩き台のドラフトを出すのが合理的。	

5 国際契約交渉の手法
—— 将来のビジネスの成功に向けられた共同作業を
契約内容に結実

❖**修正を求める理由が必要**❖　国際ビジネス交渉においても、相手方と主張が対立した場合に、各当事者が自己の主張を繰り返し述べているだけでは何も進まない。相互に相手が主張する理由を十分に理解した上で、その究極の目的で、相互の一致点を探すことが必要だ。予想される対立点については、あらかじめ交渉方法を考えておく必要もある。

　交渉に際して、法的障害があることを理由に適切な内容を求めることも重要なポイントである。それぞれの国の公序良俗や各種の保護法や独禁法等の規律によって有利な修正ができるのであれば、これを見落とさないようにする必要がある。

　ドラフトを変更する理由は、自分たちに都合の良い理由だけでは不十分だ。相手方を説得するために、相手方にとってもそれが良いことを説明できるように考える必要がある。そうでなければ、修正を求める理由がないがゆえに、原案通りにすべきであるといわれてしまう。

　相手方のドラフトに対して修正案を提案する場合にも、どのような形で着地するかについて見当をつけておくことが重要である。運悪く合理的に契約の修正に応じてもらえない場合には、そのリスクを念頭に置いて行動する必要がある。そのリスクが合理的な範囲にとどまる限りは非難されずにすむ。それがせめてもの対策だ。

❖**交渉力を読み取れるか**❖　交渉においては可能な限りの情報を収集して交渉材料を増やし、交渉が決裂した際の代替的最善策（Best Alternative to a Negotiated Agreement＝BATNA）や相互の合意可能領域（Zone of Possible Agreement＝ZOPA）を探りながら、それを踏まえた交渉を行うことは世界の常識だ。そして、契約交渉の詰めにおいては、両者の背後にある交渉力ないし力関係を読み取れるかどうかがポイントとなる。契約交渉は理屈ではないといった経験談も聞かれる。確かに、論理的説得のみならず、情緒的説得が効を奏することもある。ただ、真剣に交渉をした場合には客観的に認められる両者の力関係がそのまま契約内容に反映されることが多い。もっとも、その力関係は、

状況によって変化する可能性があるので、油断は禁物だ。

　相手方の譲歩を引き出すため、交渉の余地があれば、時間の許す限り交渉すべきだ。サンクコスト（埋没費用）が判断を曇らせる傾向（サンクコスト効果）にも留意する必要がある。状況の厳しさとか力関係の強弱といっても、程度問題である。不利・劣位にある側は、どう対応するかが問題であり、優位だからといって一方当事者が全面的に有利な条件を勝ち取れるとは限らない。契約交渉と並行して契約履行の準備をすることで既成事実を積み上げ、契約締結から逃れにくい状況が生じることもある。契約成立が日に日に当然のことになり、徐々に契約締結を拒絶しにくい状況が作られがちだ。そうした問題にも配慮しながら交渉を制御していく必要がある。さらに、契約交渉におけるDecision Makerが誰かも見極める必要があろう。会社組織の場合、ビジネスマンの役割、社内弁護士の役割は異なるからだ。

　交渉においては、お互いの立場にこだわるのではなく、双方のニーズや利害に注目して、具体的な条件を整理した上で、できるだけ多くの選択肢を検討することによって打開策を導くことを目指すことが考えられる。相手方だけではなく、すべてのステークホルダーを視野に入れて検討することが有用だろう。

【図表82】契約交渉のポイント

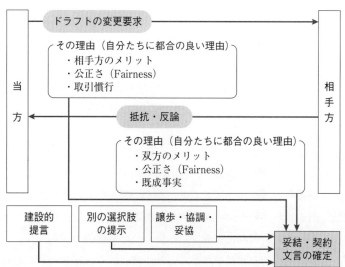

　国際ビジネスにおいては収益を上げることが共通の目的である以上は、当事者間で相互に合理的な内容の契約を目指すべきものである。異文化であることを克服して、利益を上げるための合理的な企業文化を構築し、どのように海外で事業展開できるかを考え抜くことが必要だ。

6　契約締結交渉における法的リスク
── 契約交渉にかかるコストとエネルギーが無駄となった場合の損失処理

❖どこまで情報を開示するか❖　紛争解決型の交渉とは異なり、ビジネスの開始又は継続のために行うのだから、信頼関係を構築し、向上できるように取り組む必要がある。その意味で、契約の交渉過程では、真実や本音を正直に伝えることが重要である。相互に相手に受け入れられるように説明し、理解させることも求められる。

　しかし、すべての情報を相手に開示するわけではなく、実務的にも相手に隠していいことは何か、隠さなければならないことは何かを峻別する必要がある。1つのポイントとしては、相手方がその取引に期待している事実、また隠れている重要事実は、開示の必要がある。特に相手が注意してもわからないような事実は開示が必要だろう。そうでないと、詐欺・錯誤の主張を招く結果となる。そのような交渉は最悪である。

　この交渉は、契約書の記載をめぐる局面もさることながら、デューディリジェンスの範囲等をめぐる局面でも問題となる。すなわち、買主としては、できる限りの情報を得ることにより、売主の責任をつなぎとめておきたいと考える。他方、売主は、買主にとって不利な事情を開示せず、偶発債務等の未確定や潜在的債務に関する責任を買主に負担させようと考えるかもしれない。このため、表明保証をめぐっては、その記載のあり方をめぐって鋭く対立する。

　しかし、ここで売主として下手に不利な事情を開示しないと、後日、表明保証違反による補償請求や詐欺・錯誤等の主張を招くことにもなりかねない。このため、実務的には、売主の認識する偶発的・未確定の債務等の事項についてはできる限りリストアップし、開示された範囲においては買主が認識して取得するものとして、基準日以降の危険を負担するものと明記しておけば、価格等

の条件に織り込まれ、逆に売主の免責が認められることになる。

　これに対して、自分たちの主観的な評価は伝える必要がないだろう。また、明々白々な事実や公開情報も開示されているから、積極的に伝える必要はないだろうが、これに関する質問に対しては正確に回答する必要がある。

【図表83】相手方への情報開示の考え方

相手に隠してはならず、開示しなければならないこと	相手方に隠さなければならないこと又は隠しても差し支えないこと
相手方が、その取引に期待している事実に関して隠れている重要事項	自社内における主観的な意見や評価
相手が注意してもわからない重要事実	少し調べればわかる公知の事実（わざわざ説明するまでもないこと）
契約段階では未確定でも偶発債務等の未確定あるいは潜在的債務	将来的な見積りや計算、戦略
表明保証条項において除外するか否かが問題となりうる事実	表明保証を十分にしていることで、表明保証違反については責任を負うことを認めている事項（→ただし、隠していて、後日判明・顕在化した場合には責任を負う）
相手方に開示することを約束したこと	相手方に開示しないことを明示したこと

❖**「約束的禁反言の法理」と「契約締結上の過失」**❖　合意が成立しなければ、契約は成立せず、何らの責任も発生しないのが原則だ（ユニドロワ2016第2.1.15条(1)参照）。しかし、例外的に契約が成立しなかった場合に、その契約交渉決裂の責任が問われることがある。この点に関する考え方は、国によって異なり、そのトラブルの準拠法や紛争解決手続地がどこになるのかも問題だ。

　米国の契約法では、「**約束的禁反言の法理**」（Promissory Estoppel）が契約交渉の過程においても適用される可能性があるのに対して、日本では「**契約締結上の過失**」等として論じられ、準拠法の決定においては不法行為と法性決定して判断している裁判例がある。ユニドロワ2016第2.1.15条も、不誠実な交渉や不誠実な交渉破棄をした当事者が損害賠償責任を負う旨を定める。確かに、契約交渉には長い時間と労力をかけることがあり、それが不条理な形で決裂した場合、その原因如何によって、何らかの法的責任が生じるケースもある。

　日本を含む多くの法域では、信義誠実が全ての私法関係を支配する原則だとする考え方も強い。このため、当事者間で契約締結の準備が進捗し、相手方で契約の成立が確実なものと期待するに至った場合は、その期待を侵害しないよう誠実に契約の成立に努めるべき信義則上の義務が生じやすい。万一、この義務に違反して契約の締結を不可能にした場合には、相手方に対する違法行為として損害賠償の責めを負うべきであると考えられよう。問題は、実際にある時点での契約交渉の打ち切りが、不当な契約破棄になるのか否かであるが、ケース・バイ・ケースで判断するほかない。ただ、契約交渉の過程でLOIやMOU等（247頁参照）を作成している場合には、その内容にもよるが、交渉過程の責任の判断において影響を及ぼす可能性がある。

国際ビジネス・ケーススタディ〜契約交渉の一方的な打ち切り

　マレーシア在住のマレーシア人Xが日本法人Y社との間でインドネシアにおける林業の共同開発に関する協定とそのマレーシア人の所有するブルネイ会社の株式50％の売買契約に関する合弁事業を計画し、その計画の中核をなす株式の売買契約案、株主間の契約案が検討され、最終案が作成されるに至ったが、日本法によれば未だ契約が成立していない段階でY社は交渉を打ち切った。

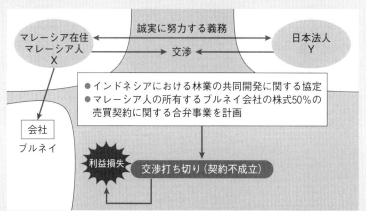

【裁判所の判断】　Y社が契約及び協定の締結が確実であるとの期待を抱かせるに至った場合には、契約の基本的な了解が成立したと認められるから、Y社として契約及び協定の締結に向けて誠実に努力すべき信義則上の義務があり、その締結を一方的に無条件であえて中止するときは、その締結を中止したことを正当視す

べき特段の事情のない限り、相手方が契約及び協定の成立を期待したことにより被った損害を賠償すべきである。ただし、相手方の名誉、信用を毀損されたことによる慰謝料及び共同事業契約が履行された場合の得べかりし利益の喪失は、契約等の準備段階における信義則上の義務違反と因果関係にない。

　XがY社との間で締結したと主張するブルネイ会社の株式の売買契約の準拠法は日本法であるから、この契約を補充しこれと密接不可分な関係にあるインドネシアの林業共同開発協定にも同じく日本法が適用されると解するのが当事者の意思に適合する。Y社によるその株式の譲受につき目的物、代金額、支払時期等の合意があった後は、不法行為の準拠法たる日本法によれば、特段の事情のない限り、締結を一方的に無条件で中止することは許されず、中止によってY社が損害を与えた場合は、これを賠償する責を負うべきである（東京高判昭和62・3・17判時1232号110頁、判タ632号155頁）。

 column 契約書の長さとのバランス

　契約成立のためのコストも考える必要がある。時間とコストをかければ良い契約書ができるのは当然だ。取引規模、取引頻度によって契約書への力の入れ方は、違って当たり前なのである。

　もっとも、一般的に英文契約書は国内取引で用いられる契約書と比べて長くなることが多く、どこまで長くしたらいいのか戸惑うことがあるかもしれない。しかし、問題なのは長さなのではない。欧米企業との国際取引においても、短い契約書はあるし、近時は国内取引においても、極めて長文の詳細な契約書が用いられることもある。

　結局のところ、その契約の重要性、リスクの度合いに応じて、どこまで想定されるリスクを詳細に盛り込むのかという、ビジネス判断に依存している面がある。絶対的な契約書等は存在しない。

　国内の取引であれば、契約書に書かれていない事項についても国内の法令、自国で馴染みのある取引の慣行等によって救われることも多い。一方で、国際ビジネスでは、そのような忖度は期待しにくい。このため、契約書の作成でも、できる限り網羅的な記載をすることが求められ、それだけ契約書作成にもコストがかかることを織り込んでおく必要がある。

＝＝＝＝＝＝＝　第 **2** 章 ＝＝＝＝＝＝＝

国際取引契約の実務的諸問題

1 基本合意書等の取り交わし
── 短期間に基本的な方向性だけを定め、 詳細は正式契約で

❖大型取引案件の段取り❖　LOI（Letter of Intent）、MOU（Memorandum of Understanding）等といった文書は、基本合意書、予備合意書、覚書等とも訳され、その内容によって様々なものがある。相互に取引をしようという話になっても、特に大型案件では契約書を詰めるには交渉のための十分な時間が必要だ。そこで、暫定的な約束又は予備的な合意を記録にとどめ、正式契約を締結するまでの方向性を確認するためのLOI等と後述の秘密保持契約を取り交わしてからデューディリジェンスに進むといった展開が典型的なものだ。

　しかし、両当事者が署名するので、状況や内容によっては、契約として法的拘束力を有する。そこに支払約束等の具体的な内容が含まれていると、後日正式契約が成立しなかった場合に、その趣旨をめぐって紛争が生じることもある。

❖LOI等の法的効力❖　一般的には、基本合意をしたからといって、正式契約を締結することが義務づけられるわけではない。その意味で、基本合意のすべての条項が拘束されるような法的義務を発生させるとは限らない。全く法的拘束力のないLOIもある。しかし、その一部の条項に法的拘束力を持たせるためにLOIを締結することもある。これに全く拘束力がないと、LOIを結ぶ意味も弱くなる。LOIで拘束力を持たせるべきはどの点にあるか、拘束力を有するものと定められている条項が適切かどうかは、個別に吟味する必要がある。相手方から提示されたLOIの提案は決して鵜呑みにすべきものではない。

　例えば、短い期間とはいえ独占交渉権の拘束力を認める条項が考えられる。M&A取引等では、その期間内は真剣に検討するが、どうなるか全く保証がないのでは真面目にデューディリジェンスをして価格の検討をする労力を投入で

きず、相手から低い価格しか提示されなくなるおそれもある。相手に貸しを
作って、別の譲歩を引き出すといったことを考えるべき場合もある。そこで一
定の**独占交渉権**に拘束力を認め、他者との情報交換を禁止する条項（**no-talk条
項**）や、他の取引先を模索することを禁止する条項（**no-shop条項**）を設けるの
は合理的である。ただし、それらの条項があっても、役員の善管注意義務ない
し信認義務に基づいて、新しい提案に乗り換えることを可能にする**Fiduciary
Out条項**を設けておくべき場合もある。もっとも、信認義務に基づいて独占交
渉義務から免れることができるようでも、法外な**解約金**（**break-up fee**）が課
される場合には、実質的に独占交渉義務に縛られてしまい、Fiduciary Out条
項が機能しなくなることに注意する必要がある。

〈大型契約案件の流れ〉

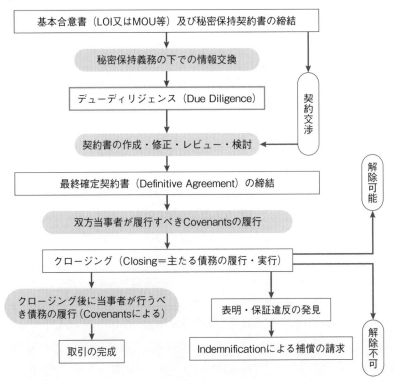

国際ビジネス・ケーススタディ～MOUの法的効力

　アイスランド国法人Xと日本法人Yとの間で日本国内でメモ（MOU＝本件メモ）を作成した後、XからYに詳細な条項を含む契約書案が送付され、修正案や修正意見等が何度かやり取りされたが、その調印には至らなかった。Xは本件メモの記載内容のうち50万ドルの支払に関する部分の内容は明確で一義的であるとしてYにその支払を求めて提訴した。

【裁判所の判断】　本件メモは、2、3時間の交渉で了解に達した事項をホテルのフロント備付けの用紙にペンで記載したもので、その内容も基本的な事項について文章体でなく箇条的に記載するにとどまる。本件メモは、両社間で以後本件ソフトのソースコードに関するライセンス契約の締結を目指して協議を進めるために、その基礎となるべき基本的な事項について了解に達した事項をメモ書きにしたものにすぎず、以後この基本的了解事項をベースとして協議をした上で必要な条項を盛り込んだ契約書の成案を得るとの予定の下に作成署名された。その支払は、本件ソフトのソースコードのライセンス供与の対価で、供与されるべきライセンスの具体的内容が後日の協議により確定されることを予定したものである以上、その支払義務のみ後日の協議と無関係に効力を発生させる趣旨のものと解することができない。Y取締役は、書簡等で本件メモを指してcontract又はagreementと呼び、その効力発生の延期を求める旨の意思表明をしているが、ここから直ちに、同人において本件メモの記載内容が契約としての効力を有し、後日契約書の調印に至ると否とにかかわらずYにおいてその記載の支払義務を負うものとの認識の下に本件メモに署名したものと認めることはできず、Xに対する支払義務が発生したものということはできない（東京高判平成12・4・19〔確定〕判時1745号96頁）。

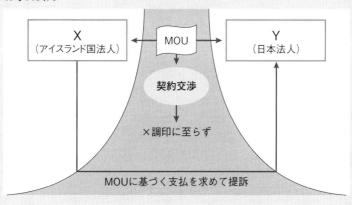

ビジネス・ケーススタディ参考事例～住友信託銀行対旧UFJ差止等請求事件

　ＸとＹの間で締結された基本合意書には、「各当事者は、本基本合意書に定めのない事項若しくは本基本合意書の条項について疑義が生じた場合、誠実にこれを協議するものとする。」「また、各当事者は、直接又は間接を問わず、第三者に対し又は第三者との間で本基本合意書の目的と抵触しうる取引等にかかる情報提供・協議を行わないものとする。」との定めがあった。

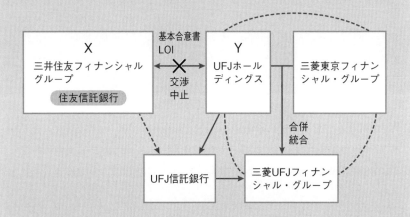

【裁判所の判断①】　本件条項は、その趣旨、文言、締結の経緯に照らして、法的拘束力を有するものと認められ、同条項がその締結後の事情により失効したとは認められないとし、また、保全の必要性も肯定でき、第三者との間で会社の営業の第三者への移転、第三者との合併、会社分割等の取引に関する情報提供又は協議を禁止した仮処分原決定を認可した（東京地判平成16・8・4金商1199号9頁、1205号47頁）。

【裁判所の判断②】　上記条項に違反することによりＸ社が被る損害は、上記基本合意に基づく最終的な合意が成立するとの期待が侵害されることによるものにとどまり、事後の損害賠償で償えないほどではない。本件基本合意に基づく本件協働事業化に関する最終的な合意が成立する可能性は相当低く、未だ流動的な要素が全くなくなったとはいえず、本件条項に基づく債務は未だ消滅していないから、暫定的に本件情報提供又は協議を行うことを差し止めなければＸ会社に著しい損害や急迫の危険が生ずるものとはいえないため、保全の必要性を欠く（最判平成16・8・30民集58巻6号1763頁、判時1872号28頁）。

【裁判所の判断③】　Ｙらは本件基本契約ないし協働事業化に関する最終契約を締

結するまではこれらの契約を締結する義務を負わず、また、Ｙらが独占交渉義務及び誠実協議義務を履行していたとしても、同契約の成立が確実であったとも、同契約の内容が具体的に確定していたともいえないから、最終契約が成立した場合の得べかりし利益（履行利益）が上記各義務違反と相当因果関係があるとは認められず、ＸはＹらに対し、最終契約の成立を前提とする履行利益相当分額の損害賠償を求めることはできないとして請求を棄却した（東京地判平成18・2・13判時1928号3頁、判タ1202号212頁。その後、和解により約25億円を支払うことになったが、これは信頼利益に相当するものであろう。）。

2 秘密保持契約
——情報の重要性を踏まえた必須のリスク・マネジメント

❖**秘密保持契約なくして情報開示なし**❖　主たる取引を開始するかどうかを検討するための情報交換をするに先立って、まず秘密保持契約（Confidentiality Agreement＝CA, Non-Disclosure Agreement＝NDA）だけを締結することも多い。これをLOI等と併せて締結することもある。

　秘密保持契約は契約自由の原則に委ねられているが、ユニドロワ2016第2.1.16条は、秘密保持義務に関する定めを設けている。同条は、交渉過程において、当事者の一方が秘密のものとして提示した情報は、後に契約が締結されたか否かにかかわらず、相手方はこれを開示し、または自らのために不適切に用いてはならず、この義務の違反に対する救済には、それが適切であるときは、相手方の取得した利益を基準とした賠償が含まれると定めている。この条項では、「秘密のものとして提示した情報」としている点で、上記のような義務が生じることは理解しやすいが、これに依拠できるとは限らない。

　情報交換をした結果、取引をしないで終わることもあることを考えれば、重要な情報を交換する場合には、秘密保持契約の締結は不可欠だ。その重要性は、国内外で差異はない。そうした秘密保持契約書を作成する場合には、いくつか注意すべき点がある。

　第1に、秘密情報の範囲であるが、とにかく広く包括的に定めれば良いというわけではない。むしろ、秘密保持義務の範囲を明確にするためにも、その範囲が明確に区別できるように、できるだけ特定することが望ましい。また、そ

の秘密保持義務を負うのは誰かをチェックする必要もあり、法人だけではなく、その秘密にアクセスする個人をも義務・責任を負うようにする必要があろう。契約終了後に秘密情報を返還させる等、秘密保持の方法を具体的かつ詳細に定め、各個人に秘密保持誓約書等を提出させる方法等が考えられる。

　第2に、秘密保持義務の期間は、原則として限定すべきではない。秘密保持に期間制限が必要とは限らない。重要な情報を提供する場合、秘密保持契約では、秘密は永久に守ってもらわないと困るだろう。秘密保持義務については、できるだけ期間の限定を削除すべきだ。期間制限が必要でも、条件付きとすべきで、無条件に開示を許してはならない。契約終了後に所定の期間が経過しても、交換した情報が陳腐化するとは限らない。会社の重要な一部が丸裸になって情報を開示するような局面もある。正式契約は最終的に成立しないこともある。その交渉過程で得られた秘密には永久に守るべき情報も含まれており、その情報が陳腐化する期間を予想することはできない。そこで、最低限度の妥協策として、故意・重過失による開示・漏洩は永久に責任を負うように定めておくべきだ。秘密としての価値がある限りは、何らかの秘密保持義務を負わせる必要がある。

　第3に、秘密保持義務の例外の定め方においては、開示できる宛先を限定し、法令で開示する場合の対応や弁護士等職務上秘密保持義務を負っている者に対

【図表84】秘密保持契約

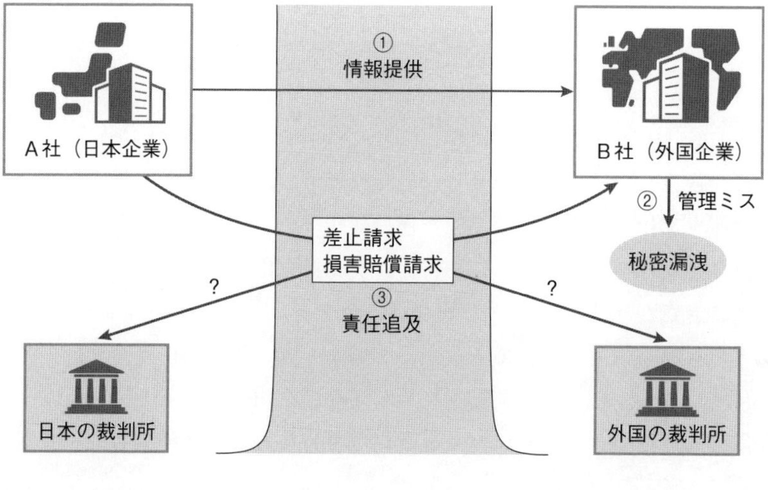

する開示についても、万一の場合には秘密保持契約書によって責任を追及できるようにしておくべきだろう。

　第4に、秘密漏洩が生じた場合の対応方法であるが、国際ビジネスにおいては、国内取引以上に、その法的強制が難しいことも考慮しておく必要がある。基本的には、直ちに開示・漏洩の差止めを求める保全処分等を中心に考えるべきであるから、裁判所による救済を優先させるべきだろう。仲裁は本案の紛争を十分な時間をかけうる場合には適切であっても秘密漏洩の局面では限界もある。したがって、仲裁条項を設ける場合にも裁判所の救済手段の障害にならないようにする必要がある。

3　デューディリジェンス
——多角的に徹底的に精査することによってリスクへの対応に結びつける

❖取引の対象を精査❖　デューディリジェンス（Due Diligence。以下、「DD」という。）とは、投資、融資ないしM&A等の取引において取引の対象を精査することだ。企業買収の場合であれば、企業の会計帳簿、社内文書、契約書類等の一切の資料を精査するし、金融取引の場合であれば、担保物件について現状や権利関係、市場価格等をチェックするといったこと等が考えられる。この過程において、関係記録や資料を検証して取引の対象に隠れた問題がないかをチェックする。会計士等が会計の知識に裏づけられて行うもの（財務DD）のほか、弁護士等がリーガル・リスクとしてどのようなものがあるかを調べるもの（リーガルDD）、業界の専門的見地からの企業組織、生産・販売及び研究開発活動等に関する調査（ビジネスDD）等があるほか、労務・人事、ITシステム・技術・知財、施設、環境汚染問題等を特にDDの対象とすることもある。

【図表85】デューディリジェンスの徹底

会計士等	財務・会計リスク	財務デューディリジェンス
弁護士等	リーガル・リスク	リーガル・デューディリジェンス
業界の専門家	企業組織、生涯・販売及び研究開発活動等に関する調査	ビジネス・デューディリジェンス

　DDには弁護士、公認会計士等、外部アドバイザーを活用するケースが多いが、より効果的・効率的に行うためには内部チームと外部チームが共同して作業に当たることが望ましい。その緊密な意思疎通によって、的確な情報伝達を確保することが重要だ。

　DDは、売主・買主の両者が行えるが、より重要なのは買主側によるDDだ。というのも、対象物を買った後の一切の負担は一次的には買主に降りかかってくるものであり、売主は代金さえ回収できれば、とりあえずは取引の目的を達成することができ、その後の状況の変化によるリスクはすべて買主の負担となるからだ。

❖**DDの結果を踏まえての契約締結**❖　通常は、あらかじめ合意した期間内にDDを行うことになるが、その許された範囲内で膨大な資料を可能な限り徹底的に分析する。取引を実施することに問題がないか、問題があればこれに対策を講じて、何か問題があったら指摘する。DDにより、取引の対象について何らかの事実が発見され、それが重大なものであると取引が中止されることもある。しかし、何とか取引が実行できそうであれば、当事者は、DDの結果を踏まえて、価格交渉やその他の諸条件に関する契約交渉を行う。DDによって将来的に顕在化しそうな問題が発見された場合、売主の立場からすると表明保証の除外事項とする必要があるだろう。逆に、買主の立場からすると、DDで安心できる確証が持てない事項について、売主に表明保証してもらう等の方法で処理することも考えられる。立場により、また状況によって様々な処理の仕方がある。DDで発見された事項を何らかの形で契約書に反映させることもできるし、**代金の分割払や表明保証保険**等による対応もある。これにより、取引で達成されるべき目的の障害となる要因を事前に把握し、その障害要因を除去・軽減することが可能となる。

4　表明保証
―― 契約の対象・前提を契約書に明記することで取引による利益確保を目指す

❖**事実の正確性と真実性**❖　表明保証条項は、当事者間の取引の目的や双方の義務や責任を明確にするためのものだ。そのため、取引の対象や当事者等に

関する一定の事実について正確かつ真実であることを表明し、これに反する場合には損害を担保することを保証する。その法的性質は、瑕疵担保責任の一種とする見解もあるが、基本的には損失担保契約の一種として理解すべきだろう。

　この表明保証は、所定の基準日における正確性について言及するものだから、どの時点のものであるか、また、その有効期間に注意する必要がある。通常は契約日及びクロージング日における事実の表明なので、日時が経過すれば状況が変化するかもしれない。時期が違えば保証の限りではないということになる。また、有効期間が定められていれば、その期間中に限ってクレームをつけることができる。ただ、それさえも直ちにクレームをつけることのできる期間の定めであって、表明保証違反が発覚してから長い期間が経過したら権利放棄をしたはずだとの主張もありうるので注意を要する。

　表明保証は、双方当事者が相互に平等に行うこともあれば、一方当事者だけが表明保証することもある。表明保証が必要な事項として、売主側からは、訴訟案件による偶発債務、製品保証やPL責任、人件費・年金関連、環境債務、資産の買戻請求等、各種の潜在的債務がある。これらの分野について法務DDで何らかの問題が発見された場合には、価格の調整や免責・補償条項の追加等を交渉し、具体的な表明保証条項に織り込む。当事者双方が行う表明保証には、法人格の有効性、法令遵守、支払能力等がある。

　例えば、ライセンス契約では、対象となる知的財産権の存在や有効性等を表明保証してもらうことも検討に値する。知的財産権が無効だとか、第三者が知的財産権の真の権利者であると判明した場合、当該第三者に対して知的財産権侵害による使用について賠償義務等を負うはずなのに、ライセンサーが何らの責任も負わないのでは不都合なので、ライセンサーが有効に対象の知的財産権を保有し、真の権利者であることを表明保証させることがある。

〈表明保証条項の例〉

　Ｘは、Ｙに対し、以下の事項が、本契約締結日及びクロージング日において真実に相違ないことを表明及び保証するものとする。

〈一般的な当事者能力に関する表明保証例〉

　(a)　Ｘは、○○（国名）法に基づいて適式に設立された株式会社であり、

同法の下で有効に存続しており、かつ、自己の財産を所有し、現在において本件事業を行っており、本契約を締結し、本契約上の義務を履行する権限及び権利を有していること。

(b)　Xは、自己について破産、会社更生、民事再生、特別清算、その他の法的倒産手続の申立てをしておらず、Xの知る限り、第三者よりかかる手続の申立ても何らなされていないこと。

(c)　Xは、本件事業を行うために必要な本許認可を全て取得しており、かかる本許認可は完全に有効であること。Xによる本契約の締結及び履行は、Xの会社の目的の範囲内の行為であり、Xは本契約の締結及び履行について法令上及びXの内部規則上必要とされる一切の手続を履践していること。

〈物品に関する取引における表明保証例〉

(d)　Xの知る限り、全ての本製品は、意図された目的に合致しており、新品で、商品性があり、かつYにとって申し分のない品質を有し、また、設計、材料、組立及び加工において瑕疵がないものであること。

(e)　全ての本製品は、Yの指定した仕様、Yの承認を受けたサンプル及び本契約上の他の要求に完全に合致していること。

(f)　全ての本製品の所有権は、先取特権及びその他の担保物権の負担に服するものでないこと。

(g)　Xの知る限り、該当する法令（労働法を含む）、規則、製品の安全性一般に関するEC指令及び現行のYの基本ポリシーに従って全ての本製品が設計、製造及び納入され、またサービスが提供されていること。

(h)　本製品は、適切かつ安全な使用のために必要な全ての情報及び指示を添付して提供されていること。

(i)　本製品に関連して必要な全ての本件知的財産権のライセンスが取得されておりかつ有効であること。それらのライセンスは、製品の考えられる使い方を適切にカバーしていること。それらのライセンスは譲渡することができるものであり、また本件知的財産権のサブライセンスを行うことが法的に可能であること。

⒥　本製品が化学物質若しくは危険物質を含有している場合には、Yが
それらの本製品を適切かつ安全な方法で輸送、貯蔵、加工、使用及び
廃棄することができるように、Xの知る限り、そのような物質の構成
及び特徴、並びにそれらの物質に関連する法令、規則及びその他の必
要な事項を詳細に記載した書面とともに製品が納入されること。

⒦　全ての本製品が国内外における第三者の特許権、意匠権、商標権、
著作権（肖像権及び著作者人格権を含む。）、営業秘密、ノウハウその
他の知的財産権を侵害していないこと。また、Xの知る限り、本件知
的財産権は、一切第三者から侵害されておらず、本件知的財産権の使
用に悪影響を与える事実又は状況は存在しないこと。

〈**M&A契約等における表明保証例（Xが株主で、Z社が対象会社）**〉

⑴　Zは、Zの保有する全ての本件知的財産権のうち、本事業の遂行に
とって重要なものにつき何らの負担のない所有権又は使用権を有して
いること。本件知的財産権は有効に成立し存続しており、Xの知る限
り、かかる知的財産権のうち登録済みのものにつき、無効事由や取消
事由は存在しないこと。本件知的財産権に関連して、異議は申し立て
られておらず、審判手続、訴訟手続その他の法的手続、紛争解決手続
又は行政手続は、裁判所その他の紛争解決機関又は政府機関に係属し
ていないこと。

⒨　Zが当事者となっている重要契約は、全てYに開示されており、別
紙○に記載されたものを除き、Zは、それぞれが当事者である重要契
約に基づき、契約締結日及びクロージング日現在において履行期が到
来している全ての重要な義務を完全に履行しており、重要契約のいず
れについても重要な点において債務不履行はなく、重要契約に関して、
重要契約におけるZの債務不履行を構成する状況はないこと。また、
Xの知る限り、重要契約の他の当事者は、重要契約において債務不履
行に陥っていないこと。

⒩　別紙○に記載されているものを除き、Xによる本契約の締結及び履
行に重大な悪影響を及ぼすようなZに対する又はそれらが関与する、
裁判所、政府、規制当局又は仲裁機関の判決、命令、決定、裁決その

他の処分は存在せず、Ｚに対する、訴訟その他の法的手続、請求又は行政上若しくは仲裁判断のための手続若しくは調査は裁判所若しくは政府機関に係属し又は政府機関により開始されておらず、かつ、Ｚの知る限り、その提起又は開始の準備がなされておらず、かかる訴訟その他の法的手続、請求、手続又は調査の根拠となるような事実は存在しないこと。また、別紙○に記載されているものを除き、Ｚは、本対象事業の遂行に重大な悪影響を及ぼすような法令、その他政府当局、規制当局、裁判所又は仲裁機関による判決、決定、命令、裁決、審決、処分その他の要求に違反したことはないこと。

(o)　本件財務諸表は、日本で一般に公正妥当と認められ適用されている会計原則に従って作成されており、またその日付におけるＺの財務状態と業績を適正に示していること。そして、Ｚの資産、債務、事業及び営業並びに事業の展望について、公表済みのものを除き、財務諸表の日以降に重大な悪化は生じていないこと。また、Ｘの知る限り、重大な悪化を引き起こすおそれがあると合理的に判断される事由、事実又は状況は発生していないこと。

(p)　財務諸表において開示又は留保されているもの以外に、１件につき２千万円を超える債務、義務又は不開示債務（直接的若しくは間接的、偶発的若しくは絶対的、又は既発生若しくは未発生の別及び性質を問わず、また契約、不当利得、不法行為若しくは法令等により発生したものであるかを問わず、日本の会計基準上認識ないし注記を要請されるか否かを問わず、国税、地方税又は外国税の債務等を含む。）を負担していないこと。

(q)　Ｚは、Ｚの知る限り、一切の環境法を継続して遵守していること。別紙○に記載されているものを除き、Ｚが所有若しくは使用している資産に環境問題が存在している旨の警告、クレーム又は指導を政府機関から受けておらず、また、Ｚは、いずれも、汚染物質、危険物質等の排出又は汚染、その他環境問題を引き起こす行為を行ったことはないこと。またＸの知る限りかかる環境問題を引き起こすおそれはないこと。

国際ビジネス・ケーススタディ～アルコ事件

　某社の全株式を譲渡する株式譲渡契約で、某社の和解債権の処理に当たり、貸借対照表に元本の入金があったのに反して利息の入金を計上し、元本の貸倒引当金の計上をしなかったにもかかわらず、某社の財務諸表が正確であることを表明保証する旨の条項があった。Ⅹは、これが株式譲渡契約の表明保証に反するとして、Ｙらに対し表明保証責任の履行を求めた。

【裁判所の判断】　裁判所は、Ｙらは、Ⅹに対し、本件株式譲渡契約締結前に、本件和解債権処理を開示していないことは、契約違反にあたると判断し、他方、Ⅹがその株式譲渡契約締結時で、本件表明保証を行った事項に関して違反があることについて悪意であったということもできない等として、その請求の一部を認容して約３億円余りの支払を命じた（東京地判平成18・1・17〔控訴後和解〕判時1920号136頁、判タ1230号206頁）。

5 補償条項
──虚偽、不正確又は不完全な情報開示によって負担した損失をカバーする

❖**表明保証違反への対応**❖　基本的には当事者双方が、それぞれ必要事項について表明保証を行い、いずれかの当事者に何か表明保証違反があった場合、**補償条項**（Indemnification Clause）が発動し、その相手方に対して補償するという構造になっていることが多い。所定の事項について、免責（hold harmless）して補償をするとも表現されるが、これは相手方を保護して損失を肩代わりするというニュアンスでもある。これが一方当事者のみしか行使できず、他方当事者に同等の条項が欠けていたら、基本的には不公平な条項として改善を求める必要がある。

❖**売主による補償**❖　補償条項は、その定め方にもよるが、一般的には表明保証の内容が問題になって損失が発生した場合に機能することが多い。例えば、買主がDDで何らかの潜在的な債務等を発見した場合でも、売主の表明保証の範囲から除外されていることがある。その場合には、表明保証違反はないので、補償の対象にはならない。売主が補償の責任をできるだけ抑制したいのであれ

ば、不確定な事情についても、できるだけ開示することで表明保証の対象から除外すべきだろう。また、保証の期間を限定し、補償金額の上限や下限を設けることで、そのリスクを低減することも試みられる。

　補償金額の下限の金額を絞るのは、費用倒れの紛争をできるだけ回避する目的である。また、一般に、その取引価額が上限となることが多い。これは、補償責任を履行した結果、売主が余剰の債務を負ったまま取引対象だけを負担なしで買主に移転させるのが不公平だからだ。例えば、5億円で会社を買収され、表明保証違反で8億円の債務が顕在化した場合、その全額を売主に支払わせると、買主は実質的には対価の負担なしに余分な債務を負わない取引対象を取得できてしまう。上限の定めがないと、売主は取引対象を失って、3億円の余計な債務も残る。取引対象を保有する当事者が、想定外の3億円の債務を負担するのが公平だろう。

　他方、売主から自発的に開示された事項について、買主は売主から補償してもらえないので、その内容、関連する債務額や実際に発生する可能性や確率等を評価して、取引価格に織り込んだり、保険をかけたりする等の対応をする必要がある。

　例えば、前記アルコ事件では、「前条により規定された表明保証を行った事項に関し、万一違反したこと又は売主が本契約に定めるその他義務若しくは法令若しくは行政規則に違反したことに起因又は関連して買主が現実に被った損

【図表86】表明保証違反に対する補償

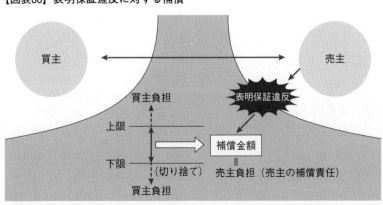

害、損失を補償するものとし、合理的な範囲内の原告の費用（弁護士費用を含む。）を負担する」といった趣旨の補償条項があった。表明保証違反があった場合には、「虚偽、不正確又は不完全な情報開示によって買主が負担した一切の費用、負債、損害、損失、当該罰金又は違約金等」について補償を行い、免責し、弁償する責任を負うといった定めが設けられることもある。

　もっとも、買主の側も、表明保証に合致していない事実について知っていた（悪意）とか、重大な過失によってこれを知らずに契約を締結した場合には、売主も表明保証責任を負わないという抗弁が成立する可能性がある。

6 取引の条件設定
——誓約事項等が履行できなかった場合にはクロージングに至らない

❖停止条件や解除条件との違い❖　国際取引契約書には、**Conditions Precedent**という表題でクロージングの条件が定められることがある。Conditions Precedentを「停止条件」と訳すものもある。しかし、これは日本の民法で定める停止条件とは異なるので、「前提条件」と訳すべきだろう。

　日本の民法では、条件が成就した場合の効果として、停止条件付法律行為は、停止条件が成就した時から効力を生じ（同法127条1項）、解除条件付法律行為は、解除条件が成就した時から効力を失う（同条2項）が、当事者が条件成就の効果をその成就した時以前にさかのぼらせる意思表示をしたときは、その意思に従うものと定めている（同条3項）。

　これに対して、国際取引契約で一般的に見られるConditions Precedentは、契約の効力に影響を及ぼすものではない。その典型的な内容としては、クロージング前に履行すべき事項を遵守していること、クロージング日における表明保証事項に誤りがないこと、必要な許認可を取得していることや適切な法律意見書（66頁、74頁参照）を交付すること等が定められ、それらをクロージングの条件と定めるといったものである。したがって、クロージングの前提条件とは、所定の条件がすべてクリアされた場合に限ってクロージングを行う旨を定める条件なのである。このため、一方当事者の表明保証が真実でないとか、誓

約事項等が履行できなかった場合にはクロージングをしないが、その場合には契約を有効とした上で、表明保証違反の補償や損害賠償又は解除の可否等が検討される。

　ただ、前提条件が満たされないために所定の期日にクロージングが完了しない場合でも、当事者は何ら責めを負わないものと定めておくことがある。例えば、クロージングの実行に関して必要な許認可の取得や届出が完了し、所定の待機期間が満了していることが前提条件となる場合に、両当事者に何らの過失もなくクリアできないこともあり、契約を履行しないまま白紙に戻すことがやむを得ないケースもあるだろう。

❖実務上の問題点❖　一般的には、契約条件として何を定めるかは自由なので、DDで発見された事実から前提条件となる事項が追加されることがある。クロージング前の履行又は遵守が必要な前提条件には、その期限が定められることもあり、不履行のままその期限を徒過した場合の効果については別途明確に定めておくべきだろう。前提条件はクロージングをするか否かしか定めていないので、他の取扱いがどうなるかが必然的に導かれるわけではない。

　また、表明保証がクロージング日において「重要な点で真実かつ正確であること」が前提条件となっている場合には、それが重要か否かが問題となること

【図表87】取引の条件設定

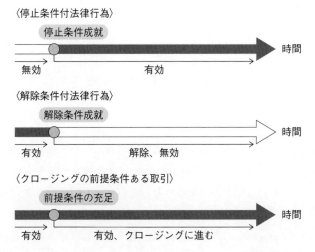

〈停止条件付法律行為〉

停止条件成就

時間

無効　　　　　　　　有効

〈解除条件付法律行為〉

解除条件成就

時間

有効　　　　　　解除、無効

〈クロージングの前提条件ある取引〉

前提条件の充足

時間

有効　　　有効、クロージングに進む

もある。ただ、相手方が前提条件を満たさない場合でも、その条項の存在を放棄して自らの履行をすることを選択できるようになっていることもあり、その場合には重要な法的リスクがあるのか、ビジネスの必要性を優先するのかに応じて対応を検討すべきだろう。

❖MAE条項・MAC条項❖　契約上の定めを厳格に適用すると面倒なことになる場合に、それを和らげる方策として、契約書にMaterial Adverse Effect（MAE＝重大な悪影響）又はMaterial Adverse Change（MAC＝重大な悪影響を及ぼす変化、重大な悪化）に言及することがある。なお、「重大な悪影響」（MAE）を及ぼす変化があり、その後に好影響に転じて回復した場合、全体としては「重大な悪化」（MAC）は生じていないことになるかもしれない。

　これは様々な条項で使われるので、英文契約書ではこの意味を別途定義することも多い。クロージングの前提条件としてMAE等がないことが定められているとか、契約書の締結時（又はDDの時点）以降に、MAE等のあるような違反がないことを誓約事項として定めるとか、MAE等がある場合に限って解除や免責等を認める定めによって、取引ないし債務から離脱できる権利を定めること等がある。これらは、極めて重要な機能を果たすので、この用語を含んだ条項を Material Adverse Effect条項（MAE条項）とか Material Adverse Change条項（MAC条項）と呼ぶ。いずれにせよ、adverseという言葉は、不利、不都合、逆作用ないし反対等を意味する形容詞なので、悪い方向での影響や変化がある場合に適用され、良い方向での影響や変化には適用されない。

7 最終確定契約の締結からクロージング
──クロージングで当事者が所定の債務を履行することで取引目的を達成

❖契約締結日にクロージングまで行うか❖　最終確定契約（Definitive Agreement）とは、正式に締結される本契約のことだ。例えば、会社による合弁事業ならば株主間契約書であり、M&Aで株式買収によるケースならば株式譲渡契約書であり、事業譲渡によるケースならば事業譲渡契約書が最終確定契約書に当たる。これが締結されれば、一段落となり、契約日を効力発生日として、その日のうちにクロージングをする場合もある。その場合は「契約締結日」＝「効

力発生日」＝「クロージング日」となる。

　しかし、最終契約を締結してから、しばらく時間があり、契約の効力発生日（又は有効日）が異なる時点となる契約や現実の履行行為が別の日に定められる契約も少なくない。契約締結日から、一定の前提条件をクリアしなければクロージングができないことになっている場合もある。

❖**クロージングの内容と期限**❖　クロージングとは当該契約で何を意味し、その日に具体的に何を行わなければならないかは、必ずしも一義的に決まるわけではない。一般的に、closing dateとは、申込み等の締切日や決算日等を意味するが、多くの国際取引契約では、契約に定めたクロージングないし必要手続が全部完了する決済日、実行日、手続完了日、すなわち契約における書面の交付や代金支払を行う日を意味する。クロージングに関する条項では、クロージング日に何をするのかを具体的かつ明確に定めておく必要がある。

　クロージング日に主たる債務の履行が完了するのが原則であり、所定の期限までにクロージングをしない場合には契約違反又は債務不履行の責任が発生する。ただ、その点も明確に定めておかないと、契約が履行されるかどうかも不確定になりかねない。所定の期限までにクロージングをしない場合には契約違反又は債務不履行の責任を発生させるのであれば、その旨を明確に定めておく必要がある。しかし、前提条件を満たさなければクロージングをしないまま、あえて責任を負わない旨を定める契約もある。

【図表88】最終確定契約の締結とクロージング

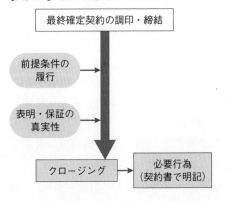

　クロージング日を法的な効力発生日と関連づけて定める形もあり、そこでいう支配権の変更の「効力発生日」とは、例えば日本の会社法で定める組織再編等に関する条項の効力発生日を指すように定めることができる。しかし、「支配権の変更が完了する日」とか「現実の変更が完了する日」といった表現だと、具体的に何をもって定めるのかが問題となる。この点は、

クロージング日を所定の書面全部を作成・交付すべき日などと定めることが考えられる。

　もっとも、書面の交換に基づく変更登記・登録等の手続は、クロージング後に行うと定められることもあり、登記・登録までクロージングで完成させる必要があるかどうかは取引によって異なる。「現実の変更が完了する日」が、ただ観念的に成立するのか、それとも登記・登録まで完了しなければ成立しないのかは、契約で明確に定める必要があり、また必要に応じてその期限も定めるべきだろう。

📖 column 不利ではダメだが、有利すぎてもダメ

　国際取引では、欧米企業、先進諸国の大企業等を相手とする場合には、日系企業が不利な契約を不用意に結ばないように注意する必要がある。特にM&A取引において、日系企業の高値掴みが後になってから問題となる事例が目立つが、その内容にも不合理な契約条項を不用意に受け入れているようなケースが少なくない。しかも、問題のある取引をしても、契約が不利であるために、泣き寝入りに終わってしまい、その損失のつけは株主や一般市民に回される。その意味で、十分な能力がないまま不利な契約を結んでしまうようではいけない。

　その逆に、発展途上国等の企業や中小企業を相手とする場合には、利益を徒に独占するような取引をするのも好ましくない。その意味で契約は有利すぎてもよくない。この場合は、相手は泣き寝入りするとは限らず、深刻な紛争に発展し、時には歴史問題なども加わって難しい状況に陥るリスクもある。

　また、国際取引が発展途上国にとってアンフェアなものであれば、南北格差を拡大させるものになりかねない。こうした弊害を克服すべく、発展途上国の原料や製品を適正な価格で継続的に購入し、生産者や労働者の貧困をなくし、生活改善と自立を目指す「フェアトレード」が奨励されている。より公平な条件下で国際貿易を行い、持続可能な発展に貢献することは、CSR（企業の社会的責任）の観点からも重要な課題だ（44頁以下参照）。

第**3**章
英文契約書作成の作法と現実

1 英文契約書の典型表現
——定型的な表現を使いこなす重要性

❖**法律英語は難しくない**❖　法律英語や英文契約書の表現は、気の利いた文学的な表現を使う必要はない。契約交渉では、基本的な言葉の寄せ集めやブロークンイングリッシュでも、とにかく勇気をもって話せば、ある程度は通じる面がある。英文契約書には様々なスタイルがあるとはいえ、そのスタイルを理解し、その意味するところを論理的に理解することができれば、非論理的な文書よりは取り組みやすい。英語を母国語とするか否かよりも、法的な理解力こそが、国際法務の現場ではより重要であることを忘れてはならない。多くの契約書を取り扱うにつれて、契約書で使われるボキャブラリーも増えていく。その実質的な内容や法的な意味を理解して、英語による議論にもできるだけ慣れるように努めることが重要だろう。しかし、日本語と英語は、言語の歴史的・文化的な背景も異なり、ただでさえ誤解も生じやすい。したがって、契約交渉では丁寧に書面やメール等で確認するような慎重さが必要だ。

　ただ、基本的な法律用語を理解しておかなければならない。契約書は権利・義務を定めるものなので、権利を表現するmay〜, can〜, be entitled to〜, has authority to〜, have the right等や、義務・責任を表現するshall, will, must, have to, be obligated to, be liable to等の言い回しや、claim for the damages agaisnt〜（〜に対して損害賠償を請求する）等の基本的な表現は必須である。また、形容詞を上手に使うことで契約条項に様々な肉付けも可能となるが、形容詞を多用すると意味が不明確になる危険性もある。類似の表現でも文脈によって法的な意味が異なりうることにも留意すべきだ。

　法律用語については、日本の政府も、法令外国語訳推進のための基盤整備に関する関係省庁連絡会議を設置し、「法令用語日英標準対訳辞書」を公表し、

これに対応した「法令翻訳データ」が、一部の主な法令について公開されている（http://www.japaneselawtranslation.go.jp/）。その訳し方には一部議論もあるが、法律用語を使う場合に参照すると良い。

2 定義規定の重要性
——長文の契約書を一貫して論理的かつ 正確にドラフトしていく工夫

❖定義・解釈条項の必要性❖　契約書を論理的かつ正確にドラフトしていくためには、そこで使われる用語を丁寧に定義し、その定義に従って権利義務を明確に定めていく必要がある。特に、複雑な権利義務関係を細かく定めていくには、いちいち同じようなフレーズを繰り返すのは面倒なので、特別な表示を定めておくことが有用だ。

　また、複雑な権利関係がある場合には、解釈も複雑に紛れるおそれがある。その疑義をできるだけ抑えるため、定義条項でその一貫した意味を明らかにし、意味を限定し、併せて解釈方法も定めておく必要がある。したがって、契約書で定義を規定する部分、これを集めた定義条項、これと併せて定められる解釈条項は、極めて重要な働きをする。

　この定義条項が最も精巧を極める典型例が金融関係で用いられる契約書だ。一般の事業取引における契約書でも、M&A、合弁契約等の複雑な契約でも、冒頭に精巧な定義条項がずらりと並ぶものがある。これらの契約書の中には、定義条項が十数頁、数十頁にもわたることもある。それに対して、短い契約書には定義条項がなく、必要に応じて、個別に用語を定義する手法が用いられる。

　金融関係や一部の重要な契約書で見られるように、重要な契約であればあるほど定義・解釈条項が必要となり、その重要性が高い。定義・解釈条項を検討する場合には、これらの定義・解釈条項の目的や働きを十分に念頭に置いてドラフトしていくことが必要だ。

❖大文字のWordには定義がある❖　定義条項では、取引の構造に関わる用語の吟味が特に重要となる。契約書の訳文では、「本件」、「本」等を付けて区別する。例えば、"Product" は「本件製品」、「本製品」等と訳される。取引の対象の定義は、定義条項の中でも特に重要だ。例えば、基本的な合意があって

も、それを変更する権限や、仕様の変更やバージョンアップがあった場合の取扱いによって「本件製品」の定義の仕方にも大きな違いがある。

もっとも、「本契約で『製品』とは」として、「本件」や「本」等が付されないものもあるが、一般的な製品と対象製品を区別した表現がしにくいので避けるべきだろう。大文字のProduct, PRODUCT（製品、商品）は「本件」又は「本」を自動的に付けるくらいの感覚で良い。ここで、「本件」と「本」にさしたる違いはない。契約書の別紙、附属書等に一覧表を記載するとか、カタログの番号等を引用して詳細に表現する方法もある。

また、最初の頭書き等で、当事者の特定をして「（以下、「販売店」という。）」等と定義するようなスタイルも広く用いられる。その場合、大文字のDistributorは、当事者を指す記号となり、小文字のdistributorは一般概念の販売店を意味することになる。

〈定義規定のサンプル〉

第1条（定義）

　本契約書で使用されている全ての語句は、本契約書によって指定された意味を有するものとする。特別の定めがない限り、ＸＸＸ関連分野において使用される通常の一般的意味を有するものとする。

〈アルファベット順が基本〉

・形式を統一する。
・「当事者」とは、特別の定めがない限り、Ｘ若しくはＹ、又はＸＹ双方を意味する。

〈解釈条項例〉

・単数形は複数形を、また複数形は単数形を含むと解釈されるものとする。
・男性形、女性形、又は中性形は、事実上及び文法上の正確さに必要な形であると解釈されるものとする。
・「人」、「者」は、自然人又は法人若しくは事業、組織、企業として認識された一切の形態のものを意味するものとする。
・本契約書の文言は、本契約書において使用される語句や文に適切な意味と文法上の形式を与えるように解釈されなければならない。……

3 付随的義務の定め
―― 本質的な事項ではなくともビジネスの成否に
重大な影響を及ぼす

❖付随的義務の重要性❖　取引の目的を完全に達成するには、主たる債務の履行だけを定めておくのでは不十分なことがある。取引に付随する各種の義務を明示し、誓約をさせることが、主たる権利・義務を明確に定めるのと同程度に重要であることも少なくない。その付随的義務は、独立して定められることもあれば、Covenants（誓約）条項として定めることもある。これは積極的な作為的義務（affirmative covenants）と消極的に何かをしない義務（negative covenants）に分けられることもあるし、各種の義務をクロージングの前と後に分類して定めることもある。また、主たる支払債務を定めることに加えて各種の支払確保のための方策を定めるのも、付随的な条項として捉えることができよう。その意味で、主たる債務にどこまで付随的義務を加えるかは、契約交渉の重要ポイントでもある。

　法域によっては、何らかの付随的義務が、契約締結の際の事情から、その目的の達成に必要不可欠なものであるとして信義則から解釈上導かれて救われることもあるかもしれない。しかし、国際取引においては明記されていない義務を負わせることが困難であることが少なくない。その意味で、これを契約書に明示的に盛り込む必要性は高い。

❖クロージング前か後か❖　付随的義務の代表格として秘密保持義務がある。この義務はクロージングの前後を問わずあらゆる局面にわたって及ぶものであり、その重要性から、主たる取引契約書とは別に、独立した秘密保持契約書を作成することも多い（251頁参照）。

　付随的義務をクロージング前の義務として定めるか、クロージング後の義務とするかは、取引の性質や状況、法規制のあり方等によって異なるので、個別に吟味する必要がある。例えば、当局への登録・届出義務や第三者への通知・確認等の手続のタイミングは、法規制によっても異なりうる。その履行・遵守がクロージングの前提条件となっていることもあれば、クロージング後に行えば足りるケースもある。

　また、知的財産権の取扱い、検査・監査の受入義務、所定事項の報告義務、コンプライアンス条項、競業避止義務等に関する定めは、クロージングの前後を問わずに定めることもあるが、現実には正式契約締結後に重要となるだろう。市場の状況を報告させる義務等のように、将来の事業戦略に絡む義務が加えられることもある。

　さらに、M&A取引等のケースでは、クロージング後の役員や従業員の処遇や、商号やその他の知的財産権の取扱いについて約束をさせることもある。例えば、クロージング後も１年間は労働条件を実質的に変更しないことを承諾させるといった条項が考えられよう。ただ、ケースによっては、余計な債務の存在が、真正売買に疑念を抱かせるリスクや税務リスクにどういう影響を与えるか等が問題となることもある。

　なお、主たる債務の違反と異なり、付随的義務違反があった場合には解除ができるとは限らず、契約書に明示的に解除の可否を定めることが多い。何も定めていないと消極的に考えられやすいだろう。

【図表89】付随的義務

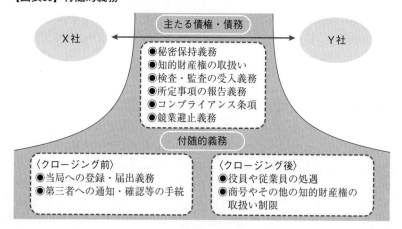

4 解除条項と終了条項
―― 契約を無事終わらせるためにも締結当初の段階から
十分な工夫と対策が必要

❖解除・終了条項の重要性❖　国内取引契約と同様に、国際的な取引契約の終了についての条項も、期間満了等によって自動的に終了する場合と解除等の一方当事者の行為によって終了する場合とが考えられる。契約に定める終了・解除事由に該当しなくても、法律の定めに従って、解除・取消しができる場合や無効を主張できる場合等に、契約を終了させることができることもある。

　一般に、契約の解除には当事者の合意による以外に、約定解除権によるものと法定解除権によるものが考えられる。しかし、片方の当事者が契約法の一般ルールによって解除したくても、他方当事者は解除に反対することもある。こうした場合に紛争が起きやすい。解除・終了に関する契約条項が明確であれば、それに従ってトラブルも比較的解決しやすいが、どうにでも解釈できるような文言しか書かれていないと問題が複雑になりがちだ。特に国際取引紛争では、文化的な相違もあり、相手方が思わぬ主張をしてくることもある。

　そこで、解除に関する契約条項は、法定解除を確認し、約定解除権を明らかにする意味がある。契約の解除・終了に関する条項には、解除・終了事由を定める条項、解除の手続、解除・終了の効果ないし後始末に関する条項等が考えられ、それらをできるだけ明確に定めておくことが重要だ。

❖契約期間・更新条項との関係❖　継続的取引の終了は、期間の満了等によって自動的に終了する場合と解除等の一方当事者の行為によって終了する場合とがある。したがって、契約期間、更新、そして終了に関する条項は、併せて検討しておく必要がある。契約期間の長さは、ビジネスの性質、見通し等によって異なる。期間の満了によって契約が終了するかどうかは、その期間が終了した場合に、原則として当然に更新されるのか、更新されないのか、どういう条件で更新されるかによって異なる。したがって、これらを契約条項で明らかにしておくべきだ。また、期間の途中でも、一定の解除事由がある場合には解除できると定められることがある。契約解除に関する条項には、解除事由を定める条項、解除の手続、解除の効果ないし後始末に関する条項等がある。

【図表90】契約の解除条項と終了事由

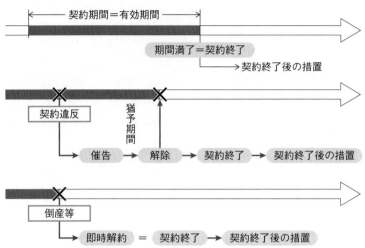

❖**一般的解除条項の利用**❖　契約終了条項は、一般的に広く使われている条項をそのまま用いることも多いが、契約の規模や重大性等により、慎重な考慮も必要である。通常の条項でも、よく検討すると修正した方が良いことも少なくない。例えば、「仮差押え、仮処分を受けた場合」については、その単なる「申立て」があったことを解除事由として定められることがある。しかし、仮差押えや仮処分は、相手方の反論を待たずに簡単に出されることがあり、そのまま解除事由とすることは必ずしも妥当ではないだろう。

　これに対して、次頁(d)の破産等の手続開始は、申立てがあった段階で、既に信用状態は破綻しているのが通常なので、「申立て」があったことを解除事由とすることも合理的である。次頁(g)も、どういう場合が「信用状態に不安を生じたと判断されたとき」といえるのかは微妙だが、上記の事情に準ずる深刻な事態が生じていることを要するものと解されよう。

　どの場合にも、解除の理由となった事実があるか否かについても争いは起きうるので、完全に争いを防止することはできない。できるだけ具体的に、判断しやすい程度に明確に定めるべきであるということはいえるが、現実には程度問題である上に、交渉によっても左右される面がある。

〈解除事由・終了事由のサンプル条項〉

(a) 本契約の規定に違反したとき。

(b) 支払うべき金銭の支払を遅延したとき、その他重要な契約条項に違反する行為があったとき。

(c) 支払停止状態となったとき、又は手形交換所による取引停止処分を受けたとき。

(d) 破産手続開始、民事再生手続開始、会社更生手続開始、又は特別清算開始の申立てがあったとき。

(e) 仮差押、仮処分、差押又は租税滞納処分その他公権力の行使を受けたとき。

(f) 顧客からのクレームが契約の当事者、並びに、その他の機関に通報され、その勧告に対して30日間改善がなされないとき。

(g) 上記のほか、相手方当事者の信用状態に不安が生じたと判断されたとき。

❖**契約違反による解除**❖　国際取引契約の解除事由でも、「契約違反があった場合」といった事項が挙げられるのが通常だ。こうした解除事由の定めは、民法の一般原則に基づいて解除事由とすることを確認したにすぎないように見える。確かに、確認的に解除事由として定めておくだけのこともある。しかし、契約を解除できる場合に、条件を付けたり、制限したりすることもできる。そうした条件・制限のために解除の定めが置かれる場合には、単なる確認の意味しかないわけではない。何らかの契約違反があっても、当然に解除ができるとは限らず、どういう場合に解除ができ、どういう場合に解除できないかを明確に定める必要がある。

　解除は両当事者に重大な帰結をもたらすので、重要な契約違反に限る場合や、信頼関係が破壊されたような場合に限る場合（解除しにくくなる。）もあれば、いつでも一定の期間をおいて通知すれば解除できるとする場合（解除しやすくなる。）のほか、クロージング後の解除を制限する定めが設けられることもある。ただし、何が「重要」であるか、信頼関係が破壊されたのか否か等が容易に判断できないケースは、紛争になりやすく、好ましい契約条項ではない。「やむをえない事由がある場合」に解除ができるといった定めをする例もあるが、こ

れも判断が容易ではなく、紛争になりやすい。そうした抽象的な表現で書き分けるのは要注意だ。

契約違反に関しては、material breach（重大な違反）、substantial breach（重大な違反）、any breach（いかなる違反）等の様々な表現がある。米国ではmaterial breachはminor breach（些細な違反）と区別され、一般的には前者が契約解除もできるが、後者では損害賠償しか認められないといった違いがあるといわれる。それに対して、substantial breachは契約の目的を無に帰するような大きな違反で、material breachは無視できない程度のものが含まれるといった説明がされる。

一方で、material injury（実質的損害）になると少し広い範囲の損害を含み、会計でのmaterial differenceでは、概ね10％の差が出たら認められる程度のものだとする解釈がある。また、英国では厳格な解釈をする伝統があったが、妥当な結論を導くために、一定の修正が加えられる場合もあり、any breachでも、あまり些細な違反では解約を認められないという裁判例がある。

このように、契約違反に関する解釈は法域によってかなり異なった考え方をするものであり、具体的にどうなるかは微妙である。したがって、相手方の行為が契約違反になるかどうかは、できるだけ明確に定めておくのが良い。

5　継続的契約の終了をめぐる紛争
——金銭的清算から賠償問題や知的財産権等の取扱いまで

❖契約解除の手続❖　契約が自動的に終了する場合には、特別の手続を要しない。これに対して、契約を解除する場合には、解除の通知が必要だ。CISG 26条は、契約解除の意思表示は、相手方に対する通知によって行われた場合に限って有効となる旨を定めている。相手方に解除事由が生じたら、予告なく契約を解除できる場合（即時解除）と、一定の猶予期間を与えてから解除する場合がある。この猶予期間は、具体的に契約で定めておくのが望ましいが、状況によって臨機応変に対応できるように「相当の期間」等のような定め方もある。ただ、具体的な定めがないと、その期間の長さで争われることもある。

❖契約終了後の処理❖　契約終了の効果としては、契約関係の解消だけでなく、

金銭的な清算や賠償問題についての処理の仕方を定めておくこともあり、それが契約の解釈で左右されることもある。例えば、ライセンス契約の終了の場合であれば、契約が終了した際、商号や知的財産権等の使用を中止し、その対象物及びその関連資料、複製物等を破壊し、その旨をライセンサーに対して証明するか、それらをライセンサーに引き渡してもらうように求める必要がある。これらの事項は、あらかじめ契約書に盛り込まれているべきだが、いずれにしても、それが確実に履行されているかどうかを確認するプロセスが必要である。

　さらに、契約に関して重大な債務不履行があった場合、契約に違反していない当事者は契約の解除と併せて、契約に違反した当事者に対して損害賠償を求めることができるが、その損害額の算定で対立することが多い。

　契約に定める解除・終了事由に該当しない場合でも、法律の定めに従って、解除・取消しができる場合や無効を主張できる場合、契約が終了する場合がある。例えば、契約違反があった場合の債務不履行による解除、注文者が破産した場合の解除のほか、建設業法による注文者の契約解除（建設業法3条3項、29条の3）等のように特別法に基づいて解除権が認められる場合もある。こう

【図表91】契約違反への対応

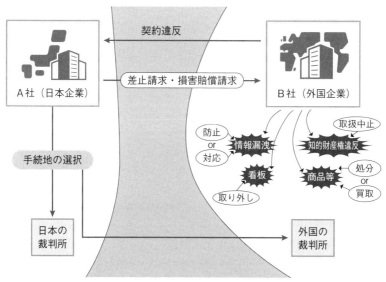

した法定解除権は、契約に定めておかなくとも法律に基づいて認められるが、契約条項で確認し、何らかの手続的な条件や制限を定めることもある。ただし、法定解除権が強行法規によって保障されている場合は、この解除権を制限する特約も効力が認められないことがある。

　当事者の一方が何らの制限もなく国際取引契約を任意に解除できる条項は、解除される側が不測の損害を被るおそれがあり、解除する側が解除権を濫用する危険性が高く、その効力には疑問がある。しかし、解約手付けが認められているように何らかの対価の代わりに一定の期間に解除権を認めるとか、何らかの条件を付けるのであれば、必ずしも恣意的な解除権の行使がなされるとは限らず、合理性がある場合もあろう。

6　一般条項の重要性
──すべての場合に一般原則として適用される条項は応用範囲が広い

❖**一般条項の範囲**❖　　一般条項とは、その契約全体の事項について、すべての場合に一般原則として適用される条項のことだ。具体的には、完全合意、不可抗力、変更、救済、協議条項等が挙げられる。このほか、言語、見出しに関する条項等、契約書の解釈に関する条項も一般条項に含まれることがある。完全合意条項、可分条項、救済条項、権利不放棄条項等の条項は、いずれも契約書で定めていることが強制力をできるだけ維持する目的であると解される。可分条項は、分離条項、分離可能性条項、可分性等とされることもある。

　もっとも、一般条項と呼ばれるものの範囲については定説があるわけではない。定義条項や秘密保持条項、譲渡禁止特約等の付随的義務を定める条項、当事者の関係、契約期間、解除・終了に関する条項等まで広く一般条項に含める考え方もある。さらには、準拠法、管轄、仲裁合意等の紛争解決に関する定め、補償条項・責任制限・免責に関する条項等まで一般条項の中に含めている契約書もある。しかし、これはその条項の重要性を薄めようとする狙いが隠れているかもしれず、実質的な検討が必要であることに変わりはない。

❖**国際商取引における一般的傾向**❖　　一般的な傾向としては、国内取引契約よりも国際的取引契約で一般条項が詳細になりがちである。これは、国際的取

引契約の方がどこの国の法律によるのか、どこで法律判断がなされるのか等が予測しにくく、その解釈の可能性が多岐にわたる上、紛争に伴う法的なリスクが高いことから、できる限りルールを定めようとするためだろう。

　日本では、救済条項や権利不放棄条項といった条項はあまり必要性が見出しにくいと考えられがちだ。しかし、諸外国では過去の裁判で一方当事者の何らかの行為によって、思いもよらない形で契約上の権利を放棄したとみなされた経験等を踏まえて、現在のような一般条項が設けられているといったことがある。そのような意味で、国際契約における一般条項の厚みは、長年にわたる契約の蓄積から生み出されたものだ。

【図表92】一般条項の狙い

完全合意条項	契約書以外の一切の事項には効力を認めず、契約書のみが完全な合意を表示するものであることを確認する。
不可抗力条項	不可抗力による不履行について免責を認める。
変更・修正条項	契約の変更の条件・手続を定める。
救済条項	契約又はその他の書面によって認められている権利及び救済手段は、累積的なものであり、単独又は同時に行使できるといった、救済手続を確認する。
権利不放棄条項	権利行使がなされない場合、又は遅れた場合であっても、その猶予とか、契約の変更をもたらさず、契約に基づく権利の行使を妨げないことを確認する。
可分条項・分離条項	契約書に定めるいずれかの条項が法令又は裁判所の判断等によって無効、執行不能とされた場合等でも、その無効性等は本契約の他のいずれの条項の強制力にも影響を与えないものと定める。
譲渡制限条項	権利又は義務の譲渡・移転等を制限・禁止する。
費用負担条項	契約作成に要する弁護士費用等を各自負担とする。
通知条項	どこに対してすべきか、通知をどのような方法でなすべきか、通知がどの時点で有効になしたものと扱われるか等を定める。通知の言語を定める例もある。
言語条項	どの言語を使用すべきかを定める。
解釈条項	見出しに関する条項等、契約書の解釈に関する条項

　こうした一般条項の重要性は軽視されがちで、boiler plate clauses等と呼ばれ、陳腐で使い古された「決まり文句」にすぎないようなニュアンスで語られることもあり、どの契約書でも同じであるかのような誤解もある。しかし、現実には、各場面における一般条項の働き方は、各契約の状況によって異なる。したがって、一般条項の雛形等に頼ることなく、できる限り事案に即してどういう意味を有するのかを検討しながら採用することが必要だ。

7 不可抗力条項とハードシップ条項
── 想定外の事態で契約の履行を強制することが不適切な場合の対処を定める

❖Force Majeureは大陸法に由来❖　　日本の民法では、不可抗力事由で契約上の義務を履行できなくても、責任は負わないという法理がある。すなわち、過失責任主義の原則により、帰責事由がなければ債務が履行できなくても債務不履行とされない（民法415条）。CISG79条も不可抗力による免責を定める。これらの場合、契約による不可抗力条項は基本的に確認的なものだ。

　しかし、英米法では状況が変化しても厳格に契約を履行することが求められる厳格責任主義が原則である。そこで、不可抗力による免責の特約を設けておくことにより、「契約は守られなければならない」の例外を契約書に明記する必要がある。その場合、大陸法に由来するForce Majeureが不可抗力を意味する用語として使われる。

❖不可抗力条項の機能❖　　不可抗力条項は、物の引渡し等、物理的な履行行為が不可抗力事由によって妨げられるリスクがある場合に、そのリスクを軽減するための条項だ。それに対して、金銭債務の履行は物理的な履行行為ではなく、日本の民法419条３項のように、不可抗力による抗弁を認めないというルールもある。このため、不可抗力条項に関するスタンスは立場によって異なり、一般的には物理的履行をする当事者は不可抗力事由を広く、その相手方は不可抗力事由を狭くするのが有利だと考えられよう。

　不可抗力事由は、①自然災害等の天災、②戦争やストライキ等の人災、③法令の改廃等権力機関による行為等に分類できる。「**同種文言の原則**」（ejusdem generis rule）により、①から③のいずれも不可抗力事由に含んでいないと、そ

の種の事由は不可抗力として認められないという解釈がありうる。

　しかし、不可抗力事由が生じても、履行すべき努力の必要性に変わりはない。ICCが公表した不可抗力条項2020年版（ICC Force Majeure Clause 2020）も、数多くの不可抗力事由を掲げながらも、これを援用する当事者に過剰な保護を与えない（ICCは、不可抗力条項2003年版を改定し、不可抗力条項とハードシップ条項をアップデートして、COVID-19の発生等の予期しない事由に対応するための契約条項案を提供している。）。また、CISG79条１項についても、どこまでの免責を認めるかは法域によって解釈が異なりうる。同条５項も、損害賠償責任しか免責していないので、履行要求権、解除権、代金減額請求権、利息請求権等の取り扱いは別論だ。これらの任意規定は個別に契約で定めればそれが優先されるので、できるだけ明記することが望ましい。

　日本の裁判例では、不可抗力による事由がそれほど容易に認めてもらえるわけではなく、不可抗力を論じるよりも、債務者の過失の問題として、予見可能性や結果回避可能性を判断する傾向にあり、不可抗力で予見可能性や結果回避可能性が否定されるとも限らない。

　不可抗力による免責に消極的な傾向は、CISGに関する裁判・仲裁例でも世界的に見られる。不可抗力について定めるユニドロワ2016第7.1.7条(1)も、免責のための立証責任を債務者に負わせており、それほど容易に免責が認められるわけではない（具体的な事例紹介については、井原宏＝河村寛治編著『判例ウィーン売買条約』（東信堂、2010年）234頁以下参照。）。

　ただ、近時は大震災や台風等の自然災害だけでなく、鳥インフルエンザ等の疫病、テロ等のリスクも高まっており、不可抗力事由の明確化の必要性も大きい。自社の被災ではなく、仕入先の被災で原料が入手できない場合に不可抗力事由を適用できるかも問題だ。一般的には他の供給先を手当てできるはずなので、不可抗力は主張しにくいだろうが、大震災による津波の影響で部品供給が困難であることが不可抗力事由になるかは微妙である。そこで、不可抗力条項では、その適用条件を明記し、そのハードルを高くするとか、不可抗力事由が適用される場合の処理を具体的に定めることがある。

❖関連類似の理論❖　不可抗力とまではいえない程度でも、困難な状況に直面した場合に関する定めを置くこともある。法域によって、状況の変化に応じ

てどのような修正が認められるかは異なる。

　第1に、日本等には不可抗力を理由に契約上の債務を免除するのではなく、**「事情変更の法理」**で、契約の効力を維持しつつ債務の内容を変更するといった考え方がある（最判平成9・7・1判時1617号64頁）。

　第2に、**ハードシップ条項**その他の公正さを確保するための条項がある。これは履行不能というわけではないが、著しく契約の履行が困難であるとか不公正で過酷であるという場合に免責を認めようというものだ。例えば、ユニドロワ2016第6.2.2条によれば、ある出来事が生じたために、所定の条件の下に、当事者の履行に要する費用が増加し、又は受領する履行の価値が減少し、それによって契約の均衡に重大な変更がもたらされる場合に、ハードシップの存在が認められるとしており、これに基づいた条項を定めることもある。

　ユニドロワ2016第6.2.3条(2)によっても、ハードシップに基づく再交渉の要請は、それ自体が不利な立場の当事者に履行を留保する権利を与えるものではないとされているから、その効果には限界もあることに留意する必要がある。同条(3)(4)によると、合理的な期間内に合意に達しない場合には、裁判所に申し立てて、契約の解消又は契約の均衡を回復させるために契約を変更するように判断してもらうことができることになっている。

　第3に、英米法では、不可抗力の抗弁はなかなか認めてもらえないが、不合理な債務から免れることができるように、**「フラストレーション（frustration）の法理」**やcommercial impracticability（**商業上実行不可能な事情**）による免責が論じられている。

【図表93】不可抗力等による履行不能

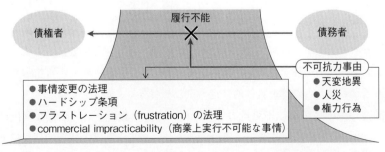

8 完全合意条項
―― 契約書が従前のすべての合意に代わる
完全な合意であることを明示する

❖**契約書の記載を全部とみなす**❖　完全合意条項(Entire Agreement Clause)とは、その契約書が当事者間の当該契約に関する事項等についての完全な合意を含むものであることを明示し、当該契約書がすべての従前の合意に代わるものであることを明示する条項である。「**完結条項**」(**Merger Clause**)と呼ばれることもある。これがあると、以前になした重要な合意も、それが契約書に盛り込まれていなければ原則として効力を失うことになる。

　この条項は英米法の「**口頭証拠排除原則**」(Parol Evidence Rule)(38頁参照)に合致するもので、準拠法が英米法系の場合にはそれを確認する狙いがある。これに対して、準拠法が大陸法系の場合も、この条項を定めることによって口頭証拠排除原則が適用されるような格好になる。ただ、日本の契約書において、完全合意条項は必ずしも一般的ではない。日本の伝統的な取引慣行では契約書にすべての当事者間の合意事項を盛り込むとは限らず、むしろ曖昧なところを残しておき、あるいは合意できない事項は解決を先送りして、問題が起きてから考えることを厭わないからだ。しかし、口頭のやり取りだけでなく、FAXや電子メール等、数多くの通信も、時が経過するとどういうやり取りをしたかの記憶が薄れてしまい、最終的な契約を締結する際には、すっかり忘れてしまうこともある。そこで、完全合意条項によって、細かなやり取りについては、契約の内容や解釈に影響を与えないように整理することも合理的だ。

❖**完全合意条項の機能**❖　完全合意条項があれば、従前のやり取りの効力を遮断でき、最終的な契約書だけで当事者間の契約内容を確定できる。他の文書や口頭での約束が影響を与える等ということでは、その意味を確定するために、議論が紛糾し、その解決にも多大な時間と労力が無駄になりかねない。そこで、これを防止するため、契約内容を契約書に記載されていることだけで確定し、無用な紛争を防止するための完全合意条項が設けられる。ただ、完全合意条項を置いたからといって、契約書が完全になるわけではない。あくまでも契約書が完全であることが前提だ。もし何らかの不備があったら、それを変更条項に

【図表94】契約書は従前のすべての合意に代わる

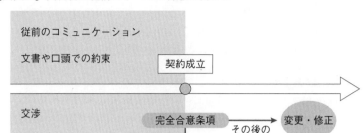

基づく契約の変更・修正でカバーしなければならない。

　完全合意条項がCISGに規律される契約に置かれている場合、それはCISGの規定する解釈及び証拠についての準則を排除する。その効果は、書面に記載されていない言明又は合意についての証拠に依拠することが妨げられることである。さらに、当事者がそのように意図した場合、完結条項は、取引慣習についての証拠を排除することもありうる。しかし、かかる完結条項の効果を判断する場合には、当事者の言明及び交渉経過のみならず、その他関連する一切の状況が考慮される。ユニドロワ2016第2.1.17条も、完全合意条項があっても、従前の言明や合意を当該書面の解釈に利用できるものとしている。

❖**完全合意条項の及ばない事実認定**❖　完全合意条項の含まれる契約を締結しても、契約当事者間の紛争には契約書以外の証拠が一切排除されるというわけではない。完全合意条項は、あくまでも契約が有効であることを前提として、契約に基づく当事者の権利義務を法律的に判断するために、契約書だけに依拠し、契約締結前のやり取りを合意の証拠として持ち出してはならないとするにとどまる。このため、契約の交渉過程に問題があって、契約の有効性に問題がある事例は、完全合意条項で契約書以外の証拠を排除することはできない。完全合意条項があっても、その適用範囲を契約外の事実認定にまで拡大することはできない。

国際ビジネス・ケーススタディ～完全合意条項の有効性

　日本のシャープ株式会社が、台湾に支店のあるＹ社との間で締結した特許ライセンス契約に基づいて、経常実施料のうちの未払金の等の支払を求めて提訴した。Ｙ社は、契約書の締結前に最恵待遇の合意があったと主張して支払を拒んだ。しかし、裁判所は、当事者双方に対して重大な影響を及ぼす最恵待遇条項が契約書に記載されず、完全合意条項が存在する場合、契約締結前に合意がなされたとしても、最恵待遇条項の合意の成立が認められないが、そのように解しても信義則に反しないと判断し、契約書中の完全合意条項や修正制限条項の存在等を理由として契約締結時・締結後における最恵待遇の合意の成立が否定された（東京地判平成18・12・25判時1964号106頁）。

（参考） 浜辺陽一郎「契約の成立と解釈（第2章　国際ビジネスをめぐる共通問題）」
　　　　 道垣内正人＝古田啓昌編『実務に効く国際ビジネス判例精選』〔ジュリスト増刊〕
　　　　 （有斐閣、2015年）19頁

9　変更修正条項
——変更のための手続・要件を定めることで
　　不用意な契約変更を防ぐ

❖**契約書の修正・変更は本来的に自由**❖　契約における変更条項とは、変更のための手続・要件を定めるものだ。「本契約の変更もしくは修正、又は本契約に基づく条件の放棄は、全当事者により署名された書面によらなければ有効とはならないものとする」といった条項が、その典型的なものだ。この条項を設けないと、その後のコミュニケーションによって、後で契約内容が変更されたはずだという当事者が現われる懸念がある。ユニドロワ2016第2.1.18条もCISG29条2項も、こうした変更条項が契約書にあれば、他の方法で変更又は終了できない旨を定める。ただし、いずれも、自己の行動を相手方が信頼して合理的に行動した限度においては、その条項の援用ができないとの留保をつけている点には注意を要する。

　実務的には、誰が契約の変更権限を有しているかが問題となることもある。すなわち、現場の担当者や窓口で勝手に契約内容が変更されていた場合の効力

【図表95】変更契約のサンプル

AMENDMENT TO COLLABORATION AGREEMENT

This Amendment to Collaboration Agreement (the "Amendment") is made and entered into this XX day of July, 20XX (the "Amendment Execution Date") by and between XXX, Inc. ("XXX"), a Delaware corporation "XXX"), and YYY, Inc., a California corporation ("YYY").

RECITALS

A. XXX, and YYY are parties to that certain Collaboration Agreement dated June 00, 20XX (the "Agreement"), which shall be effective as of the Effective Date, as that term is defined in the Agreement.

B. The parties wish to amend the Agreement in order to correct the references in the Agreement to XXX as further described below.

AMENDMENT

NOW, THEREFORE, in consideration of the foregoing and the terms of this Amendment and for other good and valuable consideration, the receipt and sufficiency of which are hereby acknowledged, the parties hereby agree as follows:

1. Amendment of Agreement. This Amendment hereby amends and revises the Agreement to incorporate the correction to XXX as described in this Amendment. Except as expressly provided for in this Amendment, the Agreement will remain unchanged and in full force and effect. The term "Agreement", as used in the Agreement and all other instruments and agreements executed thereunder, shall for all purposes refer to the Agreement as amended by this Amendment.

2. Correction of Reference in the Agreement. All references in the Agreement to "YYY Overseas Limited" shall mean and refer to "XXX Overseas Limited."

3. General. This Amendment has been executed by the parties as of the Amendment Execution Date, with such execution being effective as of the Effective Date of the Agreement, as that term is defined in the Agreement. This Amendment may be executed in any number of counterparts, each of which shall be deemed to an original, and such counterparts together shall constitute one instrument.

IN WITNESS WHEREOF, the duly authorized representatives of the parties hereto have executed this First Amendment as of the First Amendment Execution Date.

の有無は問題だ。そこで、契約変更には、両当事者の権限のある代表者によって署名された書面が必要であると定めれば、両代表者の署名がなければ契約変更できないことになろう。変更をするにしても、変更の要件と手続を定めておけば、契約を明確に変更することができる。

　日本法等の法域では、契約書の修正・変更は口頭でも自由になしうる。しかし、変更条項を設けておけば、仮に契約締結後に双方で色々なやり取りがあっても、それだけでいつの間にか契約内容が変更されたりすることを防ぐことが重要だ。この点で、変更条項は、元の契約の強制力を維持し、紛争の余地をできるだけ抑制する完全合意条項と類似の機能がある。

❖英米法における契約変更の論点❖　英米法では、元の契約の変更契約が約因理論（39頁参照）との関係でも問題となりうる。しかし、近時はこの理論の適用がかなり緩和されている。例えば、米国のいくつかの州では署名された書面が約因に代わるとする成文法があり、米国の第2次契約法リステイトメント89条では(a)契約変更が公正かつ公平である場合、(b)成文法に定めがある場合、又は(c)正義の観点から強制が求められる場合には、約因理論から離れて変更契約の有効性を認める。このほか、米国UCC第2-209条も物品売買契約の変更に約因は不要として、契約の修正や取消しの試みが書面性等の要件を満たさなくても権利の放棄として機能しうるとしている。ただ、安易に契約の修正や取消し等を申し入れると、その権利を放棄したと解釈されるおそれがあるので、権利不放棄条項でその適用を排除する等、注意を要する。

📖 column　誠実協議条項

　誠実協議条項とは、「本契約に定めのない事項について疑義が生じた場合は，当事者が信義誠実の原則に従って協議の上決定する。」といった条項のことだ。日本ではそのような条項を入れている契約書が多いが、広くアジア圏の取引にもこの種の条項が見られるという。

　誠実協議条項は、何の利益の確保もリスクの回避もしたものではないから、紛争が起きたときにあまり効力はないかもしれない。また、こうした

条項がなくとも誠実たるべきことに変わりはない。さらに、何をもって誠実とされるのかが明らかではない。

　ただ、一説には、完全合意条項は矛盾する関係にあって、１つの契約書に完全合意条項と協議条項があるのはおかしいのではないかという疑問があるかもしれない。確かに、完全合意条項は、「当事者間の関係は契約書に書いてあることがすべてだ」という趣旨であるのに対して、協議条項とは、「契約書に書いてあることだけにこだわらず、とにかく誠実に協議しましょう」という趣旨である。完全合意条項がドライに割り切る欧米的なものであるのに、協議条項は両者の関係や状況に応じて対応しようとしているように見える。

　しかし、完全合意条項は、あくまでも契約内容をどの時点で区切って固定させるかという次元の問題であるが、協議条項は完全合意条項を含んだ契約について何か問題が起きた後の時点においてどのように解釈、解決するかという次元の問題だ。現に多くの日本で作成される契約書には両方が入っている例がある。したがって、必ずしも両者は矛盾するものではなく、両方とも１つの契約書の中に収まっていても差し支えないだろう。

　当事者間における事前若しくは同時の合意は、書面でも口頭でも、本契約以外は効力を否定されることになるが、事後の合意については口頭の合意だけが否定されるわけで、基本的には変更が可能だから、協議条項による変更の合意も可能であるはずだ。

　完全合意条項は、細かい話等は水に流して、潔く契約書に書かれていることだけが合意内容だと割り切るという点で、それもまた日本的ではないか。また、欧米流にしても、日本法以上に形式にこだわらないで両当事者の関係だとか周囲の環境等を斟酌するような柔軟な解釈論が展開される面もあるので、必ずしも欧米流は形式的にドライに割り切るというわけでもなさそうだ。そう考えると、完全合意条項も協議条項も決して日本の企業文化に馴染まないとも言い切れないし、欧米はその逆であるともまた言い切れないのだ。

結びに代えて
〜健全な国際ビジネスの発展のために

　日本では、限られた一部の分野を除いて、必ずしも広く「商人自治」の考え方が発達してこなかった。紛争処理についてもお上を頼りにする傾向が強く、ルールを自分たちで作り、守っていくといった発想が弱かった。

　そのことは、全般的に日本における法律家の数が限られていることと、法的な問題の捉え方が必ずしも先鋭ではなく、むしろあえて法的な解決を避けようとしてきたことと無関係ではないだろう。それが、例えば、日本における商事仲裁の未発達・未成熟をもたらしたとも考えられる。欧米では、これとは逆に、商人自治の発想と法的な考え方をベースとして、ルールを自分たちで作り、発達させようとしてきたことが国際商事仲裁の発展にも寄与したと考えられる。

　自分たちで合理的なルールを構築し、海外の企業とも協調して発展していくためには、外国資本をも積極的に受け入れていくことも必要だろう。その場合の視点として、一般消費者、ユーザー等の市民の利益を最大化する要請とともに、ビジネスに関与する人々のインセンティブをいかに確保し、かつ日本における既存の事業活動の良いところをどのように確保し、発展させていくかが重要だ。これに加えて国際ビジネスの舞台では、外交上の配慮と日本の国益が衝突することもある。その場合、日本の市場の空洞化を防ぎ、外資による不当な占領を上手に回避できるような日本の法整備や法の運用も重要だ。

　また、国際情勢の流動化や少子高齢化等に伴い、内外の経済環境が厳しさを増す中で、民間レベルでの経済交流が国際的な平和を維持するために重要な意義を有している。かつての植民地時代のように現地の人々を搾取するとか、不公正な取引によって短期的な利益追求や環境破壊等に終わってしまうようなビジネスは、決して好ましいものとはいえない。あざとい貪欲な資本主義では困る。誰か他人に任せきりで資本主義が自然に健全に運営されるようになるわけでもない。自分たちの欲望の追求だけに終始すれば、長くは続かない。健全な発展を可能とするためには、知恵を絞る必要があり、公正な法と規律の構築と運用が求められる。中長期的な事業価値の向上を目指して国際ビジネスを展開

していく際には、長期的な視点と広い視野を持つことを忘れてはならない。

　今後、外資と日系企業の統合が増えていくと、日本人の企業に対する帰属意識や働き方等も変化していく可能性がある。新しい考え方の普及にともなって、モノの考え方等も変わっていく。そのことは、決してマイナスのことばかりではなく、合理的な考え方や客観的な見方ができる能力が高くなれば、自由で公正なビジネスを発展させるためには好ましいこともあるだろう。日本人の今までの譲り合いの精神とか、協力し合うとか、助け合うといった精神を大事にしながら、他方において、欧米の合理的、客観的な考え方をうまく取り込んでいくべきだろう。騙しても騙されてもいけないのだ。

　日本が厳しい経済状況を迎えている今日、決して内向きに陥ることなく、広く国際ビジネスにおける法的リスクをも十分に踏まえながら、日本の企業が持続的に発展していくことを祈ってやまない。

現代国際ビジネス法　第2版

2018年2月28日　初版発行
2021年3月1日　第2版発行

著　者　　浜　辺　陽一郎

発行者　　和　田　　　　裕

発行所　日本加除出版株式会社

本　　社　郵便番号 171-8516
　　　　　東京都豊島区南長崎3丁目16番6号
　　　　　ＴＥＬ　（03）3953-5757（代表）
　　　　　　　　　（03）3952-5759（編集）
　　　　　ＦＡＸ　（03）3953-5772
　　　　　ＵＲＬ　www.kajo.co.jp

営　業　部　郵便番号 171-8516
　　　　　東京都豊島区南長崎3丁目16番6号
　　　　　ＴＥＬ　（03）3953-5642
　　　　　ＦＡＸ　（03）3953-2061

組版 ㈱郁文　／　印刷 ㈱精興社　／　製本 牧製本印刷㈱

高速マスター
法律英単語2100 法律・基礎編

渡部友一郎 著

2021年1月刊 A5判 184頁 定価1,760円(本体1,600円) 978-4-8178-4697-6

- 最低限の語彙2100語を高速マスターできる、法律家・法務部員・パラリーガル、学生のための法律英単語集。実務に使用する頻度で4段階にレベル分け、日本語の索引も充実。日本の法令を外国の顧客に伝えるための基礎的なリサーチやメール起案、日本語の契約書や開示文書の英訳に役立つ。

商品番号：40850
略　　号：英法基

国際ビジネス法務の
ベストプラクティス
法律英語習得から契約・交渉までの実践スキル

David WALSH 著　田子真也 監修代表　別府文弥・岩田圭祐 監修

2020年1月刊 A5判 268頁 定価3,300円(本体3,000円) 978-4-8178-4619-8

- 国際ビジネス契約の基礎、外国の大企業との交渉術から、海外弁護士やクライアントのハンドリング、法務関係の翻訳・通訳活用術までを一冊に収録。ニューヨークのローファーム勤務経験を有する岩田合同法律事務所のコンサルタントが国際ビジネス取引における実践的なスキルを紹介・解説。

商品番号：40802
略　　号：国プラ

ポイントがわかる！
国際ビジネス契約の
基本・文例・交渉

樋口一磨 著

2019年9月刊 A5判 272頁 定価3,190円(本体2,900円) 978-4-8178-4585-6

- 国際ビジネスや海外展開の基本的な類型、特徴、リスクに触れた上で、国際ビジネス契約に特有の留意点等について解説。実務において登場する頻度が高い契約類型の各条項につき、標準的な条項例はもちろん、立場に応じた留意点・条項例・交渉のコツまで、要点を押さえつつ紹介。

商品番号：40781
略　　号：国交

第2版 実務英文契約書文例集
サンプル書式ダウンロード特典付

黒河内明子／ムーン・キ・チャイ 著

2017年6月刊 A5判 484頁 定価4,840円(本体4,400円) 978-4-8178-4402-6

- 民法(債権関係)改正に対応した第2版。改正内容に加えて実務対応まで詳細に解説。様々な契約に共通する一般条項と厳選した契約書21文例の英文を収録し、全条項の和訳と充実した解説を付与。
- 本書掲載の契約書21文例をダウンロードできる購入者特典付。

商品番号：40457
略　　号：英文契約

日本加除出版

〒171-8516　東京都豊島区南長崎3丁目16番6号
TEL(03)3953-5642　FAX(03)3953-2061（営業部）
www.kajo.co.jp